KB260365

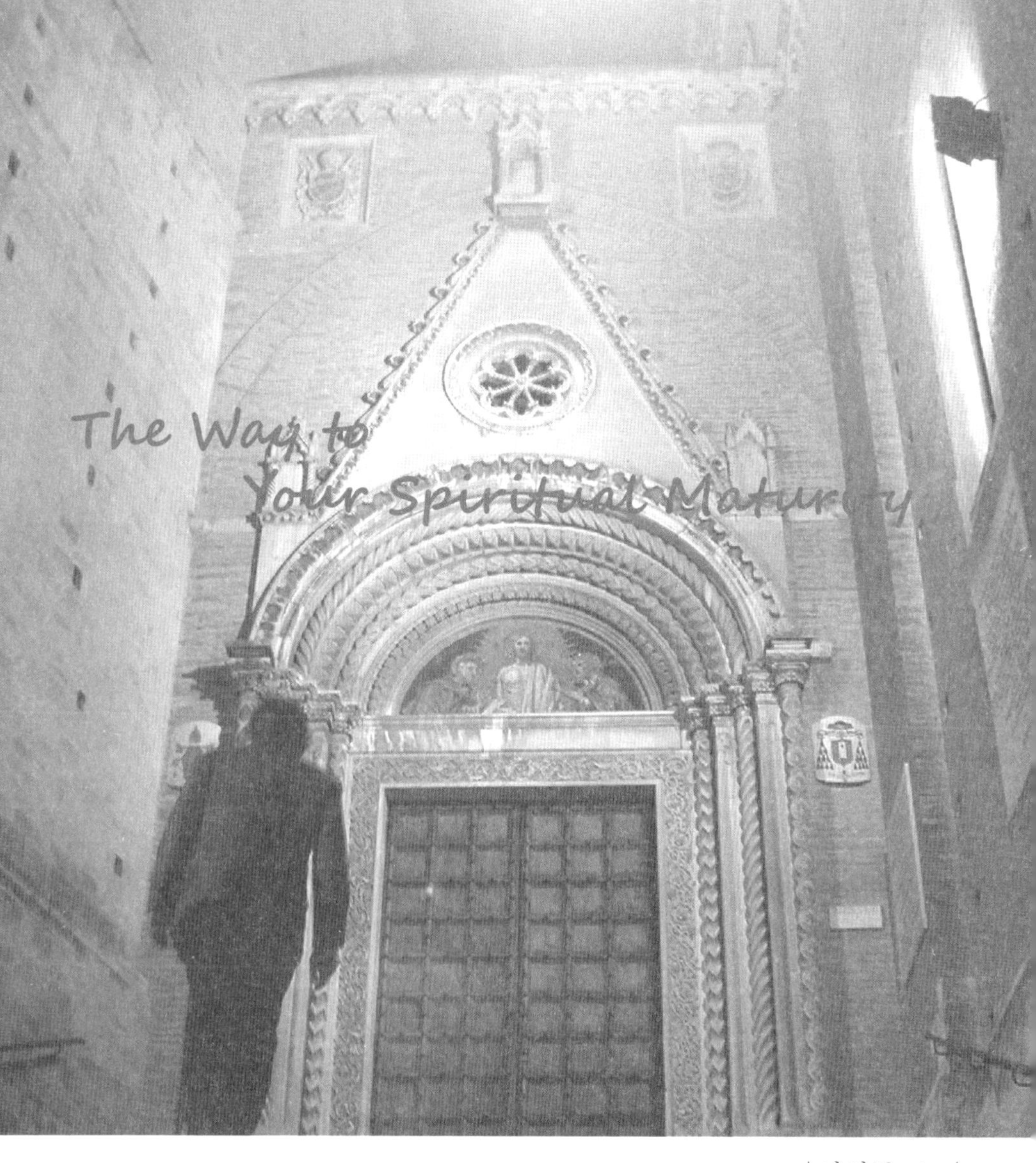

영적성숙으로 나아가는 삶

추천사

성숙 없는 성장만큼 위험한 것은 없다. 그런데 오늘날 한국교회를 보면 몸집은 커졌는데 속은 어린아이 수준에 머물러 일탈과 비행을 일삼는 사춘기 청소년과 다를 바 없다. 초고속 성장신화를 자랑하며 목회자나 평신도 할 것 없이 영적성숙과 제자의 삶을 뒷전으로 한 그 결과로 오늘날 한국교회가 치르는 댓가는 참으로 참혹하기만하다. 세상의 소금과 빛이 아니라 세상의 지탄과 조롱과 걱정의대상이 되어버린 것이 우리가 직시하는 한국교회의 현실인 것이다. 그러나 지금이라도 늦지 않다. 개인으로든 공동체로든 간에 숫자에 대한 미련을 버리고 말씀에 자신을 비춰보면서 부단히 영적 미성숙의 자리에서 성숙의 자리로 옮겨가야 한다. 본서는 한국교회가 추구해야할 영적성숙에 대한 성경적 전망을 자세히 소개하고 이와 같은 성숙으로 나아갈 수 있도록 돕는 14가지훈련을 구체적으로 소개해 준다는 점에서 특별히 성도들의 영적성숙을 돕는 일에 관심을 가진 목회자들에게 유익한 안내서가 될 수 있을 것이다.

황진기 (풀러신학교 한인목회학박사원 원장겸신약학교수)

　기독교에서 영성(Spirituality)이라는 단어가 보편화된 상태에서 사용되고 있지만 영성이라는 학문이 자리매김하기는 다소 시간이 소요될 것 같다. 그 이유는 영성이라는 용어가 수백 년 동안 기독교 역사를 괴롭혀왔던바 부정적이고 염세주의적인 반 물질적 이해를 암시하는 함축된 의미들을 지니고 있다고 보기 때문이다. 기독교 영성은 육체적인 것과는 상반되는 것으로 정신적·영적인 것으로 사용되어 진다.

　바른 영성을 이해하기 위해서는 창조된 인간 이해가 필수적이다. 인간의 구조가 어떻게 창조되어 있는지 모르고는 기독교 영성을 이해 할 수 없다. 기독교 영성은 피조물 인간이 믿음이라는 큰 틀 속에서 성삼위 하나님과의 만남을 통해서 일어나는 전 과정에서 나타나는 변혁된 힘이라고 할 수 있다. 한 인간이 기독교 영성으로 충만하기 위해서는 믿음을 가지고 예수님과 인격적 교제 가운데서 성부성자성령 하나님의 인도하심에 순종하여야 한다. 그리고 기독교 영성으로 충만한 자는 성령님의 인도하심에 따라 하나님의 사랑의 두 계명을 실천하는 자로서 생활에서 성령의 아홉가지 열매가 풍성히 나타나야 한다.

　　본 저서를 출간하게 된 배경은 기독교인들을 어떻게 성숙한 믿음으로 안내할 수 있을까 하는 고민에서 출발하였다. 이 고민은 필자가 1992년도 구리시에서 교회개척을 시작하면서부터 시작되었다. 성도들이 신앙생활을 오랫동안 하였다고 믿음이 성숙한 것은 아니었다. 그렇다고 직분을 가졌다고 믿음이 성숙한 것도 아니었다. 교회가 성도들을 성숙한 믿음으로 나아갈 수 있도록 지도해야 하는데 고민이 많았다. 필자에게는 이 문제를 해결하기 위하여 자료를 찾았으나 마땅한 자료를 찾기가 어려웠다. 그동안 출간되어 있는 자료들은 제자훈련과 관련된 자료들, 성경연구 자료들, 성경에 나오는 인물 중심의 자료들 그리고 구역에서 가르칠 수 있는 구역공과 자료 등이 대부분이었다. 필자가 찾고자 하는 자료는 기독교 영성으로 충만하고 성숙한 믿음으로 나아갈 수 있는 자료들이었다. 각종 자료를 찾았지만 적당한 자료들이 없었다. 필자가 고민하는 문제는 목회자인 나 자신이 먼저 영성으로 충만해야 한다. 그렇지 않으면 성도들의 영적 갈급함을 해결해 줄 수 없다는 결론에 이르렀다. 약 20년 동안 이 문제를 해결하기 위하여 노력한 결실이 본서를 세상에 내어 놓게 된 배경이다.

　　그동안 필자가 기독교 영성과 관련된 책을 몇 권 출판하였지만 만족할 만한 것이 아니었다. 기독교 영성에 관한 분야를 더 깊게 연구하기 위하여 2001년 도미하여 호크마신학대학교에서 기독교 영성신학 박사학위를 취득하면서 연구한 논문 "영성 훈련을 통한 영적성장에 관한 연구"와 풀러신학교에서 목회학 박사 학위를 취득하면서 연구한 논문 "지역 교회에서의 영적 성숙을 위한 성경공부 교재"를 연구하면서 더 구체화 할 수 있었다. 이 두 논문은 기독교 영성을 바탕으로 영적 성숙을 위해 교회가 어떻게 가르쳐야 하는지를 제시하는 논문들이었다. 본 저서는 상기 논문들을 기초하여 성도들이 영적 성숙으로 나아갈 수 있도록 좀 더 확대하여 연구한 책이다. 나에게 있어서는 도미한지 12년만에 얻은 결실의 열매라고 할 수 있다. 이 책의 출판도 나의 논문지도교수이자 스승이신 호크마신학대학교 총장 쥬영흠박사님의 도움이 컸다. 그분은 나에게 원어성경을 볼 수 있는 안목을 열어주셨다. 그리고 풀러신학교 목회학박사과정의 원장님이신 황진기박사님은 논문 지도교수로써 신학적인 부분과 영적 성숙훈련 부분에서 많은 도움을 주신 분이다. 이분들의 가르침이 없었으면 본 저서도 출판이 불가능했으리라 생각된다. 이 자리를 빌어 두분 교수님께 다시 한번 감사를 드린다.

본 저서의 특징은 성도들 각자가 훈련에 참여할 수 있도록 구성되어 있고, 지역 교회가 성도들을 영적으로 성숙함에 이르도록 하기 위해 구역 성경공부 시간, 금요철야 기도시간 등을 활용하여 훈련하도록 14개 항목으로 짜여져 있다. 교회 지도자가 충분히 지도할 수 있도록 성경본문과 질문들을 제시하였고, 본문을 다루기 이전에 각 항목들에 대한 보충설명도 붙였다. 지역 교회가 14항목의 훈련 프로그램을 마치게 되면 지역 교회 성도는 한층 더 영적으로 성숙해질 것이고, 각종 성령의 열매들이 성도들의 삶속에 나타나게 될 것이다. 또한 기도를 통해서 자신의 신앙성숙에 거침돌이 무엇인가를 발견하게 되어 더욱 하나님께 가까이하게 되고, 이로 인하여 하나님을 신뢰하고 의지하게 될 것이다. 특히 기도의 종류로 27가지를 소개함으로써 각자가 어떤 기도로 하나님 앞에 나아가는 것이 도움이 되는지 각자가 선택할 수 있도록 하였다. 기도를 하는 목적과 유의사항을 다룸으로써 하나님의 분명한 뜻이 무엇인지를 찾을 수 있도록 제시하였다. 그리고 본 저서는 신학교에서 기독교 영성을 필수과목으로 지정하여 가르친다면 신학생들에게 영적 성숙의 질을 높일 수 있고, 영성 개발에 큰 도움을 줄 것이라 생각된다.

본 저서는 영적으로 갈급한 분들에게 많은 도움을 줄 수 있도록 접근하였다. 영적으로 갈급한 성도들은 본 저서를 필독하고 훈련에 임함으로써 어떻게 영적 성숙을 해 나아갈 것인가를 발견하게 될 것이다. 영적으로 성숙해 나아가는 과정에서는 각 개인이 많은 부분에서 내려놓거나 비워야 할 것들이 있다. 사람들은 이것들 때문에 고민하고 아파한다. 하나님께서 다루시면 사람들은 그 아픔에 몸부림을 친다. 사람마다 몸부림은 다양한 모습으로 나타난다. 어떤 사람들은 절벽에서 떨어지지 않기 위해 풀 한 포기를 잡고 매달려 있는 자신의 모습을 발견하기도 하고, 또 어떤 사람은 외딴 섬에서 홀로 있다는 느낌을 받을 수도 있다. 그리고 어떤 경우는 캄캄한 터널 안에서 갇혀 있는 자신을 발견하게 될 것이다. 그 외에도 이웃과 좋았던 사이가 갑자기 나빠져 사랑하던 사이가 원수의 관계로 변한다. 번창하던 사업이 어려움을 당한다. 건강한 육체가 급작스런 질병으로 병원에 입원하게 된다. 어떤 경우는 하나님이 원망스럽기까지 하다. 욥의 아내 생각처럼 하나님을 욕하고 죽고 싶은 심정이다. 그러나 이러한 고통의 시간들은 한순간이다. 하나님이 나를 아름다운 작품으로 만들기 위해 조각하는 시간들이다. 조각이 끝나면 나는 아름다운 작품으로 바뀌어져 있을 것이다. 바울이 말한 것처럼 현재의 고난은 장차 우리에게 나타날 영광과 족히 비교할 수 없다고 한 것처럼 영적으로 성숙한 하나님의 자녀로 세우기 위한 방법이기에 고난 당할 때 감사함으로 나아갈 수 있어야 한다. 하나님께서는 그 방법이 아니고서는 스스로 내려놓거나 비우지 못하기에 부득불 선택하신 방법들이다. 그러므로 고난 당할 때 범사에 감사함으로 승리하라. 현재 고난 당하는 자는 이후에 찾아올 영광을 생각하며 감사하고 찬양하라.

제1부에서는 기독교 영성이 무엇인지 이해할 수 있도록 하였다. 그리고 구체적으로 하나님께서 창조한 인간이 구조적으로 어떻게 창조되었가를 제시하였다. 또한 인간의 범죄 이전과 범죄 이후의 심성을 살폈다. 제2부에서는 전인적으로 타락한 인간이 예수 그리스도를 믿고 새로운 피조물이 되었다면 영적으로 성숙해야 한다. 그리고 성령의 열매를 맺어야 한다. 그런데 성령의 열매를 맺지 못하는 장애물들이 있다. 이 장애물들은 제거되어야 한다. 각자에게 있는 장애물을 발견하고 제거하기 위해 하나님께 가까이 나아가는 방법으로 27가지의 기도를 소개하였다. 각자는 적합한 기도방법을 선택하여 기도하게 되면 부유물을 제거하는데 많은 도움을 얻을 수 있다. 제3부에서는 전인적 영적 성숙을 위한 구체적 훈련의 과정으로 14가지를 다루었다. 14가지는 성도들이 생활에서 적용해야 할 것들이다. 이 부분에서는 성도들 스스로가 영적으로 성숙하고 있다는 경험들이 나타날 것이다. 그리고 14가지는 개인 스스로가 훈련을 하거나 아니면 교회 지도자가 인도할 수 있도록 각 과정마다 읽을 말씀과 인도방법을 제시하였다. 교회지도자는 교회의 형편에 따라 한 과정 단위로 지도하던가 아니면 소제목 단위로 지도할 수도 있다.

마지막으로 기독교 영성에서 미쳐 다루지 못한 부분을 보충하고자 하는 독자들은 이미 출판된 영성서적들을 참고하시기를 바란다. 이 책을 출판할 수 있도록 기도와 물질로 하나님께 영광을 올린 Kyong Ye Lee 사모님에게 감사한 마음을 전한다. 그리고 도서출판 지식공감 직원 모든 분들에게도 감사한 마음을 전한다.

2013년 1월

저자 이영두

c o n t e n t s

제2부 영적 성숙의 훈련 · 53

Spiritual
Maturity

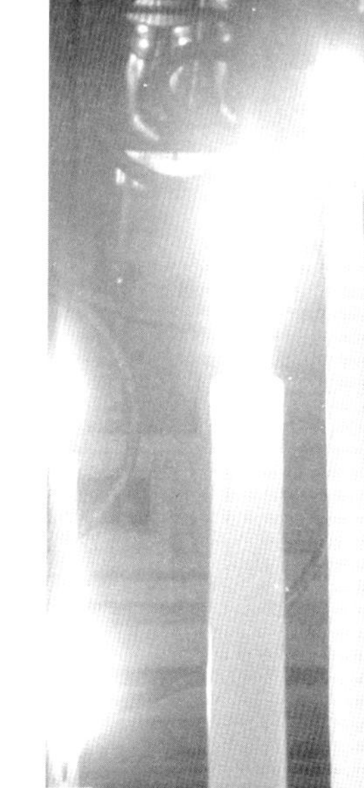

제3부 영적 성숙의 구체적 훈련 · 187

Spiritual Maturity

제1부

기독교 영성

Ⅰ. 영성이란 무엇인가?

    영성(Spirituality)이라는 단어가 기독교에서 보편화된 단어로 사용되지만 영성이라는 학문이 하나의 신학분야나 정의로 자리매김하기까지는 다소 시간이 소요될 것 같다. 영성이란 육체적인 것과 상반되는 정신적·영적인 것으로 사용되어 진다. 성경에서 영과 관련된 핵심적인 단어가 히브리어는 루아흐(רוּחַ rûaḥ), 헬라어는 프뉴마(πνεύμα pneuma)이다. 그리고 영어로는 Spirit 이다. 그러나 이것을 영성이라고는 말할 수가 없다. "영성이라는 용어는 수백 년 동안 기독교 역사를 괴롭혀왔던 바 근본적으로 부정적이고 염세주의적인 반 물질적 이해를 암시하는 함축된 의미들을 지니고 있었기 때문이다"[1] 따라서 영성이라는 정의를 쉽게 보편적 동의를 이끌어 내기는 어렵다고 본다. 다만 육체적인 것과 상반되는 정신적인 것으로만 생각을 한다면 스토아철학자들은 소크라테스의 정신을 자기의 정신으로 내면화 시

---

1) 기독교 영성(1), 은성, 1997, 9-10.

커서 살아가기 때문에 스토아주의 영성이라고 할 수 있다. 그리고 공자의 사상을 자기의 정신으로 내면화 시켜서 살아간다면 이 또한 유교적 영성이라고 할 수 있다. 마찬가지로 석가의 사상을 자기의 정신으로 내면화 시켜서 살아간다면 불교의 영성이다. 그러므로 영성이란 어떤 정신적 사상에 기초를 두느냐에 따라 영성의 이해가 달라진다.

1. 기독교 영성

기독교 영성의 근원은 성삼위 하나님으로부터 시작된다. 피조물 인간이 믿음이라는 큰 틀 속에서 하나님과의 만남을 통해 체험되는 일체가 기독교 영성이다. 성삼위 하나님의 만남은 계시된 성경의 말씀을 통해서 그리고 성자 예수님께서 성육신 하신 후 공생애 기간 동안 사역하신 말씀 안에서 만날 수 있다. 또한 보혜사 성령님께서 믿는 자에게 내주하심으로 그의 통치 안에서 하나님을 만날 수 있다. 그러므로 기독교 영성은 철저하게 하나님과의 만남을 전제로 한다. 기독교 영성의 이해는 인간의 구원자로 오신 예수님을 믿고, 성령님의 인도에 따라 새사람으로 변화되어 가는 전 과정 속에서 예수님의 인격, 사상, 성품을 나의 정신으로 내면화시켜서 그분이 명한 사랑의 두 계명을 실천함으로써 성령의 열매를 맺어가는 과정의 나타나는 어떤 변혁된 힘이라고 할 수 있다.

2. 기독교 영성신학자들의 다양한 견해

영성 신학자들은 그들의 전공분야가 어떤가에 따라 영성의 강조점을 달리 표현하고 있다. 버나드 맥긴은 기독교 영성은 믿음 자체에 집중하지 않고 종교적 의식과 수행 안에서 하나님과의 관계에서 믿음이 일으키는 반응에 대한 행동들을 기독교 영성으로 보았다. 노만 사우척은 예수님과의 인격적 교재 가운데서 경험되는 삶의 변화를 기독교 영성으로 보았다. 그리고 쥬영흠은 예수 그리스도의 복음을 믿고 회개하여 인생 전체가 새사람이 되어, 삼위일체 하나님께 영광을 돌리며, 성령의 감화 감동 안에서 열매를 맺고, 계속적으로 새사람 전체가 성결하여 가는 성품을 기독교 영성으로 보았다. 정승훈은 교의학적 접근과 인간학적 접근으로 기독교 영성을 정의하였다. 하나님의 말씀인 성경(계시)에 영향을 받는 기독교인의 삶을 교의학적으로 접근하였고, 인간의 삶 자체가 더 풍성한 생명력이 넘치기 위해서는 인간학적 질문에 관여하는 것을 인간학적 접근으로 보았다. 여기서 인격의 구조와 역동성은 영성생활의 중심으로 돌아오며, 영성은 인간의 삶 자체의 활동으로 보았다.

필자가 그동안 기독교 영성을 연구하면서 정의한 결과는 기독교 영성이 하나님의 말씀인 계시에 근거한 체험적인 것과 깊이 관련되어 있음을 알 수 있었다. 즉 기독교 영성은 예수 그리스도를 믿고 회개하여 구원받은 자가 새로운 피조물로서 살아가면서 예수님과 인격적인 교제 가운데서 경험되어지는 삶의 변혁된 힘이라고 할 수 있다. 그리고 기독교 영성으로 충만한 자는 생활에서 성령의 열매가 풍성히 나타나야 하고, 세상 가운데서 하나님의 사랑의 두 계명을 실천함으로써 하나님께 영광을 돌리는 자이어야 한다. 또한 성령님의 지시에 따라 순종하고, '하나님께 부여받은 사명'[2]을 온전히 감당하고, 참 '그리스도의 제자의 삶'[3]을 충실히 감당하는 사람을 기독교 영성으로 충만한 자라고 할 수 있다.

---

2)　달란트 혹은 므나 비유처럼 각 개인에게는 하나님께서 맡기신 재능들이 있다. 그 재능을 잘 살려서 결산 때에 의로우신 재판장 앞에 이익과 원금을 내 놓아야 한다.

3)　사랑, 섬김, 헌신, 봉사 등이다.

Ⅱ. 하나님의 인간창조

1. 인간창조

"여호와 하나님이 흙으로(עָפָר 'āpar) 사람을 지으시고 생(חַי ḥay) 기(נְשָׁמָה nᵉshāmâ)를 그 코에 불어 넣으시니 사람이 생(חַי ḥay) 령(נֶפֶשׁ nepesh)이 된지라"(창 2:7)

흙으로(עָפָר 'āpar)

아파르는 티끌, 흙, 땅, 먼지에 해당하는 광물성이다.

생(חַי ḥay)

하이는 산, 생, 생명, 살아있는 피조물이다. 영어로는 living이다.

기(נְשָׁמָה nᵉshāmâ)

네솨마는 바람, 생명의 호흡이다. 영어로는 breath 이다. 따라서 생기
는 살아있는 생명의 호흡을 말한다.

령(נֶפֶשׁ nepesh)

네페쉬는 숨, 호흡, 호흡작용, 생명(력)이다. 피조물과 관련될 때에는 호흡형 피조물, 숨틀(호흡기관), 숨통 등의 뜻을 나타낸다. 구약성경에서 네페쉬는 757회나 나온다.

창세기 2장 7절은 하나님께서 티끌로 사람을 지으시고 생명의 호흡을 코에 불어넣어 살아있는 호흡피조물로 탄생시키셨다. 즉 인간은 재료는 광물성이지만 호흡 할 수 있는 호흡피조물로 창조되었다. 그러므로 하나님께서는 최초의 인간을 창조하실 때는 티끌피조물(광물성)의 특징과 호흡피조물의 특징을 가진 생명체로 창조하셨다. 그리고 최초의 인간 아담은 죄인도 아니고, 의인도 아니고, 영적 존재의 인간도 아닌 자연 그대로의 인간이다. 성부 하나님은 아담을 창조하실 때 예수 그리스도를 통하여 의롭게 한 다음 천국 시민을 삼으시려는 예정이셨다. 그렇기 때문에 아담의 영적 구조는 '천국 시민 후보형, 메시야 소망형, 진리 탐구형'의 특징을 지니고 있다.[4] 그러나 아담은 하나님께 죄를 범하여 의로운 천국백성이 되지는 못했지만 아담의 후손인 아벨은 성령의 감화감동을 받아 천국시민이 되었다(창 4:4; 히 11:4). 가인은 성령의 감화감동을 받지 못하였기에 영적인 사람이 되지 못하였다(참조, 창 4:3-15). 또한 아담의 후손이자 셋의 후손인 에녹은 성령의 감화감동을 받아 하나님과 300년 동안이나 동행하다가 하나님이 데려가심으로 죽지 않고 천국시민이 되었다(창 5:21-24). 그리고 셋

---

4)　이영두, 호크마신학대학교 박사학위논문, "영성 훈련을 통한 영적성장에 관한 연구" 2005, 9.

의 후손인 노아 역시 성령의 감화감동을 받아 당대의 의인이자 완전한 자이었고, 하나님과 동행하였다(창 6:9; 벧후 2:5). 이러한 사실은 성령의 감화감동을 받은 사람인가? 아닌가에 대한 분명한 기준이 된다. 신약시대에 와서는 아담의 후손들 모두는 예수 그리스도의 은혜로 인하여 의롭다 하심의 길이 열린 것이다(참조, 롬 5:1-21). 인간을 이해함에 있어서 아담처럼 '자연 그대로의 인간'[5]이 있는가 하면 성령의 감화감동을 받은 '영적인 인간'[6]이 있고, 죄인으로서 인간(타락한 아담의 후손)이 있다. 따라서 인간 이해는 기독교 영성을 이해하는 데에 매우 중요하다.

---

5) 자연 그대로의 인간은 구약성경에서 보면 바사르(בָּשָׂר bāśār)와 네페쉬(נֶפֶשׁ nepesh)를 소유한 자이다. 그리고 신약성경에서 보면 사륵스(σάρξ sarx)와 프쉬케(ψυχη psuhe)를 소유한 자이다.

6) 영적인 인간은 구약성경에서 바사르(בָּשָׂר bāśār)와 네페쉬(נֶפֶשׁ nepesh), 그리고 루아흐(רוּחַ rûaḥ)를 함께 지닌 자이다. 신약성경에서는 사륵스(σάρξ sarx)와 프쉬케(ψυχη psuhe), 그리고 프뉴마(πνεῦμα pneuma)를 함께 지닌 자이다. 루아흐나 프뉴마는 성령의 감화감동을 받았거나 혹은 예수 그리스도를 믿어 의롭게 된 자에게 하나님의 영인 성령님이 함께 하는 것을 말한다. 따라서 영적인 인간은 하나님의 영에 의해서 지배를 받는 자이다. 인간에게 루아흐(רוּחַ rûaḥ)나 프뉴마(πνεῦμα pneuma)가 없다면 자연 그대로의 인간이지 영적인 인간은 아니다.

2. 인간창조의 목적

"하나님이 그들에게 복을 주시며(בָּרַךְ bārak) 이르시되 생육
하고(פָּרָה pārâ) 번성하여(רָבָה rābâ) 땅에 충만하라(מָלֵא mālē') 땅
을 정복하라(כָּבַשׁ kābash) 바다의 고기와 공중의 새와 땅에
움직이는 모든 생물을 다스리라(רָדָה rādâ) 하시니라"(창 1:28)

복을 주시며(בָּרַךְ bārak)

바라크는 무릎을 꿇다, (신)을 찬송하다, (행운)을 감사하다. 영어로는
to kneel, bless, praise 이다. 하나님께서 인간에게 주신 복은 하나
님께 감사를 드리고, 하나님께 기도하고, 하나님께 찬송을 드리기 위
한 복을 주셨다(시 30:4; 사 43:21; 살전 5:17).

생육하고(פָּרָה pārâ)

파라는 자녀를 잉태하는 복이다(시 127:3). 열매를 내는 복이다(창 1:29).
영어로는 bear fruit, be fruitful, branch off 이다. 자녀를 잉태하는 복
을 절제하는 것은 하나님 앞에서 죄이다.

번성하여(רָבָה rābâ)

라바는 수가 많이 되게 하는 것이다. 영어로는 be(come) great, many,
much, numerous이다. 생육하고 번성하는 것은 하나님께 합당한 자
녀가 가득 채워짐을 의미한다.

충만하라(מָלֵא mālē')

마레는 (장소 따위)에 가득하게 하다. 영어로는 be full, to fill이다. 땅에 하나님의 자녀가 충만하게 되도록 생육하고 번성하게 하는 것은 하나님의 축복이다.

땅을 정복하라(כָּבַשׁ kābash)

카바쉬는 ~를 정복하다, 아래에 두는 것이다. 영어로는subdue, keep under이다. 땅은 하나님께서 만들어 주신 원래의 상태로 유지하게 하는 것이다. 땅은 하나님의 주권 아래에 두어야 한다.

다스리라(רָדָה rādâ)

라다는 하나님의 규율과 법칙에 의하여 다스리는 것이다. 영어로는 rule이다. 땅을 인간의 권한 아래 두면 개발이라는 명목으로 자연의 질서가 망가지지만 하나님의 규율과 법칙 아래 두면 자연은 보존된다. 인간의 힘에 의하여 자연이 망가뜨려지는 것은 하나님 앞에 범죄 행위이다.

창세기 1장 28절에서 하나님께서 인간을 창조한 목적을 보면 첫째는 피조물이 창조주를 경배할 수 있는 복을 주셨다. 거기에는 기도하고, 찬양하고, 감사하는 일이다. 이 일들은 오늘날 하나님을 예배하는 모든 행위에 포함된다. 둘째는 하나님의 성품을 닮은 인간을 이 땅에 가득 채우는 일이다. 기독교인이 아기를 많이 낳는 것은 하나님 앞에 축복받은 일이다. 인위적으로 출산을 억제하는 것은 하나님께 범죄 행위이다. 셋째는 땅에서 생육하는 모든 피조물들이 건강하게 살아가게 하기 위해서는 하나님께서 만들어 주신 그대로의 땅(미네랄이 풍부한 땅)을 유지해야 한다. 그렇게 하기 위해서는 하나님의 성품을 가진 인간이 땅을 정복해야 한다. 네 번째는 하늘과 땅의 모든 생명체를 다스리는 데에 있어서 하나님의 법칙에 따라 다스려져야 한다. 어느 것 하나라도 피조물을 관리하고 다스리는 데에 있어서 호흡기능에 장애를 주면 이것은 하나님 앞에서 범죄행위이다.

모든 피조물은 각기 나름대로 하나님 앞에 창조의 목적에 따라 영광을 돌리면서 살아가도록 지음을 받았다. 그런데 인간의 편의에 의해서 자연환경을 훼손시키는 일은 또 다른 환경에 고통을 줄 뿐이다(롬 8:19-22). 오존층의 파괴로 인한 북극의 빙하가 점차 사라지는 경우는 다른 생명체에게는 위협이 된다. 특히 과학의 발달로 원전개발이 이루어져 많은 전력을 생산하여 산업활동에 유용하게 사용했지만 원전사고로 인하여 일어나는 문제는 인류와 지구 전체에 엄청난 재앙을 불러 일으키고 있다. 일본의 방사능 유출은 하늘과 땅, 바닷속에까지 오염을 시키고 있다. 생명체에게 방사능이 오염되면 유전자 변형이 일어난다. 예를 들어 뱀처럼 큰 지렁이가 생겨나는가 하면 사람보다 큰 메기가 탄생된다. 그리고 머리가 셋 달린 변형 개구리가 탄생된다. 또한 사람들이 방사능에 오염된 식품을 먹었을 경우 우리의 후손들이 어떤 질병에 고통을 당할지는 예측 불허이다. 그러므로 하나님의 창조질서를 벗어난 인간의 행위들은 창조주 앞에서 보면 모두가 범죄행위이다.

3. 하나님의 형상과 모양대로 창조된 인간

1) 하나님의 형상

> "하나님이 가라사대 우리의 형상(צֶלֶם ṣelem)을 따라 우리의
> 모양대로 우리가 사람을 만들고 그로 바다의 고기와 공
> 중의 새와 육축과 온 땅과 땅에 기는 모든 것을 다스리게
> 하자 하시고 하나님이 자기 형상 곧 하나님의 형상대로
> (צֶלֶם ṣelem) 사람을 창조하시되 남자와 여자를 창조하시고"
> (창 1:26-27)

우리의 형성을 따라/형상대로(צֶלֶם ṣelem)

쩨렘은 삼위일체 하나님의 형상이다. 또한 성자 예수 그리스도가 하
나님의 형상이다. 그리고 개역 한글판 창세기 5:1의 "하나님의 형상
대로"는 원문에서 "하나님의 모양대로"인데 최근 개역 개정판에서는
시정되었다. 쩨렘이 영어로는 image of God이다. 이 이미지는 아람
어로 다니엘서 2장에서 유사하게 사용되었다.

창세기 1:26, 27절에 사용된 하나님의 형상은 창조주의 형상이
다. 그러나 하나님께서 창조하신 인간에게 주어진 하나님의 형상은
메시아 소망형 구조이다. 신약성경에서는 예수 그리스도로 인한 하
나님의 형상의 회복과 함께 의롭다 하심을 받는 더 큰 은총으로 증거
되어 있다(롬 10:9-10). 피조물 인간은 하나님의 형상을 볼 수 있도록 창

조되지 않았고, 단지 하나님께서 은총을 베푸시면 하나님의 영광의 모습을 부분적으로는 볼 수 있어도 완전하게는 볼 수 없다.[7]

하나님의 형상에 대한 신학자들의 정의를 보면 칼빈은 인간에게 주어진 하나님의 형상은 '아담이 처음에 받았던 그 완전함을 의미한다'고 하였다. 아담이 처음에는 바른 이해력을 소유하였고, 감정을 이성에 충족시켰으며 일체의 감각을 적절한 질서에 따라 조절하였다. 그리고 하나님의 형상의 좌소는 가슴과 마음이라고 하였다.[8] 어거스틴은 "인간의 영혼은 하나님의 형상대로 지음을 받았기 때문에 하나님과 인간의 영혼은 유사성을 지니고 있다. 따라서 인간의 영혼은 하나님께로 돌아가기를 갈망하고, 자신의 본향인 하나님을 알고, 믿고, 사랑하고, 연합하기를 원한다"라고 하였다.[9] 따라서 인간에게 주어진 하나님의 형상은 하나님과 유사성을 지니고는 있지만 메시아를 소망하도록 지음을 받은 형상이고, 그리스도를 믿음으로 의롭다 하심을 받는 더 큰 은총으로 창조된 형상이다(롬 10:9-10). 그러므로 인간에게 주어진 하나님의 형상은 예수 그리스도를 믿고, 서로 사랑하고, 연합하기를 갈망하도록 창조되어진 형상이다.

---

7) 하나님의 형상과 관련된 성경(창 1:26,27, 9:6; 출 24:9ff, 33:11; 민 12:8; 신 4:12,15; 시 1715; 마 5:8, 17:2; 막 9:2f; 눅 9:29, 9:32; 요 1:14, 5:37, 6:46, 11:4, 14:7-10, 17:24; 고후 4:4, 4:6; 빌 2:6; 골 1:15, 2:9, 3:9f; 딤 6:16; 히 1:3, 12:14; 요일 3:2, 4:12f; 계 22:4)

8) 죤 칼빈, 기독교강요(Vol.Ⅰ. 15.3), 생명의말씀사, 1993.

9) 류기종, 기독교 영성, 서울: 은성, 1997, 74.

(1) 하나님의 형상 상실

하나님 형상의 상실은 아담의 범죄와 무관하지 않다. 하나님께서는 아담과 하와에게 "동산 각종나무의 실과는 네가 임의로 먹되 선악을 알게 하는 나무의 실과는 먹지 말라. 네가 먹는 날에는 정녕 죽으리라"고 하셨다(창 6:16-17). 그리고 이 실과를 먹는 날에는 반드시 죽으리라는 하나님의 명령이 있었다. 그런데 이들은 실과를 따 먹었다. 하나님의 말씀을 어긴 것이다. 이로 인하여 하나님의 형상은 상실되고 명령에 불순종한 아담에게는 죽음이 찾아온 것이다. 이것이 영적인 죽음이다. 죽은 자들의 삶에 모습은 하는 일에 있어서도 부패케 하고, 혼란시키고, 오염되게 하면서 살아가고 있다.

하나님께서는 아담과 하와에게 진리의 말씀과 명령으로 살도록 창조하셨다. 그리고 예수 그리스도를 통하여 의롭게 한 다음 천국 시민으로 살아가도록 하셨지만 그들은 자유의지에 의해여 범죄하였다. 그러나 하나님의 예정은 아담의 과실과 상관없이 자신의 일을 진행시키시고 완성시켜 나아가신다.

(2) 하나님의 형상 회복

하나님께서는 하나님의 형상을 상실한 인간에게 자비와 은혜를 베푸시어 하나님의 형상을 회복하는 길을 열어 놓으셨다. 그 길은 예수 그리스도를 믿는 믿음으로부터 시작된다. John Calvin은 하나님의 형상 회복이 한순간이나 하루나 한 해에 이루어지는 것이 아니라 한평생 동안 필요하며, 중생을 한 사람에게는 육의 부패와 죄를 깨끗하게 하는 일은 평생 동안 회개와 더불어 새롭게 되고자 하는 실천이 있어야 하고, 이 싸움은 죽음이 와야 끝이 난다고 하였다.[10]범죄한 아담과 후손들은 부패하게 하고, 혼란시키고, 오염되게 하였지만 하나님의 은총을 입은 자들은 하나님의 형상이 회복되어 참된 경건, 의, 순결, 지성에 이르기까지 하나님의 형상을 지니게 된다. 그러므로 하나님의 형상회복은 예수 그리스도를 믿는 믿음생활 안에서 점진적으로 영적 성숙을 한다. 멈추지 말고 계속 성장하라. 당신 생활에 대한 모든 권리를 포기하고, 그리스도의 형상이 회복될 수 있도록 성령에 인도하심을 받아라.

2) 하나님의 모양

> "하나님이 가라사대 우리의 형상을 따라 우리의 모양(רמות dᵉmût) 대로 우리가 사람을 만들고 그로 바다의 고기와 공중의 새와 육축과 온 땅과 땅에 기는 모든 것을 다스리게 하자 하시고"(창 1:26)

우리의 모양대로(רמות dᵉmût)

데무트는 에스겔서 1:28절에 "여호와의 영광의 형상의 모양"이라고 개역한글판에서 번역해 놓았다. 여기에서 형상의 모양이 데무트이다.

---

10)　죤 칼빈, 기독교강요, (Ⅲ,3,9)

데무트는 항상 하나님의 형상과 함께 역사하신다. 하나님의 모양에 대한 성경기록은 하나님의 데무트로 성령께서 역사하신 경우는 에스겔서 이외는 없다(겔 37:1-14). 에스겔 37장에서 죽음, 마른뼈, 절망이 넘치는 곳에 삼위일체 하나님께서 역사하시어 생명, 부활, 소망을 창조하시는 것을 볼 수 있다. 이러한 사실은 데무트만이 인간 안에 "하나님의 모양"을 베풀어 줄 수 있음을 보여준 부분이다. 에스겔 2:2의 루아흐(רוח)에서도 성령의 감동감화 하심과 역사가 일어난 사실로 보아 "여호와의 영광의 모양"은 성령님이심이 명백하다.[11] 데무트가 영어로는 likeness(외간, 닮은 얼굴, 유사)이다.

---

11) Yeong-Heum Jyoo, Biblical Anthropology, Hokmah Theological College & Seminary, September, 04. 16.

4. 영(靈)과 관련된 단어

1) 루아흐(רוּחַ rûaḥ)

루아흐는 구약성경에 378회 사용되었다. 에스겔서에 52회 사용되었는데, 특히 1장에 6회, 11장에 6회, 37장에 10회 집중적으로 사용되었다. 루아흐가 하나님과 관련될 때에는 성령, 인간과 관련될 때에는 피조물의 영, 무생명 피조물에 관련될 때에는 기상학적 바람을 뜻한다(참조, 요 3:8). 영어로는 wind, breath, mind 이다.

2) 프뉴마(πνεῦμα pneuma)

프뉴마는 신약성경에 393회 사용되었고, 루아흐와 같은 뜻으로 이해함이 옳다.

3) 파라크레토스(παράκλητος paraklētos)

파라크레토스는 진리의 영이시고(요 14:17, 15:26, 16:13), 파라크레토스(요 14:16, 14:26, 15:26, 16:7)이시다. 또한 성자도 파라크레토스(요일 2:1)이시다. 파라크레토스를 개역한글판에서는 보혜사(保惠師)라고 번역을 하였는데 구은사(救恩師)가 더 가깝다. 그러나 원어 그대로 파라크레토스로 부르는 것이 적절하다.

4) 네패쉬(נֶפֶשׁ nēpesh)

네페쉬는 피조물과 관련될 때에는 호흡형 피조물, 숨틀(호흡기관), 숨통 등의 뜻을 나타낸다. 아담 이전의 호흡형피조물(창 1:20-21, 24, 30), 아담자신(창 2:7), 아담 이후의 호흡피조물(창 2:9) 모두 '네패쉬'이다. 구약성경에서 '네패쉬'가 757회 사용되었는데, 하나님께 사용된 '네패쉬'는 14회이다. 삼위일체 하나님은 영원하신 '네패쉬'를 갖고 있으며, 피조물 세계의 모든 '네패쉬'를 다스리신다. 성자 예수 그리스도는 성육신 때에 인간이셨으므로 인간의 '네패쉬'를 가지셨으나 부활승천 이후에는 초림 이전처럼 모든 피조물을 영광 중에 다스리고 계신다. 또한 십자가상에서 흘린 피와 인간의 네패쉬는 인류 구원의 열쇠가 되었다. '네패쉬'는 호흡피조물이라는 본질 그대로의 뜻을 지닌 채 신체의 구석구석까지 호흡이 이어지는 곳마다 삶의 여러 가지 활동(생명, 감정, 의지)에 골고루 관련되어 있으나 호흡피조물이라는 본질을 항상 지니고 있다.

호흡피조물인 인간은 영혼의 호흡인 기도하는 피조물로서 창조되었다. 호흡은 끝나도 영혼의 호흡은 계속된다. 인간 혹은 동·식물에게 주신 호흡기능은 창조질서 중의 한가지이나 각 피조물 속에는 독특한 생리적 기능을 하도록 창조되었다. 인위적 행위로 창조질서 속에 호흡기능에 지장을 주는 일체의 행위는 하나님께 반역의 행위이고, 이로 인하여 창조질서의 변동은 피조물들에게 죽음을 제공할 뿐만 아니라 그 파탄은 다른 피조물들에게도 파급이 된다. 한가지 예로 한강의 수질 오염은 물고기들의 생태환경에 변화를 가져다 주었다. 물고기의 눈이 튀어나오고 등뼈가 휘어지는 현상은 물고기의 호흡기능에 지장을 주었기 때문이다. 특히 오존층의 파괴에 따른 자연환경의 급속한 변화는 모든 호흡피조물들에게 고통을 안겨주고 있다. 특히 방사능의 유출로 인한 호흡피조물들의 고통은 치명적이다.

5) 프쉬케(ψυχη psuhe)

프쉬케는 네페쉬(שׁפֶנֶ)와 같은 뜻을 지니고 있다. 모든 생명을 가진 호흡작용을 하는 동·식물에게는 프쉬케가 있다(행 20:10; 계 8:9). '프쉬케'는 신약성경에서 109회 사용되었다.

5. 육체와 관련된 단어

1) 바사르(רָשָׂבָּ bāśār)

바사르는 살, 연류된 뜻으로는 몸, 사람, 사람의 외음부, 피부이다. 구약성경에 270회 사용되었다(창 2:24; 욥 19:20).

2) 사르스(σὰρξ sarx)

사르스는 육체, 동물의 고기, 몸이다. 신약성경에 153회 사용되었다(마 16:17; 롬 6:19; 엡 2:3; 히 9:10).

3) 소마(σῶμά Soma)

소마는 인간의 신체, 몸을 지칭한다. 신약성경에서 146회나 나온다. "우리가 한 몸에 많은 지체를 가졌으나 모든 지체가 같은 직분을 가진 것이 아니니"(마 6:22; 롬 12:4; 고전 12:12; 고후 10:10)라고 기록하고 있다. 하나님의 백성들은 육, 살(바사르 / 사르스)을 가진 때나, 안 가진 때나, 부활하는 때나 변함없이 그 (네페쉬 / 프쉬케)가 하나님을 섬긴다.

6. 인간의 영적 구조에 대한 신학의 이론

인간의 영적 구조가 어떻게 이루어졌는가 하는 문제에는 신학적 이론이 분부하다. 일원론(monistic), 이분설(dichotomy), 삼분설(trichotomy)에 대한 입장이다. 먼저 이해를 돕기 위하여 인간은 영, 혼, 몸으로 창조되어 있다는 사실을 인정하여야 한다. 이러한 사실은 아래의 원문을 통해서 이해할 수 있다. 일원론이란 영, 혼, 몸을 통전적으로 하나로 보는 이론이다. 즉 인간의 몸을 구조적으로 떼어서 이해할 수 없고 전인적 인격을 지닌 하나의 인간으로 이해한다. 그리고 이분설은 영, 몸(혼+육체)으로 구성된 이론이다. 이러한 사실은 아래 원문으로 설명해 놓았다. 삼분설은 영, 혼, 몸으로 각각 구성되어 있다고 이해한다.

이러한 사실은 인간의 영적 구조가 어떠한가에 대해서 신·구약 성경 원문을 찾아 대조함으로써 보다 인간학을 폭 넓게 이해할 수 있다. 구약성경에서 인간의 구조와 관련된 단어는 루아흐(רוח rûaḥ), 네페쉬(נפש nēpesh), 바사르(בשר bāśār)가 있다. 그리고 신약성경에서는 인간의 구조와 관련해서는 이분설과 삼분설에서 자세하게 설명해 놓았다.

1) 이분설

'몸(soma)과 영(pneuma)'(롬 8:10; 고전7:34), '육체(soma)와 영(pneuma)'(히 12:9) 으로 개역한글판 성경은 해석하고 있다. '몸(soma)과 영(pneuma)'으

로 해석한 상태의 soma는 각 기능을 가진 몸이다. 그리고 '육(sarx)과 영(pneuma)'(고후 7:1), '마음(pneuma)과 육신(sarx)'(마 26:41; 막 14:38)으로 해석한 상태에서 '육(sarx)과 영(pneuma)'의 육은 육체(몸)이다. 육체 또한 기능을 가진 육체이다. '혼(psuhe)과 영(pneuma)과 관절과 골수'(히 4:12)에서 프쉬케(psuhe)는 프뉴마 (pneuma)를 구분한 상태에서 육체에 기능을 가진 호흡작용을 하는 하나의 생명체를 가진 프쉬케(psuhe)를 말한다.

2) 삼분설

'영(πνεῦμα pneuma)과 혼(ψυχη psuhe)과 몸(σῶμά soma)' (살전 5:23)이라고 했을 때의 프쉬케는 자신 안에 내면(지,정,의)적인 부분과 소마의 외적인 부분을 나누어서 말하고 있다.

원문을 통한 인간의 영적 구조 이해는 영의 부분 루아흐/프뉴마가 있는가 하면 호흡피조물 네페쉬/프쉬케가 있다. 호흡피조물 네페쉬/프쉬케는 호흡피조물이라는 본질 그대로의 뜻을 지닌 채 신체의 구석구석까지 호흡이 이어지는 곳마다 골고루 관련이 있다(지정의). 육체에 생명(피)이 있을 때는 육체를 통하여 호흡피조물의 역할을 하지만 육체가 죽으면 육체의 호흡은 끝나도 영혼의 호흡은 계속된다(참조, 창 4:9-11). 그리고 몸(육체)이라고 했을 때 바사르/사륵스는 살에 해당하는 부분이고, 소마라고 했을 때는 몸(육체)의 기능을 포함한 부분을 말한다.

Ⅲ. 인간의 범죄 이전의 심성

1. 범죄 이전의 심성

"여호와 하나님이 아담에게서 취하신 그 갈빗대로(צֵלָע ṣēlā') 여자를 만드시고 그를 아담에게로 이끌어 오시니 아담이 가로되 이는 내 뼈 (עֶצֶם 'eṣem) 중의 뼈요 (עֶצֶם 'eṣem) 살 (בָּשָׂר bāśār) 중의 살이라 (בָּשָׂר bāśār) 이것을 남자에게서 취하였은즉 여자라(אִשָּׁה 'ishshâ) 칭하리라(קָרָא qārā') 하니라"(창 2:22, 23)

갈빗대(צֵלָע ṣēlā')

쩨라는 물체의 측면이다. 신체의 옆구리, 늑골, 겨드랑이다.

뼈(עֶצֶם 'eṣem)

에젬은 뼈인데 살이 붙은 뼈이다. 골격을 이루는 뼈 조각이다.

살(בָּשָׂר bāśār)

바사르는 (사람들의) 살, 근육과 지방의 조직이다.

여자(אִשָּׁה 'ishshâ)

이솨는 부인, 아내이다.

칭하리라(קָרָא qārā')

카라는 (큰 소리로) 불러내다. 영어로는 call, call out이다.

아담은 하나님께서 만들어 주신 여자를 보고 "이는 내 뼈 중의 뼈요 살 중의 살인 나의 부인이다"하고 큰 소리로 외쳤다. 이 외침 속에는 당신은 나와 동등·평등(남녀가)하다는 의미와 이제는 나와 당신이 둘이 아니라 한 몸이라는 사랑의 고백이 담겨있다. 최초의 인간이 고백한 사랑의 표현이다. 이런 고백은 부부관계에서 함께 살면서 날마다 생활 속에서 실현되어야 할 부분이다. 남편은 아내를 향해 '나의 뼈 중의 뼈요 살 중의 살인 당신을 오늘도 사랑합니다'라는 사랑의 고백을 할 수 있어야 한다.(창 2:24, 25)

2. 범죄 이전의 가정

"이러므로 남자가 부모를 떠나(עָזַב 'āzab) 그 아내와 연합하여(דָּבַק dābaq) 둘이 한 몸(בָּשָׂר bāśār)을 이룰지로다 아담과 그 아내 두 사람이 벌거벗었으나(עָרוֹם 'ārōm) 부끄러워(בּוֹשׁ bôsh) 아니하니라"(창 2:24-25)

떠나(עָזַב 'āzab)

아자브는 (장소,인물)~로부터 떠나다. (소속 단체)를 그만두다. (가정, 사람) ~와 인연을 끊다.

연합하여(דָּבַק dābaq)

다바크는 ~에 달라붙다, 밀착하다, (손·발로 감아) 매달리다, 꼭 달라붙다.

몸(בָּשָׂר bāśār)

바싸르는 (사람들의) 살, 근육과 지방의 조직이다.

벌거벗었으나(עָרוֹם 'ārōm)

아롬은 벌거벗은, 옷을 입지 않은, 나체상태이다.

부끄러워(בּוֹשׁ bôsh)

부쉬는 (양심의 가책 따위로) 부끄러워하는, 수치스러워 하는, 치욕적, 불명예, 망신감, 실망한, 불안함이다.

　　새로운 가정의 출발은 남녀가 부모와 함께 살던 가정에서 떠남으로부터 시작된다. 이 떠남은 독립된 가정을 이루기 위한 최초의 행위이다. 떠남에 있어서 구습(부모와 함께 한 생활양식, 습관된 버릇, 취미활동, 경제적인 문제, 정신적인 것 등)의 생활을 청산하고 떠나야 한다. 남녀가 각각 살아온 구습에서 떠나지 못하면 새로운 생활로 나아갈 수 없다. 이러한 떠남은 출산될 아기가 탯줄을 끊고 산모의 몸에서 떨어져 나와야 되는 것과 같다. 아기의 출생은 탯줄이 끊어진 상태가 비로소 엄마로부터 독립이다. 인생에 있어서 떠남은 3번이 있다. 출생과 결혼과 죽음이다.

　　그리고 부부가 서로 연합하기 위해서는 부부 사이에서 어느 누구도 거침돌이 되어서는 안 된다. 부모, 형제, 자식, 친척, 이웃, 친구 등의 문제로 갈등하게 되면 서로는 대립하게 되고, 진정한 연합은 깨어지게 된다. 오늘날 이혼율이 높은 이유도 부부가 진정한 연합이 이루어지지 않은 가정이 많기 때문이다. 부부관계가 한몸이라는 것은 부부가 밀착한 상태에서 연합하여 떨어지지 말고 살라는 것이다. 그런데 많은 부부들이 자녀교육 문제로 떨어져 살고 있는 경우가 허다하다. 지금 한국에는 자녀 교육을 위해 아내와 남편이 서로 떨어져 살고 있는 경우가 많다. 기러기 아빠들의 문제가 한 예이다. 기러기 엄마와 새끼들을 떠나보낸 빈 둥우리는 기러기 아빠만의 거처가 되어 버렸다. 남편의 외로움과 지친 삶은 고독의 시간으로 다가왔다. 그리고 그 고독의 시간들은 알코올과 더불어 남은 시간들로 홀로 보내고 있다. 몇 년째 알고 지내는 교수의 말에 의하면 그는 한 달이면 몇 번씩 젊은 동료교수의 장래식을 다녀온다고 하였다. 그 이유는 엄마와 새끼를 떠나 보낸 빈 둥우리에서 불규칙적인 식생활과 과중한 연구, 고독한 시간이 죽음의 원인이라고 하였다. 남편 혼자 빈 둥우리를 지키는 것은 연합이 아니다. 부부는 어떤 경우에라도 연합하여 함께 살아가야 한다.

아담의 사랑고백 안에는 부부의 연합을 찾을 수 있다. "이는 내 뼈 중의 뼈요 살 중에 살이라"고 외쳤다. 진정한 하나는 1×1=1또는 1÷1=1의 원리와도 같다. 1×1=1의 원리는 각자에게 주어진 개성과 재능을 살려서 하나의 공통분모(행복한 부부)를 만들어 가는 부부이다. 그리고 1÷1=1의 원리는 각자 받은 은혜와 기쁨을 함께 나누고, 일상생활의 무거운 짐과 고통을 나눔으로써 하나 이상이 되지 않게 하는 것이다. 부부 성생활에 있어서도 이 원리는 그대로 적용된다. 그러기 위해서는 서로가 전적으로 위탁을 하여야 한다. "아내가 자기 몸을 주장하지 못하고 오직 그 남편이 하며 남편도 이와 같이 자기 몸을 주장하지 못하고 오직 그 아내가 하나니"(고전 7:4)라고 바울은 가르치고 있다. 이러한 원리는 두 개체가 결혼이라는 과정을 통하여 이미 하나가 되었기 때문이다. 따라서 부부는 옷을 걸치지 않은 상태에서 함께 침상생활을 해도 부끄러움이 없듯이 양심에도 가책받는 일을 해서는 안 된다. 특히 부끄러워하는 일, 수치스러워하는 일, 치욕적인 일, 불명예스러운 일, 망신살 뻗는 일, 실망스러운 일, 불안케 하는 일들을 해서는 안 된다. 범죄 이전 아담의 가정은 부부가 영·육간의 부끄러움이 없는 진정한 화목한 가정이었다.

3. 사단의 유혹에 빠진 인간의 심성

"여호와 하나님의 지으신 들짐승 중에 뱀이 가장 간교하더라 뱀이 여자에게 물어 가로되 하나님이 참으로 너희더러 동산 모든 나무의 실과를 먹지 말라 하시더냐 여자가 뱀에게 말하되 동산 나무의 실과를 우리가 먹을 수 있으나 동산 중앙에 있는 나무의 실과는 하나님의 말씀에 너희는 먹지도(אָכַל ʼakal) 말고 만지지도(נָגַע nāgaʻ)말라 너희가 죽을까(מוּת mût) 하노라 하셨느니라 뱀이 여자에게 이르되 너희가 결코 죽지 아니하리라 너희가 그것을 먹는 날에는 너희 눈이 밝아(פָּקַח pāqaḥ) 하나님과 같이(אֱלֹהִים ʼĕlōhîm) 되어(הָיָה hāyâ) 선악을 알 줄을 하나님이 아심이니라 여자가 그 나무를 본즉 먹음직도 하고 보암직도 하고 지혜롭게 할 만큼 탐스럽기도 한 나무인지라 여자가 그 실과를 따먹고 자기와 함께한 남편에게도 주매 그도 먹은지라 이에 그들의 눈이 밝아(פָּקַח pāqaḥ) 자기들의 몸이 벗은 줄을 알고 무화과나무 잎을 엮어 치마를 하였더라(창 3:1-7)"

먹지도(אָכַל ʼakal)

아칼은 먹다, 소비하다, 먹어 버리다, 삼켜버리다.

만지지도(נָגַע nāgaʻ)

나가는 (손, 손가락 따위) ~에 대다, ~을 건드리다, ~을 만져보다, ~에 닿다.

죽을까(מוּת mût)

무트는 죽음, 사망, 죽어가는, 소멸되어 가는, 멸망해야 할.

밝아(פָּקַח pāqaḥ)

파카흐는 열린, 열려있는, 영어로는 open (the eyes)이다.

하나님과 같이(אֱלֹהִים ’ĕlōhîm)

엘로힘은 하나님이시다. 영어로는 God.

되어(הָיָה hāyâ)

하야는 ～이 되다(be come), 존재하다. 실제하다(exist).

여자가 사단의 유혹에 넘어간 것은 눈이 열려 하나님과 같이 된다는 데에 있다. 여자는 피조물이기 때문에 아무리 눈이 열려도 창조주가 될 수는 없다. 그리고 본문에서 뱀과 여자 사이에서 대화하는 가운데 하나님의 말씀을 변질한 부분이 있다. 하나님께서는 창 2:17절에서 "선악을 알게 하는 나무의 실과는 먹지 말라 네가 먹는 날에는 정녕 죽으리라 하시니라"고 되어 있다. 그러나 뱀과 대화하고 있는 여자는 미혹을 당하여 하나님의 말씀을 변질시켰다. 창세기 3:3절에서는 "동산 중앙에 있는 나무의 실과는 하나님의 말씀에 너희는 먹지도 말고 만지지도 말라 너희가 죽을까 하노라 하셨느니라"고 하였다. 즉 '먹지 말라 먹는 날에는 정녕 죽으리라'는 말이 먹지도 말고 만지지도 말라 너희가 죽을까 하노라로 바뀐 것이다. 말 바꾸기 잘하는 사람, 음흉한 사람, 교활한 사람이 있다면 그것은 사단으로부터 조종을 받고 있다는 증거이다. 기독교 지도자인 사람들 조차도 말 바꾸기를 잘하는 사람들이 있다. 마치 하나님으로부터 음성을 직접 들은 것처럼 위장하고 믿음이 약한 자를 골라 자신의 유익을 취하고 타인을 넘어지게 하는 자들이 이에 해당한다. 이러한 사람들은 이미 사단으로부터 조종을 받는 사람들이다. 상황에 따라 말 바꾸기를 잘 하는 사람이 있다면 빨리 진리의 말씀으로 되돌아 와야 할 것이다. 하나님의 말씀은 어제나 오늘에나 변함이 없어야 한다. 지도자가 사단의 음성을 듣거나 아니면 자신의 내면의 음성을 듣고 마치 하나님께 음성을 직접 들은 것처럼 선지자 노릇을 하는 사람이 있다면 하나님의 진노가 임하기 전에 회개하고 진리 앞으로 나와야 할 것이다. 하나님의 약속은 상황에 따라 수시로 변하지 않음을 명심해야 한다. 특히 계시의 음성을 들었다고 하는 사람을 주의하라. 하나님의 계시는 이미 성경의 기록된 말씀으로 충분하다.

4. 범죄 이후의 인간의 심성

"아담이 가로되 하나님이 주셔서(נָתַן nātan) 나와 함께 하게
하신 여자 그가 그 나무 실과를 내게 주므로 내가 먹었나
이다 여호와 하나님이 여자에게 이르시되 네가 어찌하여
이렇게 하였느냐 여자가 가로되 뱀이(נָחָשׁ nāḥāsh) 나를 꾀므
로(נָשָׁא nāshā') 내가 먹었나이다"(창 3:12-13)

주셔서(נָתַן nātan)

나탄은 주다, 증여하다(give), (결혼식에서) 신부를 신랑에게 인도하다.

뱀이(נָחָשׁ nāḥāsh)

나하쉬는 악마(사단), 큰 뱀. 비유적으로는 음흉한 사람, 교활한 사람
에 해당된다. 영어로는 serpent, snake이다.

나를 꾀므로(נָשָׁא nāshā')

나솨는 유혹하다, 미혹하다, 관심을 갖게 하다, 흥미를 갖게 하다.

창세기 2장 23절에서 보면 죄짓기 전에 아담은 아내에게 "이는
내 뼈 중의 뼈요 살 중의 살인 나의 부인이다" 하고 고백을 했지만 범
죄 이후에는 "하나님께서 내게 주신 여자가 그 실과를 내게 주므로
내가 먹었나이다"라고 하였다. 범죄의 원인을 일차적으로 하나님께
돌렸다. 하나님께서 내게 주신 그 여지가 원인이라고 하였다. 그리고
이차적인 원인을 자신의 아내에게 돌렸다. 아내는 범죄의 원인을 뱀

에게 돌렸다. 범죄의 사실을 다른 사람에게 전가하는 일, 범죄의 원인을 모른다, 내가 한 일이 아니다, 누가 시켰기 때문에 하였다는 것은 하나님의 형상을 잃은 악한 심성에서 나온 행동들이다. 창세기 3장에 나오는 뱀은 마귀 혹은 사단을 의미하는 표현으로 사용되었다(계 12:9, 20:2). 계시록에도 뱀, 옛뱀, 그 옛뱀으로 나온다. 뱀이 어떻게 여자와 말을 할 수 있었는가 하는 문제에 대해서 어거스틴(Augustine)과 칼빈(Calvin)은 뱀이 사단에게 이용을 당하였다고 하였다. 그리고 뱀이 여자와 말한 것은 사탄이 뱀을 이용하려고 작정한다면 그리 어려운 일이 아니라고 하였다.

성경에는 짐승이 말하는 경우가 있다. 뱀과 아담의 경우가 있는가 하면 발람의 나귀가 발람에게 말한 경우도 있다. 이 모든 일들은 하나님께서 하시고자 한다면 불가한 일이 아니다(민 22:28-30).

5. 죄로 인한 결과

"또 여자에게 이르시되 내가 네게 잉태하는 고통을 크게 더하리니(רָבָה rābâ) 네가 수고하고 자식을 낳을 것이며 너는 남편을 사모하고(תְּשׁוּקָה teshûqâ) 남편은 너를 다스릴 것이니라(מָשַׁל māshal) 하시고 아담에게 이르시되 네가 네 아내의 말을 듣고 내가 너더러 먹지 말라 한 나무 실과를 먹었은즉 땅은 너로 인하여 저주를 받고(אָרַר 'ārar) 너는 종신토록 수고하여야(עִצָּבוֹן 'iṣṣābôn) 그 소산을 먹으리라 땅이 네게 가시덤불과 엉겅퀴를 낼 것이라(צָמַח ṣāmaḥ)너의 먹을 것은 밭의 채소인즉 네가 얼굴에 땀이 흘러야(זֵעָה zē'â) 식물을 먹고 필경은 흙으로 돌아가리니 그 속에서 네가 취함을 입었음이라 너는 흙이니 흙으로 돌아갈 것이니라(שׁוּב shûb) 하시니라"(창 3:16-19)

더하리니(רָבָה rābâ)

라바는 큰, 많은, 대단히 많은, 영어로는 great, many, much, numerous 이다. 피조물들이 각기 출산의 고통은 있지만 죄를 지은 인간에게는 잉태의 고통을 크게 증가하였다.

사모하고(תְּשׁוּקָה teshûqâ)

데슈카는 사모하다, 그리워하다, 갈망하다, ~을 바라다, 요망하다, 소망하다, ~이라 부탁하다.

다스릴 것이니라(מָשַׁל māshal)

마샬은 ~를 대표하다, ~의 대리를 하다. 영어로는 represent 이다.

저주를 받고(אָרַר 'ārar)

아라르는 (저주에 의한) 재앙, 천벌, 벌; 재앙의 원인, 불행의 씨앗 방해가 되는 것(사람), 영어로는 to curse 이다.

수고하여야(עִצָּבוֹן 'iṣṣābôn)

이짜본은 슬픔, 비애, 비탄, 애도(~s) 불행, 곤란, 고뇌, 노고, 수고, 고생 (장시간의) 고된 노동이다.

낼 것이라(צָמַח ṣāmaḥ)

짜마흐는 자라기 시작하다, 발아(發芽)하다(up) sprout; 뛰어오르다, 싹이 트다.

땀이 흘러야(זֵעָה zē'â)

제아는 땀, 발한(發汗), 땀을 흘리고 있는 상태 (의학적 처치에 의한) 발한작용, 고된 노동, 고생, (땀이 날 정도의) 열심, (심한) 걱정, 초조이다.

돌아갈 것이니라(שׁוּב shûb)

슈브는 ~을 (돌려)위치를 바꾸다. 영어로는 turn 이다.

창세기 3장에서 죄의 결과로 나타난 고통을 분석하면 아래와 같다.

(1) 여자에게 주어진 고통

잉태의 고통이 더함

수고하고 자식을 낳을 것

남편을 사모할 것

남편이 여인을 다스림

(2) 남자에게 주어진 고통

종신토록 수고하여야 한다.

얼굴에 땀을 흘려야 식물을 얻는다.

(3) 인간의 죄로 땅이 받는 고통

채소와 곡식과 과일을 생산할 수 있는 옥토가 저주(천벌)를
받았다.

가시덤불과 엉겅퀴를 내는 황폐한 땅으로 변했다. 옥토를 만
들기 위해서는 가시덤불과 엉겅퀴는 뽑아 내어야 한다.

(4) 죄를 지음으로 나타나는 현상

❶ 부끄러움이 찾아온다(창 3:7). 자기 몸이 벗은(עֵירֹם 'êrōm) 줄
을 안다. 자신이 벌거숭이(나체)라는 사실을 깨닫게 된다.

❷ 두려움으로 인하여 숨게 된다(창 3:8-10). 하나님은 숨은 아
담을 부르셨다. 하나님의 음성을 들은 아담은 두려워 하
였다. 아담이 어떻게 하나님의 음성을 들었을까는 성경에

구체적으로 기록하고 있지 않다. 그러나 엘리야에게 들려진 하나님의 음성은 '강한 바람' 가운데도 아니요, '지진' 가운데도 아니요, 불 가운데서 아닌 '세미한 음성'으로 들렸다고 기록하고 있다(왕상 19:11-12).

❸ 변명을 하게 된다(창 3:12-13). 죄지은 자에게 나타나는 특징 중 하나이다. 변명은 지은 죄를 회피하거나 죄를 희석시키기 위해 하게 되는 행동이다.

❹ 심판주로부터 죄의 심판이 내려지고 죄의 값을 지불하게 된다(3:14-19). 뱀, 여자, 아담, 땅, 죽음을 들 수 있다.

❺ 죄로 인한 죽음(영원한 형벌)이 찾아온다(창 3:19; 히 9:27). 죽음과 심판이 따른다.

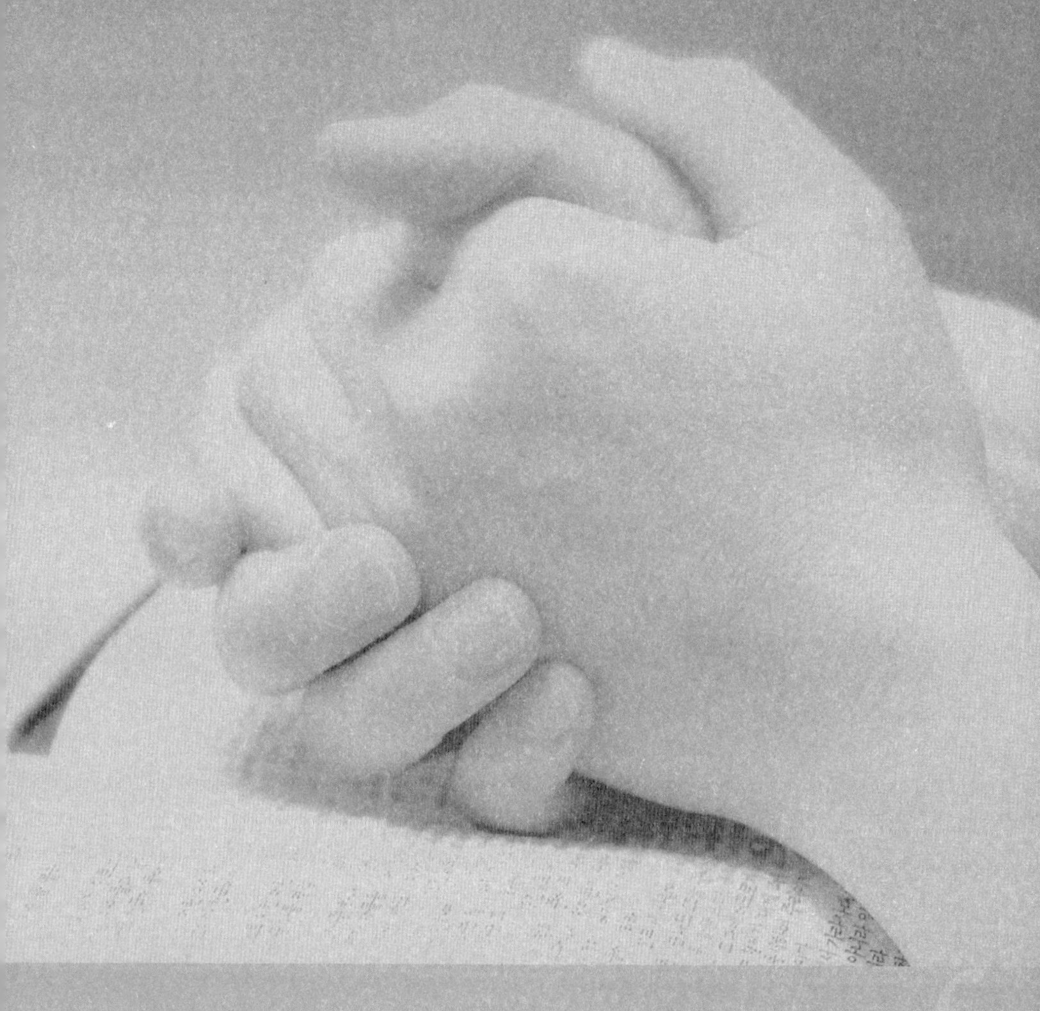

제2부

영적 성숙의 훈련

I. 영적 성숙을 위한 훈련

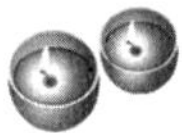

1. 영성 훈련

　기독교 영성이 삼위일체 하나님을 믿고 회개하여 새사람으로 변화되어 영적으로 성숙하고 성령의 열매를 맺어 하나님께 영광을 올려 드리는 것이라면, 영성 훈련은 성령 안에서 옛사람을 청산하고 새사람으로 살아가도록 하는 과정의 전반적인 훈련이라고 할 수 있다. 즉 기독교 영성의 신학적인 부분을 생활에 적용시켜 나아가도록 가르치고 훈련하는 것이다. 훈련은 쉽지가 않다. 피나는 노력이 따른다. 한 분야에 스타가 되어 영광을 얻기까지는 많은 훈련이 필요하다. 사람들은 겉에 드러난 영광만 보고 뒤에 감추어진 그늘은 보지 않기를 원한다. 일본의 홈런왕 왕정치는 늘 회초리로 좁쌀 때리는 훈련을 하였다고 했다. 그랬더니 어느 순간부터 야구공이 수박만하게 보이고 홈런을 많이 치게 되었다고 한다. 그리고 골프황제 타이거 우즈는 1999년까지 19개월 동안은 한 차례도 우승하지 못했다. 많은 사람들은 황제는 맛이 갔다고 놀렸다. 그러나 그는1999년 5월 긴 터널에서 빠져 나왔고, 그 해 14개 토너먼트 중 10개를 휩쓸었다. 그리고 PGA만 8개를 석권했고, 2006년은 연속 5번을 우승하는 기적을 이루었다. 이러한 기적을 이루게된 동기는 농구 황제 마이클 조단의 조언에 큰 영향을 받았다. 그는 타이거 우즈에게 "모든 사람이 너에게 골프 천재다. 100년에 한번 나올까 말까 한 사람이다라는 찬사를 아끼지 않을 때 바로 연습장으로 달려가라. 달려가서 이전 보다 더 훈련에 열중하라!"고 얘기하였다고 한다. 영성 훈련은 옛자아를 죽이는 피나는 훈련(성령님의 음성을 듣고 순종하는 삶)이다. 새사람으로 거듭난 생활을 하기 위해서는 옛자아는 죽어야 한다. 영성 훈련은 먼저 옛자아를 죽이는 훈련이고, 손에 잡은 것을 내려놓는 훈련이고, 십자가에 못 박히는 훈련이고, 성령님께서 인도하시는 대로 따라 순종하는 훈련이다.

2. 영성수련

"영성수련의 목적은 영혼의 잠에서 깨어나 죄인인 나를 직시하고, 주님의 목소리를 듣고, 그 목소리를 들어 이해하고, 그 이해를 바탕으로 주님의 목소리를 올바로 깨우치며, 그것을 통해 자기 자신을 제대로 식별함으로써 주님의 뜻을 알게 하는 것이다. 영성수련은 이름 그대로 영적인 수련연습이다."[12] 천주교에서는 영성 수련의 훈련과정으로 '피정'이라는 수련과정이 있지만 여기에서는 다루지 않는다.

---

12) 변희선, 영성수련교육학, 이냐시오 영성연구소, 1996, 11.

3. 연습(練習)과 훈련(訓練)

연습과 훈련은 비슷한 용어로 사용이 되지만 구체적인 부분에서는 다르다. 연습이라고 하였을 때는 학문 기예 등을 연마하여 익히는 것이거나 아니면 일정한 작업을 반복하여 새로운 습관을 만드는 것을 말한다. 그러나 훈련은 무예의 가르침을 받아 단련함에 있고, 실무를 배워 전문가로 키워 나아가는 과정이라고 말 할 수 있다. 기독교 영성은 연습과 훈련이 겸비되어 있어나 전적으로 성부성자성령의 인도하심을 받아 순종하여 따른다는 면에서는 수동적이다.

Ⅱ. 영적 성숙의 시작

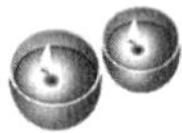

1. 믿음이란?

기독교 신앙에서 영적 성숙의 훈련이 있기 전에 자신이 믿는 믿음의 대상이 누구인가에 대해서 분명히 알아야 한다. 그렇지 않으면 영적 혼란이 일어난다. 바울은 믿음 안에 사는 것은 "내가 그리스도와 함께 십자가에 못 박혔나니 그런즉 이제는 내가 산 것이 아니요 오직 내 안에 그리스도께서 사신 것이라 이제는 내가 육체 가운데 사는 것은 나를 사랑하사 나를 위하여 자기 몸을 버리신 하나님의 아들을 믿는 믿음 안에 사는 것이라"(갈 2:20)고 하였다. 즉 믿음은 나를 사랑하사 나를 위하여 자기 몸을 버리신 하나님의 아들을 나의 구원자로 믿는 것이 기독교의 믿음이다.

히브리서 기자는 믿음에 대해서 말하기를 "믿음은 바라는 것들의 실상이요 보지 못하는 것들의 증거니"(히 11:1)라고 하였다. 히브리서 기자는 믿음이 경축하는 대상을 두 가지로 보았다. 하나는 믿음은 바라는 것들의 실상이다. 이것은 믿음을 통한 소망의 내용(미래의 복의 실체)을 현재 경축한다는 뜻이다. 다른 하나는 보지 못하는 증거이다. 이 말은 지금은 보이지를 않지만 미래(종말론적 사건)에는 보여질 것임을 가리킨다.

성경은 "방백들을 의지하지 말며 도울 힘이 없는 인생도 의지하지 말찌니"(시 146:3)라고 하였다. 여기에서 방백이라고 한 히브리어는 나디브(נָדִיב nādîb)이다. 나디브는 고관이나 귀부인, 아니면 풍부에 처한 사람들이다. 세상 사람들은 방백에 처한 사람들에게 줄을 서서 뭔가 성공하기를 원한다. 그것은 잘못된 믿음이다. 시편 124:8절에는 "우리의 도움은 천지를 지으신 여호와의 이름에 있도다"라고 기록하고 있다. 그리고 "너희 행사를 여호와께 맡기라 그리하면 너의 경영하는 것이 이루리라"(잠 16:3)고 하였다. 여기에서 행사에 해당하는 히브리어는 마아쎄(מַעֲשֶׂה ma'ăśeh)이다. 마아쎄는 자기가 활동하는 모든 영역을 말한다. 내가 하는 모든 일을 하나님께 맡긴다는 것은 하나님의 전적인 통치에 순종하겠다는 뜻이다. 하나님의 방법과 하나님의 계획이 이루어지도록 맡기는 것이 영적으로 성숙한 자의 모습이다. 따라서 우리의 도움은 방백들에게 있는 것이 아니라 천지를 지으신 여호와의 이름에 있기에 현재도 미래도 그분에게 나의 모든 행사를 맡겨야 한다. 이것이 바른 믿음이다.

2. 예수 그리스도

1) 구원자 예수 그리스도

당신이 예수 그리스도에 대해서 어떻게 알고 있는가? 알고 있는 범위에서 말 하라고 하면 대개는 몇 마디 말을 하고는 횡설수설 한다. 왜 이런 현상이 나타나는가? 구원자 예수 그리스도에 대해서 잘 알고 있지 못하기 때문이다.

예수 그리스도는 죄 아래 있는 인간을 구원하기 위해 오신 구원자로 이 땅에 오셨다. 신약성경은 예수 그리스도에 대해서 분명한 구원자라는 사실을 밝히고 있다. "아들을 낳으리니 이름을 예수라 하라 이는 그가 자기 백성을 저희 죄에서 구원할 자이심이라 하니라"(마 1:21; 참조, 행 4:12; 롬 10:10; 엡 2:8-9). 그리고 구약 성경에서도 예수 그리스도가 구원자라는 사실을 분명히 밝히고 있다. "이스라엘의 왕인 여호와, 이스라엘의 구속자인 만군의 여호와가 말하노라 나는 처음이요 나는 마지막이라 나 외에 다른 신이 없느니라"(사 44:6). 그러므로 예수 그리스도는 인류를 죄에서 구원할 구원자로 이 땅에 오셨다.

하나님의 백성인 성도가 예수 그리스도에 대해서 아는 지식이 없다면 어떻게 은혜와 능력과 구원을 얻을 수 있을까? 우리가 예수를 믿는다면 성경에 대해 아는 지식도 믿음도 키워야 함은 당연한 일이다. 신·구약 성경은 예수 그리스도에 관하여 기록해 놓은 책이기 때문에 깊이 연구하여야 한다. 신학교에서 혹은 교회에서 그리고 가정에서 배워가야 할 것이다. 유대인들의 어머니들은 자녀를 자신의 무릎

위에 앉혀놓고 성경(토라)을 가르쳤다.

2) 구원의 언약

아담과 하와는 하나님의 명령(말씀)을 먹고 마셔야 살 수 있는 인간으로 창조되었다. 그리고 예수 그리스도를 통하여 남녀 아담을 의롭게 한 다음 천국시민을 삼으려고 하였는데, 자신들의 과실(過失)로 인하여 하나님의 형상과 모양이 상실되면서 하나님과의 관계는 깨어졌다. 이것이 영적인 죽음이다. 하나님은 남녀 아담을 살리시기 위하여 최초의 언약을 주셨다. 창세기 3장 15절에 보면 "내가 너로 여자와 원수가 되게 하고 너희 후손도 여자의 후손과 원수가 되게 하리니 여자의 후손은 네 머리를 상하게 할 것이요 너는 그의 발꿈치를 상하게 할 것이니라"고 기록하고 있다. 이 말씀은 남녀 아담을 넘어지게 한 뱀을 향해서는 꾸짖으시고, 인간을 향해서는 위로를 위해 주어진 말씀이다. 뱀을 향한 꾸짖으심은 심판의 불이 내려질 것을 말씀하신 것이고, 인간에게 주어진 말씀에는 두 가지의 뜻이 담겨 있다. 첫째는 하나님은 죄악을 기뻐하지 아니하신다는 것과 죄에 대한 더 큰 무서움을 깨닫게 하기 위함이고, 둘째는 하나님께서는 여전히 호의를 베풀고 계신다는 사실을 인식하여 지금 당하고 있는 비참한 상태로부터 위로를 받게 하려는 것이다. 하나님의 최초의 언약은 이렇게 여자의 후손을 통해서 죄인이 구원받을 것을 말씀하셨다.

　　그리고 이 구원의 언약인 여자의 후손을 통해서 메시아가 탄생될 것을 이사야 선지자를 통해서 다시 확인 시켜주셨다. "그러므로 주께서 친히 징조(אוֹת 'ôt)[13]로 너희에게 주실 것이라 보라 처녀(עַלְמָה 'almâ)[14]가 잉태하여 아들을 낳을 것이요 그 이름을 임마누엘(אֵל עִמָּנוּ)[15]이라 하리라"(사 7:14)고 기록하고 있다. 여기에서 징조는 처녀가 잉태하여 아들을 낳는 것을 말한다. 자연의 질서에 의해서가 아니라 성령에 의해서 잉태하게 될 메시아 탄생을 두고 말한 것이다. 바울은 이 사실을 "하나님께서 육체로 나셨다"(딤전 3:16)라고 표현하고 있다. 즉 성령으로 잉태되어 처녀의 몸에서 탄생하실 분은 우리와 같은 육체를 입고 태어나신 분이다. 그리고 이사야 선지자가 말한 그분은 우리와 함께 하시고 또한 우리와 연합하신 하나님이라는 사실을 '임마누엘' 이라는 단어 속에 함축하고 있다. 따라서 임마누엘이라는 단어는 하나님께만 사용할 수 있는 단어이지 인간에게 사용할 수가 없다.

　　또한 구원의 언약이 성취된 사실을 마태는 이렇게 기록하고 있다. "이 모든 일이 된 것은 주께서 선지자로 하신 말씀을 이루려 하심이니 가라사대 보라 처녀가 잉태하여 아들을 낳을 것이요 그 이름을 임마누엘이라 하리라"(마 1:22-23), 더 구체적인 말씀은 "아들을 낳으리니 이름을 예수(Ἰησοῦς)[16]라 하라 이는 그가 자기 백성을 저희 죄

---

13) 오트(אוֹת 'ôt)는 징조, 징후, (그리스도의)기적을 뜻한다.

14) 알마(עַלְמָה 'almâ)는 (나이가) 젊은, 어린, 연소한이다.

15) 임마누엘(אֵל עִמָּנוּ)은 메시아의 대표적인 이름이다.

16) 예수(Ἰησοῦς)는 'Lord', '여호수아', '구원자' 이다(마 1:1, 21; 요 1:17; 행 7:45; 빌 2:5; 유 1:1). 신약성경에 1029회 나온다.

($\dot{\alpha}\mu\alpha\rho\tau\acute{\iota}\alpha$)[17]에서 구원($\sigma\acute{\omega}\zeta\omega$)[18]할 자이심이라라 하니라"(마 1:21).

하나님께서 죄지은 자를 구원하시기 위해서 은혜를 베푸신 것을 보면 처녀의 몸에 성령으로 잉태하게 하셨다. 탄생된 자의 이름은 예수이며, 그 이름은 임마누엘이고, 임마누엘은 하나님이 우리와 함께 하시는 분이시다. 따라서 죄인이 구원받고 하나님과 연합하기 위해서는 예수 그리스도를 믿어야 한다. "다른 이로서는 구원을 얻을 수 없나니 천하 인간에 구원을 얻을만한 다른 이름을 우리에게 주신 일이 없음이니라"(행 4:12). 이처럼 구원의 언약은 신·구약 성경을 통해서 분명하게 밝히고 있다.

3) 구원의 대상자는 아담의 후손

"이러므로 한 사람으로 말미암아 죄가 세상에 들어오고 죄로 말미암아 사망이 왔나니 이와 같이 모든 사람이 죄를 지었으므로 사망이 모든 사람에게 이르렀느니라 죄가 율법 있기 전에도 세상에 있었으나 율법이 없을 때에는 죄를 죄로 여기지 아니하느니라"(롬 5:12-13). 여기에서 한 사람의 행위는 아담의 불순종을 말한다(창 3:6-7). 아담의 불순종은 인류에게 원죄(original sin)를 가져왔다. 따라서 아담의 후손은 모두 죄인이다. 그러나 예수의 탄생은 원죄 아래 있는 인류를 구

---

17) 하말티아($\dot{\alpha}\mu\alpha\rho\tau\acute{\iota}\alpha$)는 옳는 것으로부터 떠난 모든 불의한 행동, 도덕상·윤리상으로 빗나간 행동, 자연을 오염시키는 행동, 아집이 강함, 이러한 행위들은 하나님의 형상이 상실된 상태에서 나타나는 행동들이다.

18) 소조($\sigma\acute{\omega}\zeta\omega$)는 재난·위험(신속·적극적인 행동으로) 구출하다, 강금·속박·고뇌 따위에서 해방하다, (남)을 구조하다, 구하다, 해방하다(from).

원하기 위함이다. 예수의 탄생은 이미 구약성서에 예언된 말씀이 성취된 사건이다(마 1:21; 참조, 창 3:15; 사 7:14). 그리고 예수 그리스도의 십자가 사건은 원죄 아래 있는 자들에게는 죄에서 구원받을 수 있는 길을 열어놓은 사건이다. 바울은 십자가의 사건을 두고 말하기를 "그의 죽으심은 죄에 대하여 단번에 죽으심이요 그의 살으심은 하나님께 대하여 살으심이니 이와 같이 너희도 너희 자신을 죄에 대하여는 죽은 자요 그리스도 예수 안에서 하나님을 대하여는 산 자로 여길지어다"(롬 6:10-11)고 하였다.

아담의 후손들은 죄에 이끌리어 스스로 죄를 짓게 되는데 이는 본죄(an actual[a personal] sin)에 해당이 된다. 바울이 "마음($\nu o\hat{\upsilon}\varsigma$)[19]으로는 하나님의 법을 육신($\sigma\acute{\alpha}\rho\xi$)[20]으로는 죄의 법을 섬기노라"고 하였다(롬 7:25). 예수를 믿고 거듭난 사람이라고 할지라도 계속해서 성령의 감화 감동을 받지 않고, 영적으로 성숙하지 아니한 상태라면 얼마든지 육신의 사람으로 살아가면서 죄악 아래에서 살아갈 수 있다. 바울이 로마서 7:25절에서 고민하는 문제도 이와 같은 것이다. 마음으로는 하나님의 법을 따라 살고 싶지만 육신은 옛구습에서 벗어나지 못하고 갈등을 하고 있는 것이다. 따라서 믿음의 성도는 영적으로 성숙하여 몸이 죄의 종노릇 하지 말고 의의 병기로 하나님께 끊임 없이 드려지면서(롬 6:12-13) 성령의 열매를 맺는 삶이 지속되어야 한다(갈 5:22-23).

---

19) 누스($\nu o\hat{\upsilon}\varsigma$)는 마음, 정신, 생각, 마음가짐, 계획, 의도, 이해, 식별 등이다. 영어로는 mind, thought, reason; attitude, intention, purpose; understanding, discernment 이다.

20) 사륵스($\sigma\acute{\alpha}\rho\xi$)는 살, 고기, 근육과 지방조직, 육체·신체의 몸, 자연 인간(참조, 롬 9:8)이다. 영어로는 flesh, physical body; human nature 이다.

구약시대에는 피 흘림의 제사를 통해서 속죄함을 받았지만, 신약시대에는 예수 그리스도의 십자가의 죽음으로 속죄를 대속해 주셨다(히 9:11-14). 따라서 구원의 대상자는 아담의 후손 모두 이고, 누구나 예수 그리스도를 믿음으로 모든 믿는 자에게는 의가 차별이 없이 주어진다(롬 3:22). 그리고 죄의 삯은 사망이지만 하나님의 은사는 예수 안에서 영생이다(롬 6:23). 이것이 복음이고 복음은 모든 믿는 자에게 구원을 주시는 하나님의 능력이 된다(롬 1:16).

4) 구원을 얻기 위해서 믿음과 시인

(1) 믿음과 시인

죄인이 구원을 얻기 위해서는 그냥 있어서는 안 된다. 예를 들어 재난을 당한 사람이 아무런 행동도 표현하지 않고 그냥 있다면 그 사람이 위험한 가운데 있는지? 평안한지? 알 수가 없다. 위험에 처해 있다면 자신의 현재 상황을 다른 사람에게 구체적으로 알리고 구원을 요청해야 한다. 마찬가지로 영적으로 죽은 자가 살아나기 위해서는 자신이 취해야 할 행동사항이 있다.

바울은 "네가 만일 네 입으로 예수를 주로 시인(ὁμολογέω)[21]하며 또 하나님께서 그를 죽은 자 가운데서 살리신 것을 네 마음에 믿으면

---

21) 호몰로게오(ὁμολογέω)는 (견해 따위)를 고백하다, 분명히 밝히다, ～을 약속하다, (신념·의견)주장하다(딛 1:16), 찬미·감사를 드리다(히 13:15). 즉 하나님이 구원자 되심을 입으로 분명히 밝히는 것이다.

(πιστεύω)[22] 구원을 얻으리니 사람이 마음으로 믿어 의에 이르고 입으로 시인하여 구원에 이르느니라"(롬 10:9-10)고 하였다. 이 말씀은 첫째는 예수님의 탄생과 죽음과 부활의 과정이 나를 구원하기 위한 대속의 죽음이었다는 사실을 마음으로 믿는 확신을 가져야 한다. 둘째는 예수가 나의 구원자인 것을 장소에 구애됨이 없이 입술로 분명하게 시인할 수 있어야 한다. 그런데 많은 사람들이 예수는 믿지만 입으로 시인하지 못하는 사람들이 있는가 하면, 입으로는 시인을 하는데 마음에 확신이 없는 사람들이 있다. 구원은 믿음과 더불어 예수님이 구원자이심을 시인하는 과정이 필요하다.

(2) 믿음에 의한 새로운 피조물의 과정

예수가 구원자라는 사실을 입으로 시인하기까지는 그냥 이루어지는 것이 아니다. 바울은 "성령으로 아니하고는 누구든지 예수를 주시라 할 수 없느니라"(고전 12:3)고 하였다. 즉 성령님의 역사에 의해서 예수를 주로 고백하면서 마음으로 믿게 되고, 입술로 예수님이 구원자라는 사실을 시인하게 된다. 그리고 성령님의 인도하심에 따라 사는 삶이 새로운 피조물의 삶이다. 예수님께서 말씀하신 것처럼 "진실로 진실로 네게 이르노니 사람이 거듭나지 아니하면 하나님 나라를 볼 수 없느니라"(요 3:3)고 하셨다. 그리고 바울이 말하고 있는 새로운 피조물과 예수님께서 말씀하신 거듭난 사람은 성령님 안에서 구원으로 변화 받은 새사람에게 하신 말씀이다.

---

22) 피스튜오(πιστεύω)는 (하나님과 예수) 믿음을 가진다, (어떤 사람이나 어떤 것들) 신뢰를 가진다, 믿는다(believe (in)).

　　예수 그리스도를 오래도록 믿고 살아가는 사람이라도 성령님의 인도에 따라 살지 못하는 사람들이 있다. 이런 사람들은 구습에서 벗어나지 못한 경우이다. 바울은 이런 사람들을 향해 "유혹의 욕심을 따라 썩어져 가는 구습을 쫓는 옛사람"(엡 4:22)이라고 하였다. 구습에 머무르는 한 새사람으로서의 변화는 불가하다. 중생한 자가 새사람의 옷을 입기 위해서는 옛사람의 습관에서 벗어나지 못한 것에 대해서 날마다 회개를 해야 하고, 새사람으로 변화 받아 살아 갈 수 있도록 하나님께 간구와 더불어 성령님의 인도하심을 받아야 한다. 즉 밀의 씨앗이 땅에 떨어져 죽어야 새싹이 나는 원리와도 같은 것이다. 생명의 씨앗은 땅속에서 씨의 껍질이 썩어야 발하하며 새로운 생명으로 다시 태어날 수 있다. 마찬가지로 구습이 죽지 않고는 새로운 피조물의 탄생은 불가하다.

　　기독교에서는 예수를 믿고 거듭난 자를 중생한 자라고 한다. 중생한 자는 믿음 생활을 통하여 하나님의 형상이 점차 회복되는데 각자에 따라 다르게 나타날 수 있다. 이러한 현상은 중생을 통하여 옛자아가 소멸되면서 새자아는 하나님께로 방향전환을 하는 과정에서 나타나는 차이 때문이다. 사람들은 각자가 태어나고 자라온 환경이 다르기 때문에 옛자아가 습관화 된 부분에서는 많은 차이가 있다. 또한 추구하는 목적과 이상이 다르고 받은 재능이 각기 다르기 때문에 새사람의 모습은 다양하게 나타난다. 중요한 것은 새사람의 자아가 빠르게 형성이 되던지 아니면 늦게 형성이 된다고 할지라도 하나님 안에서 주어진 사명에 따라 맡겨진 일을 충성하게 감당하면 새 자아도 빠르게 성숙한다.

Ⅲ. 영적 성숙을 위한 기도훈련

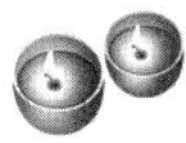

　　인간은 호흡피조물로 창조되었다. 호흡이 있는 동안 여호와를 찬양하고(시 150:6), 호흡이 끊어지면 흙으로 돌아가 더 이상 찬양 할 수가 없다(시 146:4). 또한 창조주께서 인간에게 주신 복 중에 바라크(בָּרַךְ bārak)라는 복이 있다(창 1:28). 바라크라는 복 안에는 피조물이 창조주 앞에 무릎을 꿇고 기도하는 복이 포함되어 있다. 즉 호흡피조물이 창조주에게 찬양하고 기도할 수 있는 복이 큰 복이다. 그 이유는 피조물이 기도를 통해서 창조주와 만날 수 있기 때문이다.

　　6-7세기경에 시작된 호흡기도(예수기도)[23)는 호흡피조물인 인간

---

23)　호흡기도(예수기도)는 예수님께서 가르쳐주신 기도는 아니다. 호흡기도의 표준형태는 "주 예수 그리스도 하나님의 아들이시여, 나를 불쌍히 여기소서", "주 예수 그리스도 하나님의 아들이시여, 이 죄인에게 사랑을 베푸소서", "하나님이여, 주의 인자를 좇아 나를 긍휼히 여기시며---", "내가 죄를 범하였사오니, 하나님이여 나를 용서하소서", "하나님이여 나를 속히 건지소서, 여호와여 나를 속히 도우소서" 등이다. 이러한 내용을 들숨과 날숨에 맞추어서 하는 기도이다. 호흡기도는 6-7세기 초의 이집트 수도사인 사부 필레몬(Abba Philemon)의 전기에서 발견된다. 자세히 알기를 원하면 이영두, 기독교 영성, 임마누엘, 2002, 364-366; 이영두, 호크마신학대학교 박사학위논문, "영성훈련을 통한 영적성장에 관한 연구", 2005, 44-46 참조하라.

이 자신의 호흡에 맞추어 기도하였는데, 근대에는 러시아나 루마니아의 정교회에서 늘리 알려져 실천되고 있다. 오늘날에는 페닝톤(M.B. Pennington), 괴트만(A. Goettman) 등에 의하여 미국과 유럽의 일반 기독교인들에게 소개되고 있다. 기도의 형식은 예수 그리스도의 이름을 반복적으로 불러서 그를 회상하며, 헌신을 다짐하고, 그분으로부터 은혜를 입으려는 것에 목적이 있다. 생명이 있는 자에게 호흡이 쉬지 않는 것처럼 호흡기도는 쉬지 않고 기도할 수 있어서 좋다. 이러한 기도는 하나님의 임재 안에서 살려고 했던 믿음의 선배들이 남긴 기도의 유산이라 영적 성숙에 많은 도움을 줄 수 있는 기도의 한 형식이다. 호흡기도 외에도 신·구약성경에서는 많은 형태의 기도가 있다. 아래에는 기도의 종류를 다양하게 소개하였다. 성도들은 어떤 기도의 형태가 본인에게 적합한지 선택하도록 하기 위함이다. 그리고 기도를 다양하게 이해하게 되면 평상시 생활 속에서 무시로 기도할 수 있을 것이다. 기도함으로써 영적 성숙에 많은 도움이 되었으면 한다.

1. 기도란 무엇인가?

무디 선생이 스코틀랜드 에덴버러에서 집회 도중 어린이에게 기도란 무엇인가라고 질문을 하였다. 질문을 받은 한 어린이의 대답은 "기도란 예수 그리스도의 이름으로 우리의 죄를 고백하고 하나님의 자비하심을 감사하고 아울러 하나님의 뜻에 맞추어 우리의 소원을 하나님께 올리는 것이다."라고 하였다. 어린아이는 기도에 대해서 정확히 알고 있었다. 그리스도인이라면 하나님의 뜻을 알기 위해 기도하는 일은 평범한 일상생활이 되어야 한다. "하나님은 항상 우리 편이시지만 우리는 항상 하나님 편이 되지 못한다. 사람이 기도할 때가 하나님께서 일하실 기회이다"[24]

아래의 **일곱 가지**는 기도를 통해서 얻을 수 있는 **축복**들이다.

❶ 기도는 영적 호흡이다.

❷ 기도는 하나님과 교제하는 것이다.

❸ 기도는 하나님 임재를 체험을 할 수 있다.

❹ 기도는 우리의 영혼을 하나님께로 돌리는 것이다.

❺ 기도는 하나님을 경배하는 가운데 그를 응시하는 것이다.

❻ 기도는 하늘과 땅이 서로 입 맞추는 순간이다.

❼ 기도는 방향이 설정된 소원이다.

---

24)　무릎으로 사는 그리스도인, 생명의말씀사, 1994 7쇄, 77-74.

2. 기도를 하는 목적

하나님께서는 인간의 창조계획 속에 피조세계를 다스리는 권세를 주셨다(창 1:26). 이러한 사실은 다윗의 고백에서도 볼 수 있다. "주의 손으로 만드신 것을 다스리게 하시고 만물을 그 발 아래 두셨으니"(시 8:6)라고 하였다. 이러한 사실은 하나님은 피조세계의 대리자(통치자)로 인간을 창조하셨다. 대리자가 하나님의 일을 올바로 수행하기 위해서는 하나님의 뜻을 알아야 하고, 그 일을 수행하기 위해서 필요한 것이 있으면 청구를 해야 한다. 이러한 과정이 기도인데 이것은 대리자가 요구할 수 있는 특권이라고 할 수 있다. 어떤 사람들은 기도하는 목적이 하나님의 뜻을 이루기 위하여 한다고는 하지만 실속은 자신의 소원을 이루기 위하여 기도하는 경우가 많다. 그리고 청구된 것들을 응답받은 후 하나님의 목적과 상관없이 사용하다가 대리자의 자리에서 낙오되는 것을 많이 본다. 이러한 부분은 잘못된 신앙에서 출발한 기도 때문이다. 기도자는 하나님의 일을 하기 위한 분명한 목적이 서 있어야 한다.

1) 기도는 하나님의 계획(뜻)을 발견하기 위함이다.

예수님께서 겟세마네 동산에서 기도하신 모습에서 그 사실을 알 수 있다(참조, 마 26:36-46; 막 14:32-42; 눅 22:39-46) "조금 나아가사 얼굴을 땅에 대시고 엎드려 기도하여 가라사대 내 아버지여 만일 할만하시거든 이 잔을 내게서 지나가게 하옵소서 그러나 나의 원대로 마옵시고 아버지의 원대로 하옵소서"(마 26:39)라고 기도하셨다. 이 기도는 분명 하나님의 뜻을 알기 위함의 기도이다. 우리가 기도 가운데서 그 내용을 살펴보면 하나의 뜻을 분별하기 위한 기도가 몇 퍼센트(%) 인가를 기도자 자신은 알 수 있다. 내 욕망의 기도를 줄이고 점차 하나님의 뜻을 분별하기 위한 기도로 늘려가자.

2) 기도는 하나님의 일을 바르게 성취하기 위함이다.

하나님께 기도를 하지 않거나 기도의 응답을 받지 않고 어떤 일을 하고자 할 때, 자신이 하고 있는 일이 하나님께서 기뻐하시는 일인지 아닌지 알 수 없다. 그러므로 일을 시작하기 전에 하나님께 기도하고, 일을 진행하면서 하나님께 기도로 점검하고, 일을 성취한 후에도 바르게 성취되었는지를 기도로써 마감해야 한다. 다윗의 삶을 보면 그가 어떤 일을 하고자 할 때, 구체적인 기도를 한 것을 볼 수 있다. "다윗이 여호와께 물어 가로되 내가 유다 한 성으로 올라가리이까 여호와께서 가라사대 올라가라 다윗이 가로되 어디로 가리이까 가라사대 헤브론으로 갈찌니라"(삼하 2:1). 하나님께서는 기도하는 다윗에게 구체적으로 나아가야 할 길을 인도하셨다. 기도하는 자는 자신의 유익과 관계없이 하나님의 계획과 섭리를 알기위해 기도해야 하고, 하나님의 목적을 이루어 드리기 위해 기도해야 할 것이다.

3. 기도의 장소

성경에는 기도의 장소가 다양하게 기록된 것을 볼 수 있다. 집(행 12:12), 다락(행 1:13-14), 감옥(행 16:25), 성전(행 2:46), 강가(행 16:13), 회당과 큰 거리 어귀(마 6:5-6), 동산(마 26:36-46), 물고기 뱃속(욘 2:1), 한적한 곳(막 1:35), 갈멜산(왕상 18:23-24), 낯을 벽으로 향하고(왕하 20:1-3), 땅에 엎드려(삼하 12:16), 얍복 나루(창 32:24-25), 갈멜산 꼭대기(출 17:9-10 왕상 18:41, 42), 지붕 위(행 10:9), 배 위에서(욘 1:14-15), 예루살렘을 향하여(단 6:10), 십자가 위에 서(눅 23:42-43), 홍해 앞에서(출 14:15-16), 호렙산에서(출 17:4-6), 산(눅 6:12-13), 침상(시 6:6) 등 기도의 장소는 매우 다양하였다. 이것은 하나님은 어디에도 편만해 계시면서 우리의 기도를 듣는다는 증거이다. 단지 기도자가 기도의 장소를 정하고 정한 시간에 기도한다는 것은 좋은 생각이다. 그렇다고 특별한 장소이기에 다른 장소보다 더 거룩한 것은 아니다. 교회, 기도원 같은 곳은 기도자가 기도하는 장소와 시간을 정하여 기도하게 함으로써 기도가 습관화 되지 않은 사람들에게 좋은 습관을 만들어 줄 수 있는 곳이다. 그러므로 우리의 기도는 일상생활 속에서 장소에 연연하지 말고 어디에서든지 기도할 수 있도록 하루의 스케줄 속에 포함시켜야 한다.

한가지 예를 든다면 잠은 어디에서도 잘 수 있다. 마루 바닥, 부엌, 욕실, 소파 위, 정원 잔디에서도 잘 수 있다. 그러나 집안에서 정해 놓고 정한 시간에 잠을 잘 수 있는 장소는 침실이다. 침실에서의 잠은 더 깊게 숙면을 취할 수 있기 때문이다. 마찬가지로 기도는 장소개념이 중요한 것이 아니라 항상 기도하는 것이 중요하다. 침실이 깊은 수

면을 취할 수 있는 장소라면 오늘날 교회와 개인의 기도실, 기도원 등은 하나님과 만날 수 있는 좋은 장소라 하겠다.

4. 기도의 능력

성경에는 기도함으로써 얻은 능력들을 다양하게 기록하고 있다. 구원의 사건(눅 23:42), 감옥에서 출옥(행 12:7), 앉은뱅이 고침(행 14:8), 생명의 연장(왕하 20:5-6), 억울함에서 해결(눅 18:5), 자연의 질서를 바꿈(약 5:16-18), 노여움에서 벗어나게 함(창 32:9-12), 간질병 치료(마 17:18), 아들을 얻음(삼상 1:19-20), 혈루증이 고침받음(마 9:22), 물고기 뱃속에서 건짐(욘 2:10), 비를 오게 함(왕상 18:45-46), 죽은 자가 살아남(행 9:40 왕하 4:33-35), 환상을 봄(행 11:5), 홍해를 갈라지게 함(출 14:21-22), 태양을 머물게 함(수 10:13), 참신과 거짓신의 구별(왕상 18:38-39), 영적인 눈이 열림(왕하 6:17), 전쟁의 승패를 알림(삼하 5:19), 문둥병이 깨끗함을 받음(마 8:1-2), 귀먹고 어눌한 자가 고침을 받음(막 7:32-35), 사자 굴에서 건짐(단 6:26-27) 등 이러한 사실들은 하나님의 살아계심과 현현을 볼 수 있는 사건들이다. 오늘날 하나님의 능력을 부인하는 사람들은 "기적은 성경이 다 기록될 때까지만 필요했던 한시적인 사건"이라고 하지만 하나님은 그렇게 말씀하시지 않으셨다.

"---주 여호와여 주께서 큰 능과 드신 팔로 천지를 지으셨사오니 주에게는 능치 못한 일이 없으시니이다"(렘 32:17), "예수께서 이르시되

할 수 있거든이 무슨 말이냐 믿는 자에게는 능치 못할 일이 없느니라 하시니"(막 9:23), "대저 하나님의 모든 말씀은 능치 못하심이 없느니라"(눅 1:37) 이러한 성경의 말씀들은 하나님께서 믿는 자들에게 하나님의 전능하심을 가르쳐주는 말씀이다. 하나님은 당신의 자녀들을 사랑하시는 가운데 자연의 한계를 넘는 초자연적인 일을 통하여 자신이 전능하신 분임을 나타내신다.

5. 기도에서 주의 사항

1) 하나님의 책망이 있을 수 있다.

출애굽기 14:15에서 보면 "여호와께서 모세에게 이르시되 너는 어찌하여 내게 부르짖느뇨 이스라엘 자손을 명하여 앞으로 나가게 하고"에서 '어찌하여'에 대한 히브리어는 마(מָה mâ)이다. 마는 영어로는 what, whatever, why로 해석이 되지만 거기에는 책망함의 뜻도 포함되어 있다. 그리고 신명기 3:23-27에서 보면 모세가 가나안 땅을 건너가기를 원하지만 하나님께서는 이를 허락하지 아니하시고 비스가 산꼭대기에서 바라보게만 하신다. 그런데 26절에 보면 하나님께서 모세를 향하여 진노하시는 장면이 나온다. 거기에 '진노하사'에 해당되는 히브리어가 아바르(עָבַר 'ābar)이다. 아르바는 건방진, 거만한, 교만한, 노발대발하는 뜻이다. 하나님의 책망함이 대단했음을 알 수 있다. 그리고 여호수아 7:10에서도 여호수아 군대가 아이성에서 패배를 당한 후 하나님께 기도하고 있는데, 하나님께서는 어찌하여 이렇게 엎드렸느냐고 책망을 하신다. 하나님은 주의 종들이 말씀에 불순종할 때 책망이 따른다. 반면에 그들이 회개하고 성결해지면 다시 함께하신다.

2) 하나님을 시험하는 기도를 하지 말라.

하나님께서 응답해 주신 일을 의심하여 제차 확인하려는 것이나 어떤 상황을 만들어 놓고 하나님이 살아계시면 믿겠다고 하는 것은 바람직하지 못한 신앙인의 자세이다. 열왕기상 18:23-24에서 보면 엘리야가 갈멜산에서 바알의 선지자들과 한판 승부를 벌였다. 하늘에서 불이 내려 제물을 태우는 쪽이 참신 임을 가리는 시험의 장소였다. 엘리야가 믿는 하나님이 불로 응답하셨다. 이러한 경우는 엘리야를 사용하시는 하나님의 특별한 경우이다. 그리고 사사기 6:37-40에서는 기드온이 미디안을 치기 이전에 하나님이 함께 하는 표징으로 두 번씩이나 시험을 한다. 한 번의 경우는 양털에게만 이슬이 내리고 땅은 마른 상태, 또 한번은 땅에는 이슬이 내리고 양털은 마른 상태를 기도하였으나 하나님께서는 기드온의 요구를 들어주셨다. 이러한 기도는 어떠한 환경에 의해서 할 수는 있을지라도 좋은 기도의 자세는 아니다. 요한복음 4:52-53에 보면 왕의 아들이 병 고침 받는 사건이 나온다. 예수님께서 '가라 네 아들이 살았다'고 했을 때, 신하가 예수의 하신 말씀을 믿고 떠났다. 그리고 아이에서 열기가 떨어진 시간이 예수께서 말씀하신 그 때 인줄 알고 온 가족이 다 믿었다라고 성경은 기록하고 있다. 기도의 응답은 하나님의 말씀을 마음으로 믿고 행동으로 옮길 때 기적이 일어난다. 하나님께서는 우리의 믿음, 현재 처한 상황을 다 알고 계신다. 그러므로 하나님을 시험하는 듯한 기도는 하지 않는 것이 좋다. 기도의 대한 결정권이 그분에게 있기 때문에 기도자는 구한 것을 믿고 기다려야 한다(참조, 마 21:22).

3) 저주하는 기도를 하지 말라.[25]

축복과 저주의 권한은 하나님에게 속해 있다(창 12:3). 예수님께서도 "너희를 저주하는 자를 위하여 축복하며 너희를 모욕하는 자를 위하여 기도하라"(눅 6:28)고 하셨다. 그리고 타인의 집을 방문하게 되면 먼저 그 집의 평안을 위하여 기도하라고 기르치셨다. 그 집이 평안의 복을 받기에 합당하면 너희가 빈 평안이 그 집에 머무르지만 그렇지 않을 경우 되돌아온다고 하셨다(마 10:12-13). 따라서 우리에게는 복을 빌 권한은 있지만 저주할 권한은 없다. "하나님이 저주치 않으신 자를 내 어찌 저주하며 여호와께서 꾸짖지 않으신 자를 내 어찌 꾸짖을꼬"(민 23:8). 축복과 저주의 권한은 오직 하나님에게만 속해 있다.

4) 불평하는 기도를 하지 말라.[26]

불평의 기도는 실패, 좌절, 영적 침체, 곤고함, 낙심 등에서 나타날 수 있다. 하나님께서는 가끔 자녀를 연단하여 정금같이 만들기 위한 방법으로 삶의 어두운 터널을 지나게 하신다. 이러한 것은 하나님

---

25)	저주하는 기도를 하지 말아야 한다.: 신 33:11; 민 23:7-8, 24:9-10; 수 8:33-34; 느 4:4-5; 욥 3:1-10, 27:7; 시 5:10, 10:2, 15, 28:4, 31:17-18, 35:4, 8, 26, 40:14-15, 54:5, 58:7, 68:1-2, 69:23, 24, 27, 28, 70:2-3, 71:13, 94:2, 119:78, 84, 143:12; 렘 15:15, 17:18; 애 1:22, 3:64-66 등이다.

26)	불평하는 기도는 하지 말아야 한다: 민 11:11-15; 수 7:6-9; 왕상 19:4, 10:18-22; 렘 4:10; 욘 4:3; 합 1:2 등이다.

께서 자녀를 다루시는 한 방법이다. 자녀가 미워서가 아니라 사랑하시기 때문에 허락하시는 채찍의 한 부분이다. 하나님께서는 성도를 이러한 과정을 통해 더러운 욕심에서 떠나 내적으로 순결한 상태를 소유하게 하여 하나님과 바르게 되기를 위한 한 방법으로 사용하신다. 그러나 이러한 사실을 알지 못하고 어두운 터널 안에서 답답함을 토로하는 성도는 하나님께 불평을 한다. '언제나 이 연단에서 끝이 나느냐고---', 하나님의 계획은 어두운 동굴을 빠져 나올 때까지라는 사실을 잊어서는 안 된다. 터널 안에서 불평의 기도를 하기 보다는 터널 안에서 감사함으로 하나님의 섭리가 어디에 있는가를 기도 가운데 찾아야 할 것이다. 연단의 과정이 없이 아름다운 작품은 만들어지지 않는다. 못된 옛습관을 바꾸기 위해서 하나님의 신실한 손길 중의 하나인 연단은 누구에게나 있기 마련이다. 연단을 일찍 받느냐 늦게 받느냐 하는 것은 하나님의 권한 아래에 있다.

5) 기도가 거절될 수 있다.[27]

기도는 인간의 편에서 보면 하나님께 어떠한 문제를 보고하고 요청해 드리는 것이지만, 하나님 편에서 보면 기도의 결정이 달리 나타날 수 있다. 응답이 'YES', 'NO', 'RESERVATION'로 결정될 수 있지만 이 모두는 하나님의 고유의 권한이시며 응답이시다. 단지 인간의

---

27) 기도가 거절될 수 있다. 신 1:45, 3:25-26, 23:5; 삼상 15:25-26, 28:5-6; 고후 12:8-9; 마 26:39-44.

편에서 생각하면 'NO'는 거절된 기도로 생각할 뿐이다. 하나님께서 'NO' 하실 때에는 'NO'의 의미 속에 하나님의 깊은 비밀이 감추어져 있다. 마태복음 15:21-28절에서 가나안 여인의 기도는 일시적인 'NO'에 해당되는 기도이다. 예수님께서 "나는 이스라엘 집의 잃어버린 양 외에는 보냄을 받지 아니하였노라"고 했을 때는 일시적인 'NO'이었으나 "개들도 주인의 상에 떨어지는 부스러기는 먹나이다"라고 했을 때, 예수님은 여자야 네 믿음이 크도다 네 소원대로 되리라 했을 때는 'YES'이었다. 그러나 고린도후서 12:8-9에서 바울의 경우는 'NO'가 오히려 그리스도의 능력이 머물게 하려는 하나님의 뜻(섭리)이 담겨이었다. 그러므로 기도자는 하나님의 결정과 상관없이 하나님의 뜻이 어디에 있는가를 깊이 살펴야 할 것이다.

6) 위선적인 기도를 하지 말라.[28]

시편기자는 여호와 하나님은 하늘에서 감찰하사 모든 인생을 보시고 계신다고 하였다(시 33:13). 하나님께서 나를 감찰하고 계신 것을 믿는다면 그분 앞에 무엇을 숨길 수 있겠는가? 솔직한 마음, 진실한 마음의 기도를 드려야 할 것이다. 하나님은 인간이 하는 모든 일들을 지금도 은밀한 가운데서 보고 계신다. 예수님 당시 바리새인들은 세리들과 다름에 감사했고, 토색, 불의, 간음하는 자들과 같지 않음에 감사하였다(눅 18:11). 이런 기도는 위선적인 기도이다. 이 세상에

---

28) 위선적인 기도를 하지 말라. 마 6:5; 눅 18:10-11; 욥 27:8-9; 전 5:2.

는 어떤 사람도 죄로부터 자유로울 수가 없다. 서기관들과 바리새인들이 간음 중에 있는 여인을 현장에서 잡아 예수님 앞에 끌고 왔다. 그리고 모세의 율법을 상기시키면서 이러한 여자는 돌로 치라고 하였는데, 예수님은 어떻게 하시겠는가 대답해 달라고 하였다. 예수님께서는 "너희 중에 죄 없는 자가 먼저 돌로 치라"고 하였을 때, 고소하는 자들이 양심에 가책을 받아 하나씩 하나씩 현장을 떠났다(요 8:1-9). 그들의 위선적인 생각과 삶이 양심에 가책을 받은 것이다. 이 세상에는 마음과 행동에서 죄로부터 자유로운 자는 아무도 없다(마 15:19). 어느 정도 위선적인가 하는 것은 사람에 따라 정도의 차이는 있지만 위선적인 삶에서 완전히 자유 한 자는 없다. 그러므로 우리는 날마다 생활 속에서 소죄라도 범하면서 살아가기에 진실한 마음으로 회개의 기도를 드려야 한다. 그렇지 않으면 바리새인처럼 위선적인 기도를 하게 된다.

7) 신비적 체험만을 위해 기도하지 말라.

간혹 은사자들이나 영성 운동을 하는 사람들의 이야기 속에는 신비적 체험을 강조하는 사람들이 있다. 기도하는 가운데 남이 보지 못하는 것을 보았고, 남이 듣지 못하는 것을 들었다고 하면서 사람들을 현혹한다. 이러한 사람들의 공통점은 하나님으로부터 직통 계시를 받았다고 주장하는 사람들이다. 정말 하나님으로부터 직통 계시를 받았는지? 아니면 사단의 음성을 들었는지? 자신이 바라는 내면의 소리를 들었는지? 분별해야 할 것이다. 만약 하나님께서 직접 들려주신 음성이라면 그대로 이루어질 것이고, 그렇지 않으면 이루어지지 않을 것이다. 세상에는 신학적인 지식이 부족한 신비적 체험만 강조하는 어리석은 자들이 있음도 알아야 할 것이다.

기도에는 안전수칙이 필요하다. 첫째는 하나님의 말씀인 성경을 잘 알고 성경적 원리 안에서 기도해야 한다. 둘째는 아버지의 뜻이 무엇인지를 알아 아버지의 뜻 안에서 기도해야 한다(요일 5:14-15; 마 26:38-39). 셋째는 성령으로 충만하고 성령 안에서 기도해야 한다(요 15:7). 넷째는 기도의 목록 작성을 성령께 부탁하라(롬 8:26-27). 다섯째는 과거의 응답을 미래의 본으로 사용하라. 이러한 안전수칙을 지키지 아니하고 신비적 체험만을 강조하는 기도는 대단히 위험하다.

6. 기도의 모범: 주기도문

주기도문은 예수님께서 가르쳐주신 기도의 모범이다.

"그러므로 너희는 이렇게 기도하라 하늘에 계신 우리 아
버지여 이름이 거룩히 여김을 받으시오며 나라이 임하
옵시며 뜻이 하늘에서 이룬 것같이 땅에서도 이루어지
이다 오늘날 우리에게 일용할 양식을 주옵시고 우리가
우리에게 죄지은 자를 사하여 준 것같이 우리 죄를 사하
여 주옵시고 우리를 시험에 들게 하지 마옵시고 다만 악
에서 구하옵소서(나라와 권세와 영광이 아버지께 영원히 있사옵니다 아
멘)."(마 6:9-13)

주기도문에 나타난 기도의 핵심은 첫째 하늘에 계신 우리의 아
버지라고 하였다. 이 말은 땅위 모든 것들을 초월하시는 그분이 나의
아버지이시다. 육신의 아버지도 나의 눈빛만 보아도 무엇을 원하시
는지 아시고 공급해 주시는데, 하물며 하늘에 계신 아버지께서는 나
의 생각과 필요를 더욱 세밀하게 아신다. 둘째는 하나님의 이름이 거
룩히 여김을 받아야 한다. 각 사람에게 붙여진 이름이 지니는 의미는
그 사람의 인격과 성품이 담기어 있다. 하나님의 이름이 거룩히 여김
을 받아야 한다는 것은 다른 이름들과는 엄격하게 구별되어 있어야
함을 뜻한다. 하나님의 이름은 거룩히 여김을 받아야 한다. 셋째는
하나님의 나라가 이 땅에 임하게 하는 것이다. 하나님의 이름이 구별
되어 온 땅에 임하고, 하나님의 뜻이 이루어지는 것이 하나님께 영광

을 돌리는 것이다. 이 일들은 악의 세력이 무너지고 모든 것들이 하나님의 통치를 받게 되는 새로운 세계가 이루어지는 것을 말한다. 이 일들은 오늘날 예수 믿는 그리스도인들이 예수 안에서 성령의 능력을 힘입어 맡겨진 사명에 따라 하나님의 나라를 이 땅에 세워가야 할 것이다. 넷째는 일용할 양식을 구하는 것이다. 이 양식은 오늘날 살아가기 위한 필요한 양식일 뿐만 아니라 미래에 예수님과 함께 할 잔치에서 먹게 될 떡을 오늘 당겨서 먹을 수 있기를 간구하는 기도이다. 다섯째는 죄지은 자를 위해 용서를 간구하는 것이다. 죄의 용서는 우리가 하나님으로부터 먼저 용서를 받았음에도 불구하고 다른 사람들의 죄를 용서하는 일이 쉽지가 않다(참조, 마 18:23-25). 용서는 우리가 다른 사람들을 위해 용서하는 일이 우리에게 대한 하나님의 용서이다. 장차 이루어질 심판에서는 분명 용서받는 일이 초점 일 것이다. 그러므로 현재 다른 사람들을 용서하는 일로 인하여 하나님의 용서를 앞당겨 체험하는 생활을 해야 한다. 여섯째는 시험에 들지 않게 기도하는 것이다. 시험은 믿음 자체를 흔들만큼 혹독한 상황을 말한다. 욥의 시험의 경우가 그렇다. 욥은 혹독한 시련 속에서도 하나님을 배교하지 않았다. 하나님께서는 시험당할 즈음에 피할길을 주시고 또 능히 감당할 시험밖에 허락하지 않는다고 하셨다(고전 10:13). 그런데 어떤 사람들은 시험을 만나면 하나님을 떠나는 사람들도 있다. 믿음이 바르게 정착되지 못하였기 때문에 나타나는 현상이다. 하나님께서는 자녀들에게 주는 시험은 온전한 성도로 조각하기 위한 방법으로 시험을 사용하신다. 사람에 따라 각기 다른 시험을 주시는데 그 이유는 믿음의 분량과 체질이 다르기 때문이다. 그리고 현세에서 시련을 통해 연단된 사람이 아니면 마지막 때에 최대의 시련을 감당하지 못하고 넘어지게 된다. 그러므로 시험에 들지 않게 기도하는 것은 마지막 종말의 순간에 혹독한 상황을 피할 수 있기를 바라는 기도이다. 일곱째는 악에서 구원받아야 한다. 악한 생각, 악한 일들은 사단이 쳐놓은 그물들이다. 아담과 하와가 사단의 속임수에 걸려 넘어졌다. 오늘날 현세에서도 그리스도인들을 실족케 할 수 있는 그물들은 세상 도처에 깔려있다. 인터넷, 매스-미디어, 멀티-미디어 등을 통해서 안방 구석구석까지 침투되고 있다. 이러한 시대에서 믿음을 지키고 악한 자의 흉계에서 구원받기 위해 기도하는 것은 종말을 대비하는 기도이다. 예수님께서 제자들에게 주기도문의 기도를 가르치신 것은 세속적인 문제를 위한 기도라기보다는 하나님의 구원계획에 기초를 둔 기도이다.

7. 기도의 종류

기도의 종류는 매우 많다. 사람들이 기도를 하는 경우를 보면 어떤 한계에 부딪쳐 더 앞으로 나아갈 수 없을 때, 사람들의 도움에도 가능성이 보이지를 않을 때, 마지막으로 하나님께 기도를 한다. 이러한 방법은 어리석은 자의 기도 모습이다. 그리스도인이라면 먼저 자신이 처한 입장에서 하나님께 기도로써 상황을 알려 드려야 한다. 그리고 하나님의 응답을 받은 후 나아가야 한다.

어떤 상황에 어떤 기도를 드려야 하는가 하는 것은 기도자의 몫이다. 시간의 한계상 기도에 대해서 세밀하게 다 다룰 수 없음을 미리 밝혀둔다. 여기에서는 단지 영적 성숙에 도움을 주기 위해서 선별된 것일 뿐 다른 의도는 없다. 기도연구에 관심 있는 많은 분들이 이것을 토대로 더 풍성하게 연구하여 영적 성숙에 도움을 줄 수 있다면 하는 마음 간절하다. 여기에 소개된 기도의 종류는 성도라면 한 번쯤은 알고 넘어가야 할 필수적인 기도의 항목들이다. 개인에 따라 기도의 습관이 각기 다르기 때문에 하나님과 깊은 교재를 나누는 방법도 다양하리라 본다. 따라서 각자가 어떤 기도의 형태가 자신에게 적합한가를 선택하고 기도한다면 영적 성숙에 많은 도움이 될 것이다.

1) 회개_(참회)기도

회개는 잘못된 길에서 뉘우치고 되돌아오는 것을 말한다. 요한은 잘못된 삶을 살고 있는 바리새인과 사두개인을 향하여 독사의 자식들아 하면서 "회개에 합당한 열매를 맺으라"고 하였고(마 3:8), 예수님께서도 "내가 의인을 부르러 온 것이 아니라 죄인을 불러 회개시키러 왔노라"고 하셨다(눅 5:32). 또한 베드로는 "너희가 회개하여 각각 예수 그리스도의 이름으로 세례를 받고 죄 사함을 얻으라 그리하면 성령을 선물로 받으리니"라고 하였다(행 2:38). 이러한 말씀들은 더 이상 죄에서 머물러 살지 말고, 죄를 뉘우치고, 죄에서 돌이켜 새 삶을 살라고 하는 경고의 메시지이다.

"사람이 거듭나지 아니하면 하나님 나라를 볼 수 없느니라"(요 3:3)는 말씀에는 '원죄'[29] 아래 있는 사람은 예수 그리스도를 믿고 중생(重生)하지 않고서는 하나님의 나라를 볼 수 없다는 뜻이다. 또한 이것은 인간에게 두 번의 탄생이 있음을 두고 하신 말씀이다. 첫 번째 탄생은 아담의 육적 혈통을 이어오는 원죄 아래서 저주받은 탄생이고, 두 번째 탄생은 예수 그리스도를 믿음으로 중생(重生)하는 축복 받은 은혜스러운 탄생이다. 그러므로 모든 그리스도인은 육적으로는

---

29) Anthony A. Hoekema(류호준 역), 개혁주의 인간론, 서울: 기독교문서선교회, 1999, 249-252.: 원죄는 죄책의 오염을 담고 있다. 죄책은 하나님의 법을 어겼으므로 저주와 형벌을 받아 마땅한 상태이다. 오염은 '전적 타락(total depravity)'을 의미한다. ① 모든 인간은 그들이 될 수 있는 한 가장 철저하게 타락되었다. ② 중생하지 못한 사람들은 선과 악을 구별할 수 있는 양심을 갖지 못한다. ③ 중생하지 못한 사람들은 항상 인간이 생각해 낼 수 있는 모든 형태의 죄에 빠져 있다. ④ 중생하지 못한 사람은 타인의 시각에 비추어 봤을 때 선하고 유익한 행동들을 수행할 능력을 갖지 못한다.

아담의 계통을, 영적으로는 그리스도의 계통을 갖고 살아간다. 예수 믿는 사람이라면 아담의 옛출생이 있는 것처럼, 그리스도로부터 새로운 탄생이 있다. 성경에서 옛사람과 새사람(마 5:21; 롬 6:6; 골 3:9; 엡 4:24; 골 3:10), 겉 사람과 속 사람(롬 7:22; 고후 4:16)이라고 했을 때에 육적으로 탄생한 아담의 혈통과 그리스도로 인한 영적인 탄생을 두고 한 말이다. 옛사람은 육적으로 탄생한 아담의 혈통을 말한 것이고, 새사람은 그리스도를 믿고 영적으로 다시 태어난 사람을 말한다. 그리스도인의 심령 속에는 '옛사람과 새사람'의 두 성품이 함께 공존하고 있다. 아담으로부터 물려받은 '옛사람의 유산'[30] 과 그리스도로부터 물려받은 '새사람의 유산'[31] 이 그것이다. 인간이 하나님을 기쁘시게 해 드리는 모든 일은 그리스도를 믿음으로 인한 중생(重生)된 자로부터 '새사람의 유산'이 흘러 넘칠 때 가능하다.

예수님께서는 "마음이 청결한 자는 복이 있나니 저희가 하나님을 볼 것임이요"(마 5:8)라고 하셨는데, 마음이 청결하기 위해서는 '옛사람의 유산'을 청산하여야 한다. 이 청산은 마치 물 안에 있는 부유물을 걸러내는 것과 같다. 더러운 물을 식용수로 사용하기 위해서는 여과기를 거쳐 물이 정수되어야 하듯이 인간의 마음 안에 아담으로부터 물려받은 죄의 유산들은 그리스도께서 십자가에서 흘리신 보혈로 깨끗이 정화되어야 한다.

호머 던컨(Homer Duncan)은 성도가 적은 죄라도 짓게 되면 최소한

---

30)　Johann Arndt(노진준 역), 진정한 기독교, 서울:은성, 1988, 62-63.: 정욕, 탐욕, 부정, 질투, 교만, 저주, 진노, 죽음, 거만, 불결, 불순종, 도적질, 거짓말, 무절제, 무자비함, 중상모략, 야만적, 세상적, 동물적, 마귀적 등이다.

31)　의로움, 거룩, 자비, 온유, 섬김, 순종, 순수, 절제, 축복, 생명, 성령, 친절 등이다.

다섯 가지의 결과가 임하게 된다고 하였다.[32] 첫째는 하나님과의 교제가 멀어진다. 성도가 빛 가운데 있을 때는 하나님과 사귐이 있지만 죄를 지으면 그의 생활은 곧 어두움에 던져진다. 둘째는 죄를 짓게 되면 구원을 잃는 것이 아니라 구원의 즐거움을 잃게 된다. 셋째는 하나님이 우리를 사용하실 수 없다. 하나님은 더러운 그릇을 사용하지 않으신다. 넷째는 우리의 기도가 응답을 받지 못한다. 다윗은 "내가 내 마음에 죄악을 품으면 주께서 듣지 아니하시니라"(시 66:18)고 하였다. 다섯째는 죄를 지으면 주위에 있는 울타리가 무너진다. 하나님의 보호로부터 떠나면 사단은 곧 신체에 공격, 가정에 공격, 사업에 공격을 통하여 마치 하나님께서 우리를 버리신 것 같은 느낌을 갖게 한다. 하나님께서는 율례와 계명을 지키지 아니하면 모든 울타리를 파괴하시며 그 보장을 훼파하신다고 하셨다(참조, 시 89:31-40).

이 세상에 사는 사람은 좋든 싫든 죄악 가운데 살아가고, 죄악을 보고 살아가고, 죄의 소식을 듣고 살아가고, 죄를 생각하면서 살아가고, 죄와 접하면서 살아가고 있다. 이러한 현실에서 죄에 빠지지 않기 위한 방법은 말씀과 기도로 무장을 하고, 날마다 심령을 성찰하는 훈련과 하나님 말씀에 더 순종하기를 갈망하고, 죄의 자리에서는 더 이상 주저하지 말고 그 자리를 떠나야 한다. 이것이 영적 성숙의 지름길이다.

회개기도는 특히 과거로부터 현재까지 자신를 살피는데 초점이 맞추어져야 한다. 그리고 큰 죄에서부터 미세한 죄까지 살피는 영적

---

32) Homer Duncan(유용규·손영호 공역), 그리스도의 재림을 대비하라, 서울:생명의말씀사, 1996, 201-203.

분별력이 필요하다. 회개기도를 할 때, 잘못을 가지고 나아와서 기도하는 경우가 있고, 기도하는 가운데 죄가 생각나는 경우도 있다. 성령님께서 과거의 죄를 기억나게 하시면 이미 세상 법정에서 죄의 시효가 지났다고 할지라도 하나님께 먼저 회개를 하고, 상대편으로부터 자기 잘못에 대한 값을 지불(민 5:5-10)하는 것이 좋다. 이것이 참된 회개이다. 다윗은 주의 선하심과 인자하심을 인하여 소시의 죄와 허물을 기억지 말아 달라고 기도하였다(시 25:7).

오늘날 교회 안에서 또는 개인기도 시간에 회개기도를 하는 것을 보면 고쳐야 할 부분도 많은 것 같다. 대개의 경우 이렇게 기도하고 있다. "하나님! 지난 주간에도 알게 모르게 지은 죄가 많사오니 하나님의 긍휼하심과 인자하심으로 이 시간 우리의 허물과 죄를 용서하여 주시옵소서"라고 기도하는 것이 통상적이다. 이러한 기도는 너무 습관화된 회개기도가 아닌가 생각한다. 그리고는 모든 죄를 사함받은 것처럼 여기면서 살아가고 있다. 물론 하나님은 우리의 모든 생각과 행위를 다 아시는 분이시다. 은혜를 줄 자에게 은혜를 베푸시고, 자비를 베풀 자에게 자비를 베풀어 주시는 분이시다. 그렇지만 더 구체적인 회개기도가 필요하다고 생각한다. 무엇보다 중요한 것은 반복적인 죄를 짓지 않겠다는 결단이 따라야 한다.

다윗이 하나님 앞에 자신이 지은 죄를 구체적으로 깨닫고 하는 회개기도를 보면 "내가 이 일을 행함으로 큰 죄를 범하였나이다"(삼하 24:10)라고 기도하였다. 다윗은 자신이 한 일이 얼마나 미련했는가를 깨달았다. 또한 밧세바와 동침한 후 자기의 죄과를 깨닫고 말갛게 되기 위해 하나님 앞에 참회하는 것을 볼 수 있다. "내가 주께만 범죄하여 주의 목전에 악을 행하였사오니"(시 51:4)라고 고백하였다.

구약성경에 사용된 참회의 기도 하타(חָטָא ḥāṭā')는 240회나 사용되었다. 그 뜻은 ~을 빗맞히다, 비행에 빠지다, 길을 놓치다, 죄를 범하다 이다. 그리고 신약성경에서 이에 해당되는 단어는 하말타노(ἁμαρτάνω hamartano)이다(눅 15:18). 신약성경에는 45회나 사용되었다. 하말타노(ἁμαρτάνω) 역시 빗나간 흔적, 하나님에 대하여 불쾌감, 종교적·도덕적인 법률의 죄, 나쁜 짓 한 것, 법을 거역한 것 등의 뜻을 가지고 있다. 이러한 죄들은 스스로 죄를 얻은 경우에 해당된다.

탕자의 비유에서 둘째 아들은 자신이 스스로 죄를 얻었지만 잘못을 깨닫고 하나님 앞에 구체적인 참회기도를 드렸다. "내가 하늘과 아버지께 죄를 얻었사오니"(눅 15:18). 이러한 기도가 참회의 기도이다. 모든 사람들은 죄로부터 자유할 자는 아무도 없다(롬 3:23). 아담의 후손에게는 원죄가 있다. 그리고 세상을 살아가면서 소죄라도 지었다. 이러한 사실을 안다면 우리는 매일매일을 살아가면서 참회/회개기도를 해야 할 것이다. 예수님께서는 우리의 과거, 현재, 미래의 모든 죄를 담당하시기 위해 십자가를 지셨기 때문이다(사 53:6). 하나님편에서 볼 때 빗나간 삶은 모두 회개하고 되돌아 와야 한다.

2) 통곡기도

　　통곡의 기도는 문자 그대로 마음을 찢는 기도이고, 억울함 때문에 슬퍼 부르짖는 기도이다. 브린나가 한나의 마음을 심히 격동케 함으로 한나가 마음이 괴로워서 여호와께 기도할 때에 통곡기도를 드렸다(삼상 1:10). 그리고 에스라가 하나님 전에서 죄를 자복하고 회개할 때에 많은 백성들이 심히 통곡하는 기도를 드렸다(스 10:1). 이처럼 통곡기도는 타인으로 인한 억울함 때문이거나 아니면 자신이 죄를 깨닫게 되어 하나님께 통곡하며 드리는 기도이다. 구약성경에서 통곡기도는 바카(בָּכָה bākâ)이다. 바카는 한탄하다, 슬퍼하다, 소리지르다. 울부짖다, 찢어 피눈물을 흘리다의 뜻이다. 그리고 신약성경에서는 크라우게(κραυγή krauge)가 통곡기도에 해당이 된다(히 5:7). 크라우게는 비명, 고함, 큰 소리로 외침, 통곡, 긴급한 상황에 울부짖음 등의 뜻이다.

　　세상을 살아가다가 보면 사람으로부터 억울함을 당하는 경우도 있고, 자신의 실수로 인하여 마음이 통곡하는 경우도 있다. 그리고 내 마음 안에 성부성자성령이 안 계시어 통곡하는 경우도 있다. 어떤 경우이든지 통곡하고 싶을 때, 통곡하고 나면 마음에 약간의 편안을 얻을 수 있다. 그러나 주님의 평안은 죄를 구체적으로 자복하면서 다시는 죄를 짓지 않기로 결단하고, 마음으로 통곡기도를 할 때, 진정한 위로와 평안이 찾아온다. 통곡기도는 함께 울고, 함께 기도에 참여할 동역자가 있으면 많은 위로가 된다.

3) 대적의 기도

대적의 기도는 자신을 넘어뜨리기 위한 사단의 술수로부터 벗어나기 위해 하나님께 도움을 청하며 구하는 기도이다. 사단은 언제나 대적자를 세워 굶주린 사자가 먹이를 찾듯이 삼킬 자를 두루 찾아 다닌다(벧전 5:8). 특히 경건하게 살고자 하는 그리스도인에게 접근하여 믿음을 시험하거나 아니면 명예를 실추시키거나, 재물을 탕진하여 망하게 하거나 육체를 채찍질 하여 병들게 만든다. 그러나 분명한 것은 하나님께서 대적자를 나에게 붙여주신 것은 대적자를 통하여 나를 정금같이 빚으시기 위한 뜻이 포함되어 있다. 사단이 대적자로 성도를 괴롭힐 수 있는 것은 하나님의 허락이 없이는 불가하다. 특히 욥의 경우가 그렇다(참고, 욥 1:7-12). 욥은 자기의 곤고한 날을 이렇게 고백하고 있다. "내가 여러 달째 곤고를 받으니 수고로운 밤이 내게 작정되었구나 내가 누울 때면 말하기를 언제나 일어날꼬, 언제나 밤이 갈꼬 하며 새벽까지 이리 뒤척, 저리 뒤척 하는구나 내 살에는 구더기와 흙 조각이 의복처럼 입혔고 내 가죽은 합창되었다가 터지는구나 나의 날은 베틀의 북보다 빠르니 소망 없이 보내는구나"(욥 7:3-6). 욥이 대적의 손에서 붙잡혀 있는 것이 얼마나 곤고한 것인가를 잘 말해 주고 있다. 그리고 다윗의 경우는 하나님께서 사울을 대적자로 세우셨다. 그의 고백은 "사망의 줄이 나를 얽고 불의의 창수가 나를 두렵게 하였으며 음부의 줄이 나를 두르고 사망의 올무가 내게 이르렀도다"(시 18:3-4)라고 하나님을 향하여 기도하였다.

대적의 기도는 성도의 편에서는 인간의 한계상황에서 고난에 동참하는 기도라면 하나님의 편에서는 시험(연단의 통과)을 통해 나를 정금 같은 작품으로 빗어가는 과정이라 하겠다. 따라서 기도자는 대적을 허락하신 하나님께 자신을 전적으로 내어 맡기는 자세가 중요하다.

4) 성찰의 기도

성찰의 기도는 자신의 내면을 살피는 기도이다. 하나님께서는 선지자 학개에게 말씀하시기를 "너희는 자기의 소위를 살펴볼찌니라"고 말씀하셨다(학 1:5). '자기의 소위'(דרך derek)라고 했을 때는 자신의 길, 행동양식, 습관, 생의 여정, 태도 등을 살피라는 것이다. 이런 것들은 다 마음에서 출발한다. 그리고 바울도 갈라디아교회에 편지하기를 "각각 자기의 일을 살피라"고 하였다(갈 6:4).

성찰의 기도는 동전의 양면과 같다. 한쪽은 의식의 성찰이고, 다른 한쪽은 양심의 성찰이다. 의식의 성찰은 하루를 생활하는 동안 하나님께서 내 삶에 임재한 부분이다. 양심의 성찰은 하루의 삶 안에서 정화되고 치유되어야 할 영역이다. 이 성찰의 기도는 하루를 마감하면서 잠자리에 들기 전에 하는 것이 좋다. 우리가 몸을 하나님께 산제사로 드리는 부분은 우리의 약함과 강함 모두를 드리는 것이다. 하나님이 보실 때 약함은 치유되어야 할 부분이고, 강함은 계속 유지되어야 할 부분이다. 의식의 성찰이 더욱 발전되기 위해서는 매일 영성일지를 쓰는 것이 좋다. 영성일지는 후일 자신이 원하기만

하면 개인적인 에벤에셀(돕는 돌)이 될 수 있다. 그리고 성찰의 기도는 영적 성숙의 훈련에 많은 도움을 얻을 수 있다. 성경에는 성찰의 기도라는 단어는 없지만 자신의 소위를 살피는 부분이나 자기의 일을 살피는 부분에서 성찰의 기도라 명할 수 있다. 성찰의 기도를 하다가 보면 오래전 과거의 잘못된 일이 생각날 수도 있고, 오늘의 잘못된 일과 습관이 생각날 수도 있다. 하나님 앞에서 강점과 약점이 모두 드러나는 것이 하나님의 은혜이다. 약점은 회개할 수 있는 기회가 주어져서 감사하고, 강점은 더 증진시킬 수 있어서 감사하다.

5) 부르짖는 기도

쇼바(부르짖음)와 루아(외치다)에는 차이점이 있다. 쇼바(שׁוע)는 하나님께 도움을 청히기 위하여 기도 내용을 담아 부르짖는 기노의 형태이지만 루아(רוע)는 한순간 외치는 것이기 때문에 기도라고는 보기는 어렵다. 부르짖는 기도는 주로 하나님으로부터 도움을 청하기 위하여 강한 소리를 밖으로 표출하는 기도이다. 다윗은 사울의 손에서 구원하신 날 하나님을 향하여 찬양하기를 "내가 환난에서 여호와께 아뢰며 나의 하나님께 부르짖었더니 저가 그 전에서 내 소리를 들으심이여 그 앞에서 나의 부르짖음이 그 귀에 들렸도다"(시 18:6)라고 하였다.

한국의 경우 부르짖음의 기도는 대개의 경우 산기도, 교회에서 금요일 철야 기도회에서 부르짖음의 기도를 많이 한다[33]. 반면에 외치다는 이스라엘 백성들이 가나안을 향하는 중 여리고 성 앞에서 일

제히 큰 소리로 외쳤을 때, 그 튼튼한 여리고 성벽이 무너졌다(수 6:1-16). 부르짖는 기도는 다른 사람에게 방해를 줄 수도 있다. 교회 안에서 조용하게 기도하고 싶은데, 옆 사람이 크게 외치는 기도를 하면 방해가 되어서 기도할 수 없게 된다. 그러므로 부르짖는 기도를 하기 원하는 사람은 자기 혼자만의 적당한 장소를 물색하여 기도함이 좋다.

6) 철야기도

밤중에 하는 기도에는 두 가지 측면을 생각할 수 있다. 하나는 밤의 한 순간에 기도하는 경우이고, 다른 하나는 밤새도록 기도하는 경우이다. 히브리어에는 이것을 달리 표현하고 있다. 밤의 한 순간에 기도한 경우는 히브리어로 라일(לַיִל layil)을 쓴다. 시편 기자는 기도하기를 "내가 탄식함으로 곤핍하여 밤마다 눈물로 침상을 띄우며 내 요를 적시나이다"라고 기도 하였고, "내가 주의 의로운 규례를 인하여 밤중에 일어나 주께 감사하리이다"(시 119:62)라고 기도하였다. 이러한 기도는 밤의 한 경점에 기도한 것이다. 다윗은 밤의 어느 시간인지는 구별할 수 없어도 밤마다 탄식하며 기도한 것은 다윗이 하나님의 세미한 음성을 듣기를 원했을 것이고, 위로받기를 원했을 것이다. 밤은 조용한 시간이라 하나님과 가까이 하기에 좋은 시간이다.

밤을 새워 기도한 경우는 히브리어로 룬(לוּן lûn) [33] 을 쓴다. 우리

---

33) 룬(לוּן lûn)은 유숙하다, 경야하다, 속삭이다 등이다.

아의 처가 낳은 아이를 하나님이 치시매 "다윗이 그 아이를 위하여 하나님께 간구하되 금식하고 안에 들어가서 밤새도록 땅에 엎드려 기도하였다"(삼하 12:16). 이러한 기도는 여호수아가 요단강을 건너기 전 3일 동안 유숙하면서 기도한 경우와 야곱이 얍복강을 건너지 아니하고 홀로 남아 경야했는데, 이때 기도가 밤새도록 하는 기도이다. 이때 사용된 히브리어는 룬이라는 동사를 쓰고 있다.

신약성경에서 예수님께서는 12제자를 선택하실 때에도 밤이 맞도록 기도하셨다(눅 6:12-13). 따라서 개인의 일이든 단체의 일이든 상관없이 하나님을 향하여 온밤을 지새우면서 기도하였다면 철야기도로 보아야 한다. 즉 밤의 일정한 시간 기도하든지 아니면 밤이 맞도록, 밤새도록 기도하였다면 철야기도를 한 것이다.

철야기도가 유익한 것은 땅위의 만물들이 쉬는 시간이라 조용하고, 내 영이 세상에 있는 것들로 인하여 방해를 받지 않기 때문에 하나님과 가까이 하기가 좋다. 그리고 하늘의 별들과 달을 바라보면서 하나님의 창조세계를 마음속으로 더 깊게 묵상할 수 있다.

7) 금식기도

금식기도는 경건의 도리를 다하기 위해 금식 또는 단식을 하면서 하는 기도이다. 구약성경에서 단식은 히브리어로 쫌(צוֹם ṣôm)이다. 쫌은 단식하다, 절식하다, (…을) 끊다. 즉 단식기도는 어떤 목적에 의하여 음식물을 일절 금하면서 하는 기도이다. 그러나 금식기도는 음식물은 금하지만 물은 마시면서 하는 기도이다. 금식의 경우는 다니엘, 다윗, 아합 왕, 에스더, 유다인 등이 금식을 하면서 기도하였다.[34] 대체로 그들은 급박한 위기상황에서 금식을 하였다. 신약성경에서는 금식이 네스튜오(νηστεύω nesteuo)와 네스데이아(νηστεία nesteia)가 있다. 네스튜오는 종교적 도리를 다하기 위하여 음식을 금하는 기도인데 단식도 포함이 된다. 네스데이아는 절기 금식에 이루어졌다. 특히 대속죄일에 금식한 경우이다(행 27:9). 예수님은 제자들에게 신랑을 빼앗기는 날 금식하라고 가르치셨다(마 9:15). 예수님께서 그렇게 말씀하신 이유는 믿음을 가진 성도가 항상 예수님과 함께 동행을 하면서 살아가야 하는데, 사단에게 속아 예수님을 잊고 살아가지 말라고 하는 것이다. 당신의 마음 안에 예수님이 계시느냐? 안 계시느냐? 만약 예수님이 안 계시면 그 시간이 금식기도를 해야 할 시간이다. 그리고 육체적인 욕망을 다스리지 못하여 경건생활에 방해가 된다면 욕망을 죽이기 위해서 금식 또는 단식이 필요하다. 그런데 어떤 사람들은 금식이 하나님과는 관계가 없는 자신의 소원성취를 위해서 하는 경우가 간혹 있다. 이러한 금식은 잘못된 것이다. 성경적 금식은 경건의 도리를 다하지 못하거나 범죄하여 패역한 행위를 하면서 주의 법도와 규례를 따르지 못한다면 이미 신랑 예수를 잃은 것이다. 그때는 금식하여야 한다. 그리고 위기 속에서 하나님의 적극적인 개입이 필요하다고 생각할 때 금식하면서 하나님의 도움을 요청한다.

금식을 할 때에 주의할 점은 단정한 모습으로 은밀한 중에 계신

---

34) 금식기도 관련된 성경: 단 9:3-19, 삼하 1:12, 12:16ff, 22-23; 왕상 21:9, 12, 27ff; 에 4:3, 16, 9:31; 시 35:13; 욜 1:14; 마 6:16-18, 9:15.

하나님께만 보이기 위한 금식이어야 한다. 사람에게 보이려고 하거나 쓸픈 기색을 하지 말라. 얼굴을 흉하게 하거나 사람에게 금식하는 모습을 보이는 행위는 외식하는 자의 모습이다. 그러므로 금식하는 자는 얼굴을 씻고 머리에 기름을 바르고 단정한 모습으로 하나님께 나아가라(마 6:16-18)

8) 합심기도

합심기도는 믿음의 성도들이 마음이 일치되어(남녀 구분 없이) 한 목적을 가지고 기도하는 것이다. 합심기도는 두 사람 이상이 같은 목적을 가지고 주로 한 장소에서 모여 기도하는 형태이다. 오순절 마가의 다락방에 모여 함께 기도했을 때에 모인 무리가 다 성령의 충만함을 받았다(행 2:4). 밤중에 바울과 실라가 감옥에서 하나님을 찬미했을 때에 큰 지진이 나고 옥문이 열리는 사건이 일어났다(행 16:25-26). 그런가 하면 합심기도의 능력은 믿는 사람들이 마음을 하나로 통일시켰고, 이로 인하여 나타난 결과는 물건을 서로 통용하고 재산과 소유를 팔아 각 사람의 필요에 따라 나눠 갖는 아름다운 그리스도인의 모습으로 변화되었다. '합심하여'에 해당하는 헬라어는 쉼프호네오(συμφωνέω　sumphoneo)이다. 쉼프호네오는 함께 동의하다, 협약하다, 함께 어울리다. 그러한 뜻을 가지고 있다. 즉 합심기도는 함께 어울려 같은 뜻과 목적을 두고 하는 기도라고 할 수 있다.[35] 예수님께서는 "—

---

35)　합심기도의 관한 관련 성경: 마 18:19; 행1:13-14, 2:1, 16:25, 20:36, 21:5

너희 중에 두 사람이 땅에서 합심하여 무엇이든지 구하면 하늘에 계신 내 아버지께서 저희를 위하여 이루게 하시리라 두 세 사람이 내 이름으로 모인 곳에는 나도 그들 중에 있느니라"(마 18:19-20)고 하셨다. 따라서 합심기도의 장점은 갈라진 마음들을 하나로 묶을 수 있고, 참여자가 성령의 충만함을 받을 수 있고, 하나님의 능력을 경험할 수 있으며, 가진 재물의 소유권을 하나님께 모두 맡김과 더불어 가진 물건을 서로 통용할 수 있는 은혜를 경험할 수 있다.

합심기도는 한 목적을 놓고 교회 안에서 모든 성도가 기도로 함께 동참함으로써 갈라진 마음들을 하나로 묶을 수 있어서 좋다. 그리고 구역예배 후 구역원들이 손에 손을 잡고 제목에 따라 합심기도를 함으로써 공동체의 사랑을 풍성히 경험할 수 있다.

9) 중보기도

중보기도는 타인을 위해서 자신이 대신하는 기도이다. 타인의 어떠한 문제를 하나님 앞에서 자신의 문제인양 진지하게 기도함으로 써 중보자이신 하나님께서 나의 기도와 간구를 들으시고 타인의 문제를 해결 받게 하신다. 사도 베드로의 경우 복음을 전하다가 옥에 갇혔다. 교회는 베드로를 위하여 하나님께 간절히 기도했더니 하나님께서 옥중에 있는 베드로에게 천사를 보내 쇠사슬도 풀게 하고 파수꾼의 눈도 멀게 하고 출옥하게 하셨다(행 12:5-10). 이것은 중보기도를 통한 하나님의 응답이다. 또한 바울은 로마서 15:30-32에서 성도들을 복음의 동역자로서 중보기도에 동참해 줄 것을 요청한다. '너희 기도에 나와 힘을 같이하여 나를 위하여 하나님께 빌어'라고 하였다. 여기에서 '힘을 같이 하여-빌어'에 해당되는 헬라어는 쉬나고니조마이(συναγωνίζομαι sunagoizomai)이다. 쉬나고니조마이는 영어로 help, join with의 뜻이다. 성도는 바울이 복음을 들고 나아갈 때, 돕는 자, 함께 일을 하는 자로써 후방에서 기도의 중보자로서 중보기도를 감당했음을 알 수 있다(행 12:5-10; 롬 15:30-32; 고후 1:11; 골 1:3, 9; 몬 1:22; 히 13:18).

특히 담임 목회자를 위한 성도의 중보기도나 파송한 선교사를 위한 중보기도는 매우 중요하다. 담임 목회자를 위한 중보기도는 교회의 영적상태를 가늠하기도 한다. 그리고 선교사들을 위한 중보기도는 적진에 나아가 싸우는 장수에게 최신식 무기를 공급하는 것과 같다. 교회가 선교사를 파송했다면 선교사의 사역을 위해 교회 전체가 중보기도로 동참해야 할 것이다. 특히 소그룹 안에서 중보기도의 역할은 소그룹 맴버들이 신앙 안에서 힘을 하나로 묶을 수 있는 지름 길이다. 각 소그룹의 건강은 교회 전체의 건강과 비례한다. 교회 맴버들은 병약자를 위해 중보기도가 필요하고, 담임 목회자의 올바른 목회를 위한 중보기도가 필요하고, 교회의 각 부서가 사명을 감당하기 위해 중보기도를 해야 한다. 더 나아가서는 예수님의 지상명령을 잘 감당하기 위해 중보기도는 필수적이다.

10) 정한 시간의 기도

정한 시간의 기도[36]는 개인의 사정에 따라 각기 시간과 회수가 다를 수 있다. 그러나 유대인들은 시간을 정해놓고 기도하였다. 제3시, 6시, 9시, 하루에 3번씩 성전에서 기도하였다. 현재 우리 시간으로 환산하면 오전 9시, 정오, 오후 3시에 해당된다. 예수님의 제자들 역시 이런 관습을 그대로 지키고 있었다. 다윗은 "저녁과 아침과 정오에 내가 근심하여 탄식하리니 여호와께서 내 소리를 들으시리로다"라고 하였다(시 55:17). 이 기도는 지정한 시간에 기도하는 것인데, 히브리어 단어로는 제만(זְמָן zᵉmān)이다. 제만은 지정된 시간, 정해진 시간, 약속된 시간을 뜻한다(느 2:6; 스 3:1; 에 9:27). 신약성경에는 정한 시간에 기도하다가 환상을 본 경우도 있다. 고넬료는 "제 구 시쯤"(행 10:3) 기도 하는데 환상을 보게 되었고, 베드로도 제 육시에 기도하는 중에 환상을 보았다."(행 10:9) 이 환상들은 하나님의 구체적인 메시지가 담겨 있는 내용

---

36)　지정된 시간: 시 55:17; 느 2:6; 전 3;1; 에 9:27; 단 6:10; 행 3:1, 행 10:9.

들이다(행 10:10-16). 또한 베드로가 성전 미문에 있는 앉은뱅이를 나사렛 예수 이름으로 일어나라고 한 때도, 제 구시 성전으로 기도하러 올라가는 시간이었다. 이처럼 정한 시간의 기도는 바쁜 일과 중이라도 기도시간을 정함으로 하나님 앞에서 자신을 돌아볼 수 있는 이점이 있다. 성도의 매시간은 하나님 앞에서의 삶이자 기도하여야 하는 시간이지만 일에 쫓기다 보면 하나님을 잊고 살 때가 많다. 이런 측면에서 보면 정한 시간의 기도는 습관만 되면 영적 성숙에 많은 도움이 된다. 따라서 성도는 기도시간을 정하여 기도하는 것을 습관화하여야 한다.

11) 묻는 기도

묻는기도는 호흡피조물로 창조된 인간이 창조주에게 묻거나 대답할 때 사용되었다.[37] 묻는 기도는 히브리어로 솨알(שָׁאַל shā'al)이다. 솨알의 의미는 물어보다, (허가·은혜 따위)를 부탁하다, 간청하다 이다. 다윗은 "여호와께 물어 가로되 내가 유다 한 성으로 올라가리이까 여호와께서 가라사대 올라가라 다윗이 가로되 어디로 가리이까 가라사대 헤브론으로 갈찌니라"(삼하 2:1). 이처럼 다윗은 어떤 일을 하고자 할 때, 하나님께 구체적으로 묻는 기도를 하였다. 그런가 하면 하나님께서는 욥에게 "너는 대장부처럼 허리를 묶고 내가 네게 묻는 것을 대답할찌니라"(욥 38:3)고 하셨다. 묻는기도는 어떤 형식이 따로 있는 것

---

37)　묻는 기도: 욥 38:3; 삼상 23:2, 30:8; 삼하 2:1, 마 22:35; 막 12:28, 12:34.

이 아니라 자녀가 부모에게 질문을 하면 부모님은 거기에 대답하는 형식처럼 창조주와 피조물 사이에서 자연스럽게 대화하듯이 묻고 답하는 기도의 형식이다. 하박국서는 묻고 답하는 형식으로 되어 있다(1-3장). 하박국 선지자는 하나님의 공의가 시행되지 못함을 상세히 알리고, 하나님께서는 하박국의 기도에 구체적으로 답하신다.

신약성경에서 묻는 기도는 서기관이 예수님을 찾아와서 "모든 계명 중에 첫째가 무엇이니이까"(막 12:28)라고 질문을 하였다. 예수님께서는 답을 구체적으로 제시하셨다(막 12:29-34). 이러한 질문은 하나님께서 먼저 할 수도 있고, 인간의 편에서 먼저 할 수도 있다. 특히 영적 성숙 훈련에서 강조되는 기도가 묻는 기도이다. 바른 신앙생활을 하기 위해서는 매사에 자신이 하고 있는 일이 하나님과 사람 앞에서 옳은가를 점검하기 위해서는 묻는 기도는 필수적이다. 그리고 받은 사명을 감당하는 일에 있어서도 하나님의 뜻 안에서 잘 진행되는지를 물어야 할 것이다. 그렇지 않으면 그 일이 사망의 길인지 생명의 길인지 분별하기가 어렵다.

묻는 기도에 습관화가 되기 위해서는 생활 가운데서 육하원칙(六何原則)을 적용하여 질문을 만드는 것도 도움이 될 것이다. 누가(who), 언제(when), 어디서(where), 무엇(what), 어떻게(how), 왜(why)라는 질문을 상황에 맞도록 하여 하나님께 구체적으로 질문을 하는 것이다. 물론 처음은 어렵고 힘들 것이다. 그러나 꾸준히 노력하게 되면 나중에는 묻는 기도가 자연스러워진다.

12) 간구(간청) 기도

간구(간청) 기도는 창조주에게 필요한 어떤 것을 간구하면서 하는 기도이다. 간구에 해당되는 히브리어는 아타르(עָתַר ʿātar)이다. "이삭이 그 아내가 잉태하지 못하므로 그를 위하여 여호와께 간구하매 여호와께서 그 간구를 들으셨으므로 그 아내 리브가가 잉태하였다"(창 25:21). 이러한 기도는 피조물이 필요충족에 의해서 창조주에게 간구한 형태의 기도이다. 성도들의 기도 내용은 대부분 간구하는 내용들이다. 부부의 문제, 자녀의 문제, 경제적인 문제, 승진의 문제, 질병의 문제, 사회생활의 전반적인 문제들을 하나님께 간구하며 들어주실 것을 바라면서 기도한다.

그리고 히브리어 테히나(תְּחִנָּה tᵉḥinnâ)는 개역한글판 성경에는 간구라고 번역되어 있지만 간청 혹은 탄원하는 기도에 가깝다. 솔로몬이 하나님 앞에 기도한 것을 보면 "나의 하나님 여호와여 종의 기도와 간구를 돌아보시며 종이 오늘날 주의 앞에서 부르짖음과 비는 기도를 들으시옵소서"(왕상 8:28)라고 기도하였다. 이 기도는 탄원, 간청이 포함된 기도이다. 그리고 헬라어로는 간청기도가 파라칼레오(παρακαλέω parakaleo)이다. 파라칼레오는 간청하다, (애원·요청)을 요구하다, 부탁하다 이다. 헬라어 파라칼레오는 히브리어 아타르에 해당이 된다. 특히 호흡피조물 인간이 성자 예수그리스도에게 간구할 때 사용되었다. 백 부장의 하인이 중풍병으로 고생하고 있을 때, 백 부장이 예수님에게 나아와 고쳐달라고 간구할 때 파라칼레오라는 단어를 사용하였다(마 8:5). 자신의 소원이 성부성자성령께서 들어주실 것을 믿고 간구하는 형태의 기도가 간구(간청) 기도이다. 성도들의 기도 내용은 대개의 경우 간구(간청)의 기도이다.

13) 서원 기도

서원 기도는 자신이 가장 소망하는 것을 바라면서 하나님께 어떤 것을 서약(맹세)을 하면서 드리는 기도이다. 한나가 자식이 없어 하나님께 서원 기도를 하였는데 "아들을 주시면 내가 그의 평생에 그를 여호와께 드리고 삭도를 그 머리에 대지 아니하겠다"(삼상 1:10f)고 기도하였다. 그리고 아들 사무엘을 얻은 후 서원한 것을 지키기 위해 사무엘을 여호와께 드렸다(삼상 1:28). 이러한 것이 서원기도의 좋은 예이다.[38] 서원기도에서 명심해야 할 것은 하나님께 서원한 것이면 갚기를 더디 하지 말아야 한다(신 23:21). 사람의 마음은 시간이 흐르면서 변할 수 있기 때문이다.

그리고 서원기도에서 중요한 것은 서원하기 이전에 서원의 내용이 하나님께서 기뻐하시는가 하는 부분을 생각해 보아야 한다. 입다는 잘못 서원한 것 때문에 무남독녀인 자기 딸을 죽이는 어리석음을 범하게 되었다. 입다의 서원은 암몬 자손과 싸움에서 승리하고 돌아올 때에 누구든지 내집 문에서 나와서 나를 영접하는 그는 여호와께 돌릴 것이니 내가 그를 번제로 드리겠나이다라고 서원하였다(삿 11:31).

---

38) 서원기도: 삼상 1:10-11; 창 28:20ff, 31:13; 신 23:18, 23:22-23; 시 22:25; 116:14, 18; 욥 22:27; 행 18:18, 21:23.

입다는 암몬과의 전쟁에서 승리하고 자기 집에 이를 때에 무남독녀인 그 딸이 소고를 잡고 춤추며 나와서 영접하였다(삿 11:34). 입다는 자신이 서원한 대로 딸을 여호와께 번제로 바쳤다. 입다의 경솔함은 자기의 무남독녀를 죽인 비정한 아빠가 된 것이다.

부정한 재물을 가지고 나와 하나님께 서원하지 말라고 하셨다(신 23:18). 부정한 재물은 하나님 앞에 가증한 것이기 때문이다. 서원에 해당하는 히브리어 네테르(נֶדֶר neder)는 맹세, 서약, (하나님)서원 이지만, 동사로는 ～을 맹세하다, (하나님께 걸고)～을 서약하다, 소원을 담은 헌납(헌금)도 포함이 된다.

어떤 사람들은 부흥회나 대형 세미나 등에서 은혜를 받고 자기 감정을 다스리지 못하여 자신이 감당할 수 없는 서원(재물)을 한 것 때문에 어려움을 당하는 사람들도 보았다. 이런 경우는 신학과 신앙의 부재현상에서 나타난 경우이다. 어떤 경우에도 부흥강사의 권유나 주위의 체면 혹은 자신의 감정에 의하여 감당하지도 못할 일을 서원하는 것은 좋지 않다. 많은 사람들이 잘못 서원한 것 때문에 시험 당하는 사람들이 있다. 그리고 서원을 하였다면 반드시 실행하도록 하라. "네가 하나님께 서원하였거든 갚기를 더디게 말라 하나님은 우매자를 기뻐하시지 아니하시나니 서원한 것을 갚으라"(전 5:4)고 하셨다.

14) 새벽 기도

새벽(아침) 기도는 일몰과 일출 공간의 시간에 드리는 기도이다. 유대인들의 새벽 시간은 3:00 am~6:00 am까지 이다. 이스라엘 백성들이 하나님의 은혜로 홍해를 마른 땅같이 건넜고, 뒤 따라오는 애굽 군대는 새벽에 하나님이 어지럽게 하시므로 인하여 병거 바퀴가 벗겨져 달리기가 극난했었다. 여호와께서 애굽 군대에게 이적을 행하신 시간이 새벽 시간이다.

시편 기자는 새벽에 하나님께서 소원을 들으시고(시 5:3), 도와주신다고 하였다(시 46:5). 예수님께서도 전도사역을 하시기 이전에 새벽 시간 한적한 곳으로 나가 기도를 하셨다(막 1:35). 새벽은 하루가 시작되는 시간이고 모든 만물이 잠에서 깨어나 기동하는 시간이다. 그리고 새벽 시간은 공기도 가장 깨끗한 상태, 즉 오염 없는 시간이다. 인간의 편에서는 새벽 시간이 정신적으로 가장 맑은 시간이다. 새벽기도는 하루의 시작을 하나님과 함께 하는 시간이고, 하나님의 이적을 볼 수 있는 시간이고, 하나님의 능력을 경험할 수 있는 시간이다.

세계적으로 볼 때 새벽 시간에 교회에 나와 기도하는 성도가 가장 많은 곳이 한국이다. 그만큼 한국은 영적으로 복 받은 나라이다. 한국이 단기간에 교회적으로 성장한 것과 경제적으로 성장한 것은 우연이 아니다. 새벽시간에 하나님께 나아가 기도하는 자들이 있었기 때문이다. 신실하신 하나님은 새벽에 기도하는 자들의 소원을 들어주신 것이다. 하나님은 우리의 형편과 처지를 아시므로 새벽에 긍휼을 베푸신 것이다. 새벽은 하나님의 도움을 받을 수 있는 시간이기에 성도는 새벽기도를 사모하는 자가 되어야 한다(시 46:5). 다윗은 "하나님이여 내 마음을 정하였사오니 내가 노래하며 내 심령으로 찬양하리로다 비파야, 수금아, 깰지어다 내가 새벽을 깨우리로다"(시 108:1-2)라고 찬양하였다.

15) 속삭이는 기도

속삭임의 기도는 자신의 마음(지, 정, 의)을 숨김없이 들어내어 하나님과 1:1의 대화 방식으로 속삭이는 기도이다. 한나가 아들이 없어 마음이 괴로와서 하나님께 통곡하며 기도하였는데, 그 기도 모습이 속으로 말하였으므로 입술만 움직이고 음성은 들리지 아니하였다라고 기록하고 있다(삼상 1:10-13). 한나의 기도는 하나님과 대화하는 마음으로 하는 속삭임의 기도이다. 이러한 기도는 다른 사람이 옆에서 함께 기도한다고 할지라도 전혀 방해를 받지 않을 정도로 마음이 하나님께만 몰입된 상태에서 하는 기도이다. 아가 4장을 보면 솔로몬 왕과 술람미 여인과의 사랑의 고백이 있다. "나의 누이, 나의 신부야 네가 내 마음을 빼앗는구나 네 눈으로 한번 보는 것과 네 목의 구슬 한 꿰미로 내 마음을 빼앗았구나"(아 4:9)라고 하였다. 여기에서 마음의 빼앗김이 있는 상태는 신부에게 있는 정결함 때문에 신랑이 신부에게 마음이 빼앗긴 것이다. 이 정결함은 외적으로는 단정된 모습과 내적으로는 순결, 정결함 때문에 마음이 빼앗긴 것이다. 이처럼 내 마음이 하나님께 빼앗겨 지, 정, 의가 몰입된 상태에서 하는 기도이다.

속삭임의 기도 장소로는 조용한 성전이나 나만의 조용한 기도 처소로서 하나님과 1:1의 관계에서 속삭일 수 있는 장소이면 어디든지 괜찮다. 외부로부터 소음에 방해를 받게 되면 내 마음이 하나님께 몰입하기가 어려워진다. 속삭임의 기도에서 꼭 기억해야 할 것은 하나님과 깊은 속삭임의 기도에 들어가기 전에 우선 마음의 정결함이 있어야 한다. 그리고 성령님의 인도에 따라 속삭임은 시작된다. 속삭임의 기도시간을 11:00pm에서 midnight까지 정해놓고 하는 것 좋다. 이 시간은 각자에게 있어서 하루 결산의 시간이자 새날을 설계하는 시간들로 속삭일 수 있다. 기도의 내용은 오늘 하루도 하나님 앞에 성결함과 성실함으로 살았는가에 대해 조명하는 시간과 회개와 감사, 그리고 새로운 하루를 맞이하면서 그동안 부족한 부분을 보충하면서 하나님께 은혜를 입기 위해 속삭임의 기도로 간구한다. 마지막으로 기도의 목록에 기제된 내용들을 하나님과 속삭임의 기도를 한 후 잠자리에 든다.

16) 침묵 기도

침묵 기도는 문자 그대로 말을 하지 않는 기도이다. 침묵에는 하나님의 침묵이 있는가 하면 인간의 침묵이 있다. 여기에서는 인간의 침묵만을 살펴본다. 침묵기도란 내적인 마음의 평화, 고요, 하나님의 뜻을 찾기 위해 말을 하지 않고 기도하는 것이다. 침묵 안에서 자아 발견과 현존의 삶을 돌아보고 비워야 할 것과 채워야 할 것을 하나님 안에서 분별한다. 그리고 나를 향한 하나님의 섭리가 어디에 있는가를 찾는다. 간혹 어떤 사람은 침묵만을 위한 침묵을 하는 사람이 있다. 이것은 멍청한 행위이다. 침묵기도를 통해서 나의 약함·강함 모두를 하나님께 올려 드려야 한다. 이러한 침묵기도는 영적 성숙 훈련에서 많이 활용된다. 침묵에 대한 히브리어는 도미(דֹּמִי dòmî)이다(시 83:1). 도미는 소리를 내지 않는(이야기나 행동을 일시적 중지), 정지, 침묵, 무언 등으로 사용되었다. 이사야가 선지자로 부르심을 받을 때, 하나님의 모습을 이상으로 본 후 자신이 영적 눈이 열려 "그 때에 내가 말하되 화로다 나여 망하게 되었도다 나는 입술이 부정한 사람이요 입술이 부정한 백성 중에 거하면서 만군의 여호와이신 왕을 뵈었음이로다"(사 6:5)라고 고백한 것은 창조주 앞에 자신의 연약함으로 인해 침묵할 수밖에 없음을 보여주는 부분이다. 침묵과 비슷한 뜻을 가지고 있는 잠잠하다는 뜻으로 히브리어 하레쉬(חָרֵשׁ ḥārēsh)가 있다(삼상 10:27; 에 4:14; 7:4; 시 35:22; 83:1). 하레쉬는(공포 따위로) 말을 못하는, 잠자코 있는 그러한 뜻이다. 침묵에 해당하는 도미(דֹּמִי dòmî)와는 다른 뜻이다.

침묵기도에서 주의할 점은 침묵만을 위한 침묵이 아니라 침묵 안에서 자아를 발견하고, 하나님의 뜻을 찾기 위한 침묵이 되어야 한다. 침묵만을 위한 침묵기도의 경우는 여러 생각들로 인하여 영적으로 더 혼란이 생길 수 있다. 그리고 침묵기도를 하는 가운데 육신적 피곤함 때문에 침묵하면서 잠자는 경우도 간혹 있다. 육신이 피곤할 때는 충분한 휴식을 취한 후 맑은 정신으로 침묵기도를 하는 것이 좋다. 침묵기도는 육신이 피곤할 때는 적합하지가 않다.

침묵기도를 생활 가운데서 하기 위해서는 하루 중 짜투리 시간을 모아서 활용하면 많은 시간을 침묵기도 할 수 있다. 특히 자연의 아름다움을 보면서 하나님의 창조의 섭리를 생각하거나 나를 향한 하나님의 섭리를 깨달을 수 있도록 깊은 침묵속으로 들어갈 수 있다면 침묵기도야말로 영적 성숙에 많은 도움이 된다. 침묵기도가 습관화되지 않은 사람은 조용한 공원을 산책하거나 비취를 거닐면서 찬송가를 듣거나 성경을 들으면서 침묵의 시간을 보내는 것도 한 방법이다. 침묵기도는 침묵을 통해서 자신의 과거, 현재, 미래의 모습을 재발견하고 나를 향한 하나님의 뜻이 어디에 있는가를 아는 것이 무엇보다 중요하다.

17) 은밀한 기도

은밀한 기도[39]는 하나님과 자신만 알고 있는 은밀한 죄(비밀스러운 죄)를 고백하고, 그리스도의 보혈로 용서받기를 위해 하는 기도이다. 시편 90편 8절에 "주께서 우리의 죄악을 주의 앞에 놓으시며 우리의 은밀한 죄를 주의 얼굴빛 가운데 두셨사오니"라고 하였을 때, '우리의 은밀한'에 해당하는 히브리어는 아람(עָלַם 'ālam) 이다. 아람은 숨겨진, 보이지 않는, 비밀스러운, 남모르는 그러한 뜻이다. 누구나 인생을 살아가다 보면 어쩔 수 없이 감추고 싶은 비밀스러운 죄들이 있다. 청소년 시절의 방탕함, 상거래에서 부정, 남녀의 이성관계, 부모와 자녀관계, 동료관계 등에서 일어난다. 이러한 죄들 중 어떤 죄는 마음으로부터

---

39)　은밀한 기도: 시 90:8; 전12:14; 마 6:6; 고후 4:2.

가볍게 느끼는 부분도 있지만 어떤 죄는 무덤까지 가지고 가고 싶은 것들도 있다. 즉 누구에게도 노출시키고 싶지 않는 것들이다. 그런데 신앙 안에서 보면 그 죄를 아시는 분이 바로 하나님이시다. 창조주 하나님 앞에서는 더 이상 숨길 수 없기에 은밀한 기도를 드리며 이러한 죄들을 고백하고 용서받기를 위해 기도한다. 은밀한 죄들은 특히 남녀관계에서 혼전의 방탕함 혹은 외도로 인하여 지은 죄들이기에 한평생 고통을 품고 살아가는 사람도 있다. 그리고 성장하는 가운데 청소년 시절 잘못된 길로 빠진 경우도 이에 해당한다. 장성한 경우에도 도적질, 간음, 폭행, 미움, 시기 등으로 마음의 고생을 안고 있는 분들이 있다. 이러한 죄는 각 개인이 가지고 있는 비밀스러운 죄들이다.

특히 오늘날 음행과 관련된 문제들은 매우 심각하다. 구약시대에는 음행의 문제가 행위에 중심을 두었지만 신약시대에는 예수님께서 행위뿐만 아니라 마음으로 음욕을 품는 자는 이미 간음을 한 것이라고 가르치셨다(참조, 마 5:28). 오늘날 음행과 관련해서 자유로운 사람이 과연 얼마나 될까를 생각해 보게 된다. 많은 사람들은 자기 안에 비밀스런 죄(특히 음행과 관련된 문제)를 숨기고 있으면서도 본인은 죄인이 아닌 것처럼 다른 사람을 정죄하면서 살아가고 있다. 이 얼마나 모순된 삶인가.

누구나 자신의 내면에 숨겨져 있는 비밀스러운 죄를 처리 받지 않고서는 진정한 마음의 자유가 없다. 우리는 은밀히 숨겨진 죄를 하나님께 고백하고, 다시는 반복된 죄를 짓지 않겠다는 결단과 함께 은밀한 기도를 드려야 한다. 사랑의 하나님은 오늘도 은밀한 기도를 통해서 과거에서 오늘에 이르기까지 지은 죄를 낱낱이 아뢰기를 원하신다. 그리고 지은 죄를 용서하시기를 원하신다. “악인은 그 길을, 불의한 자는 그 생각을 버리고 여호와께로 돌아오라 그리하면 그가 긍휼히 여기시리라 우리 하나님께로 돌아오라 그가 너그럽게 용서하시리라”(사 55:7). 그러므로 은밀한 죄 때문에 마음에 고통을 당하고 있다면 누구든지 하나님께 나아와 회개하고 그리스도의 십자가 보혈로 용서를 받아야 한다. 하나님께서는 인간의 연약함 때문에 지은 죄의 문제들을 해결시켜 주시기 위해 독생자 예수 그리스도를 이 땅에 보내주셨고, 예수님의 십자가의 죽음은 인간의 허물과 죄를 담당한 사건이다. 따라서 누구든지 죄의 문제를 해결 받기 위해서는 예수님을 믿고 죄 사함을 받아야 마음에 참 평안을 얻을 수 있다. “너는 하나님과 화목하고 평안하라 그리하면 복이 네게 임하리라”(욥 22:21).

18) 묵상 기도

묵상 기도는 하나님의 말씀을 깊이 생각하면서 계시된 말씀을 깨닫거나 아니면 하나님의 세미한 음성을 듣기 위해서 하는 기도이다. 과거에 어떤 일을 생각하며 그 일에 대해서 묵상하거나 아니면 행해야 할 어떤 일에 대해서 하나님의 뜻을 분별하기 위해서 하는 기도의 형태이다. 시편 기자는 “내가 옛날 곧 이전 해를 생각하였사오며 밤에 한 나의 노래를 기억하며 마음에 묵상하며”(시 77:5-6)라고 하였다. 과거의 일을 묵상하고, 그리고 주의 법도를 묵상하며 주의 도에 주의하며 주의 율례를 즐거워하며 주의 말씀을 잊지 아니하려고 묵상기도를 한다(시 119:15-16). 그런가 하면 주의 존귀하고 영광스러운 위엄과 주의 기사를 묵상하면서 하나님과 늘 함께 있기를 소망하면서 묵상한다.

구약에서는 주로 주의 말씀을 묵상할 때에 히브리어로 씨아흐(שׂיחַ śîaḥ)가 사용되었다. 씨아흐는 (~에 대해) 묵상하다, 깊이 생각하다, 명상에 잠기다이다. 그러므로 성도들에게 있어서 묵상기도는 삶에 매우 중요하다. 묵상기도는 자신의 성결함과 영적 성숙의 삶에 도움을 준다. 하나님의 임재를 다시 한번 묵상함으로써 하나님의 현현을 경험하며 에벤에셀에 닿을 수 있다. 과거의 일을 통하여 하나님의 임재 현장을 다시 한번 생각하게 되고, 거기서 미래의 계획을 하나님의 법 안에서 수정 보완할 수 있기 때문에 묵상기도는 평소 습관화 되어야 한다.

하나님께서는 여호수아에게 율법 책을 주야로 묵상하기를 원하셨다. 그리고 율법책에 기록된 대로 지켜 행할 때, 그가 어디로 가든지 평탄하게 될 것이며 형통하리라고 약속하셨다(수 1:8). 그리고 시편기자는 여호와의 율법을 주야로 묵상하여 지키는 자가 복 있는 사람이라고 하였다(시 1:1-2).

묵상기도는 신앙생활에 매우 중요하다. 지난날의 삶과 율법책을 대조하여 묵상하게 되면 잘못된 삶에 대한 회개가 일어나게 되고, 미래의 일과 율법책을 대조하여 묵상하게 되면 하나님의 기사가 믿음으로 자리하여 소망의 하나님을 더욱 의지하게 되고 잃었던 평안을 되찾게 된다. 믿음 안에서 세워진 비젼들은 현재는 보이지 않지만 멀지 않는 미래에 비젼이 현실로 다가온다. 그래서 말씀의 묵상기도는 믿음을 성장시켜 주고, 말씀의 묵상을 통하여 하나님의 세미한 음성을 들을 수 있다.

복잡한 오늘날 묵상기도로 적합한 시간은 매일 새벽 시간이나 아니면 하루의 일과 중 지정된 시간을 정하여 하나님의 말씀을 읽고, 읽은 말씀의 뜻을 깊이 묵상할 수 있다.

묵상기도 하는 방법으로는 성경을 한 문단 또는 한 장을 읽은 후 읽은 내용을 묵상하면서 현재 나의 삶에 대한 평가를 한다. 평가는 잘못된 부분과 잘된 부분을 분석하고 잘못된 부분은 교정한다. 그렇지 않으면 읽은 문장 속에 핵심 단어를 선택하여 단어가 갖고 있는 뜻과 지나온 삶을 비교 분석하여 미래의 삶에 수정 보완하고 결단의 시간을 갖는다. 이 모든 작업들은 자신의 의지대로 판단, 평가하는 것이 아니라 성령님께 전적으로 자신을 의탁하게 한다. 그리고 난 후 세미한 하나님의 음성을 듣도록 기다려야 한다. 시편 기자는 '주의 모든 일을 묵상하며 주의 일을 깊이 생각하였다'라고 기록하고 있다(시 77:12).

영성가 토마스 머튼은 묵상하는 법으로 그림 그리기, 글을 쓰고, 예술품을 감상하는 것도 묵상의 한 방법이라고 하였다. 그리고 차를 기다리거나 기차를 타고 여행갈 때 또는 예배를 드릴 때에도 묵상하는 훈련은 계속하여 몸과 마음에 습관화가 되라고 하였다. 즉 신자는 하나님의 말씀을 묵상하는데 시간과 장소에 구애됨이 없이 습관화 되어야 한다.

19) 관상 기도

원어성경에서는 관상기도(觀想祈禱)에 관해서 어떤 단어가 사용
되었는지는 분명치 않다. 관상기도는 1세기부터 11세기까지 그리스
와 시리아에서 발견된 기도인데, 기도의 핵심은 "마음속에 지성을 가
지고서 생명이 다할 때까지 하나님 앞에 서는 기도이다." 피조물인 인
간이 창조주 하나님 앞에서 무슨 말을 할 수 있을까? 마카리우스는
관상기도를 어떻게 해야 하는가에 대해서 질문을 받았을 때, "많은
말을 할 필요가 없다. 단지 그대의 두 손을 펴고 주님, 당신이 가장 잘
알고 계시오니 당신의 뜻대로 자비를 베푸소서"[40]라고 하라고 하였
다. 관상기도가 구체적으로 발전되기는 13세기 프란시스코 수도회
때부터 대중화가 되었다. 특히 관상의 대가라고 할 수 있는 토마스 머
튼은 관상기도를 하는 목적을 하나님과 일치에 두고 있다. 하나님과
일치를 위해서는 우선적으로 신자는 그리스도 안에서 새로운 피조
물로 변해야 한다. 그리고 자신을 철저히 비우고, 자기부정을 통하여
무화(無化)되어야 하나님의 세미한 음성이 들을 수 있다. 신자는 외적
종교행위에 만족할 수 없기 때문에 영적 만족을 위하여 보다 깊은 차
원의 기도를 드려야 하는데 이것이 관상기도(마음의 기도)라고 하였다.
신자는 관상기도를 통하여 진리 안에서 진정한 자기를 발견하고 잃
어버린 하나님의 형상을 회복하는 일이 무엇보다 중요함을 강조하였
다.[41]

---

40)　The Sayings of the Desert Fathers: The Alphabetic Collection, trans. Benedicta
　　　Ward(London: Mowbray, 1975) Macarius the Great 19, 131.

41)　이영두, 기독교 영성, 215-216.

관상기도의 방법으로는 침묵과 홀로 있음(고독)의 시간이 필요하다. 침묵과 고독은 자신이 홀로 하나님과 있도록 광야에 버려지는 일이기 때문에 고대 사막 교부들은 광야에서 침묵과 고독과 더불어 씨름을 하였다. 그들은 관상기도를 통해서 자기 안에 숨겨진 죄성을 발견하였고, 참회와 용서를 체험하였으며, 옛자아의 포기와 모든 속박들로부터 초탈을 경험하였다. 그리고 영혼의 온전한 정화와 하나님과 연합함으로써 하나님의 뜨거운 사랑과 평화와 기쁨을 체험하였다.

바울도 이러한 사실을 증언하고 있다. "이는 너희가 죽었고 너희 생명이 그리스도와 함께 하나님 안에서 감취었음이니라"(골 3:3)고 하였다. 신자가 그리스도 안에서 새 생명을 얻어야 그리스도와 함께 하나님 안에서 감추어진 비밀을 깨달아 알아갈 수 있다. 그리고 그리스도인이 소유한 영원한 새 생명은 눈으로 보고 손으로 만질 수 있는 것들이 아니다. 그리스도와 함께 십자가에 못 박혔다가 다시 살아난 그리스도인만이 알 수 있는 것들이기에 세상 사람들의 눈에는 감추어져 있을 뿐이다. 내 안에 감추어진 하나님의 비밀은 그리스도 안에서 '옛사람[42]'은 죽고 마지막 아담인 그리스도께서 변화시키는 능력을 부여 받은 부분이다(참조, 롬 5:12-21). 이 변화는 최초의 인간이 부여받은 하나님의 형상을 회복하는 것을 목표로 한다.

관상기도를 통해 하나님과 일치의 삶을 살기 위해서는 우선 옛사람의 모습으로 살아가는 나를 발견하는 것이 중요하다. 그리고 새사람으로서 참된 그리스도의 성품을 가지고 자신의 위치에서 온전

---

42) 불순종하고 무기력한 첫째 아담의 속성들이다.

한 사람으로 살아가고 있는가를 살펴보아야 한다. 이 세상 사람들은 누구도 온전한 사람이 없다. 그러므로 온전한 새사람이 되기 위해서는 성령의 능력에 의존하여 철저히 자신을 비우고 정화하여 하나님 은총에 의탁하여 그 분의 뜻에 일치하려는 기다림의 모습이 있어야 한다. 그것이 관상기도를 하는 목적이다. 하나님과 일치의 삶을 살기 위해서는 먼저는 내적 정화가 필요하다. 내적 정화는 삼위일체 하나님의 지도와 인도에 따라 내 안에 있는 불순물을 발견하고 제거하는 과정이다. 그리고 자신이 얼마나 세상적인 욕망에 붙들려 살아왔는가를 찾아 인정하고, 끊어버리려는 노력이 따라야 한다. 이러한 일은 믿음과 성령님의 권능에 의해서만 가능하다. 이미 예수 그리스도는 허물과 죄로 죽었던 나를 살리셨기 때문에 나는 새사람이 되었다는 선포도 따라야 한다. 관상기도를 하는 궁극적인 목적은 "하늘에 계신 아버지의 온전하심 같이 온전한 사람"(마 5:48)이 되기 위하여 자신의 내면을 세밀히 살피는 기도이고, 새사람의 성품으로 다듬어 가는 과정의 기도이기에 영적 성숙의 훈련으로서는 매우 유익한 기도의 방법이다. 그러나 여기에서는 신비신학은 취급하지 않는다.

20) 주야(밤낮)로 기도

주야(밤낮)로 기도는 주야 전체 시간을 기도하는 것을 말한다. 느헤미야는 1장 6절에서 "이제 종이 주의 종 이스라엘 자손을 위하여 주야로 기도하오며 이스라엘 자손의 주 앞에 범죄함을 자복하오니 주는 귀를 기울이시며 눈을 여시사 종의 기도를 들어시옵소서"라고 기도하였다. 여기에서 히브리어로 주는 요맘(יוֹמָם yômām)이다. 요맘은 영어로 lifetime, day time, sun light을 말한다. 그리고 야는 라일(לַיִל layil)이다. 라일은 영어로 night를 말한다. 그러니까 낮 시간과 밤 시간 전체의 시간을 기도했음을 알 수 있다(참고, 느 1:6; 수 1:8; 대하 6:20; 시 1:2, 42:3, 88:1).

그리고 하나님께서 여호수아에게 "율법책을 네 입에서 떠나지 말게 하며 주야로 그것을 묵상하여 그 가운데 기록한 대로 다 지켜 행하라 그리하면 네 길이 평탄하게 될 것이라 네가 형통하리라"(수 1:8)고 한 것에 대한 주야는 낮과 밤의 전체 시간을 말씀의 묵상에서 떠나지 말 것을 두고 하신 말씀이다. 주야로 말씀을 묵상하라고 하는 것은 맡겨진 업무를 떠나서 말씀만 묵상하고 있으라는 뜻이 아니다. 평소에 하나님 말씀을 읽은 것과 암기된 말씀을 묵상하면서 맡겨진 일과 관련하여 업무에 임하라고 주어진 말씀이다. 그래서 평소에 하나님의 말씀을 많이 암송하는 훈련은 주야로 기도하는 데에 많은 도움이 된다. 안나라는 여선지자는 출가한 후 7년 동안 남편과 함께 살다가 과부가 된 후 84년 동안 성전을 떠나지 아니하고 주야로 금식하며 기도함으로 하나님을 섬겼다(눅 2:36-37).

에스더 4:16절에서도 에스더 왕후가 자기 동족 유다 사람들을 구원하기 위하여 모르드개에게 회답한 내용을 보면 "당신은 가서 수산에 있는 유다인을 다 모으고 나를 위하여 금식하되 밤낮 삼 일을 먹지도 말고 마시지도 마소서 나도 나의 시녀로 더불어 이렇게 금식한 후에 규례를 어기고 왕에게 나아가리니 죽으면 죽으리이다"라고 했을 때에 유다 백성과 에스더가 밤낮으로 기도하였다.

오늘날 주야로 기도하는 방식은 한 장소에서만 기도하는 것이 아니라 낮의 활동 중 맡겨진 일터에서 기도할 수 있다. 살림을 하는 부인은 가정살림을 하면서 기도할 수 있고, 마켓에서 물건을 고르면서도 기도할 수 있고, 운전자는 운전하면서 기도할 수 있고, 개인 사업을 하는 사람은 사업장에서 기도할 수 있고, 공장에서 일하는 직공은 베틀 앞에서 기도할 수 있다. 그리고 도보를 하는 사람은 길을 걸으면서도 기도할 수 있다. 주야로 기도하는 것이 습관이 되면 하루에 눈을 뜨고 활동하는 모든 시간을 기도하는 시간으로 사용할 수 있다. 하루 동안 주어진 시간의 할당량은 누구에게나 동일하다. 그러나 주어진 시간 속에서 주야로 기도하면서 살아가는 사람은 많지 않다. 나의 기도를 들으시는 분이 전지전능한 하나님이라는 사실을 안다면 분초마다 기도해야 할 것이다.

21) 항상 기도

항상 기도는 일정한 시간에 기도하는 것이 아니라 시간의 연속성에서 기도가 계속되는 것을 말한다. 항상에 사용된 히브리어는 타미드(תָּמִיד tāmîd)이다. 타미드는 연속(성·상태), 계속(성·상태)을 말한다(참고: 시 25:15, 38:17, 40:11, 72:15, 72:23). 그러나 헬라어에서는 항상에 항이 파스(πᾶς pas)이다. 파스는 모든, 모두, 온, 전체를 뜻한다. 그리고 상은 카이로스(καιρός kairos)이다. 카이로스는 지정된 시간, 적당한 시간이다. 이러한 사실을 보면 항상 기도는 지정된 시간 전체를 빠지지 않고 기도하는 것이라고 할 수 있다. 즉 시간의 연속성 위에 일정한 기간을 정해놓고 빠지지 않고 기도를 한다면 기간 동안은 항상 기도를 한 것이다.

다니엘이 포로로 끌려왔어도 예루살렘을 향하여 전에 행하던 대로 하루에 3번씩 무릎을 꿇고 기도한 것은 지정된 시간에 항상 기도한 것이다(단 6:10). 바쁜 세상을 살아가다 보면 업무에 마음을 빼앗겨 하나님 앞에서 살아가고 있다는 사실을 종종 잊을 때가 있다. 그러나 다니엘처럼 기도시간을 정해놓게 되면 그 시간만은 항상 기도할 수 있다.

성도는 기본적으로 하루 3번의 기도는 할 수 있는 시간을 마련함이 좋다. 우리는 육체의 건강을 위해서도 하루 세 끼니의 음식을 먹는다. 영적인 성숙을 위해서도 세 번의 기도는 필요하다. 필자에게 항상 기도를 하기 위해 세 번의 기도를 선택하라고 하면 새벽 기도를 권하고 싶다. 하루의 첫 시간을 하나님과 함께 시작함으로써 하루의 영적인 에너지를 공급받을 수 있다. 그리고 낮 동안의 시간을 정하여 지나온 시간의 반성과 미래의 시간을 하나님께 점검하는 기도의 시간으로 정한다. 그리고 잠자리에 들기 전에 기도시간을 정한다. 지나온 하루를 총 평가하는 시간과 더 성숙하지 못함에 대한 부담을 회개하고 하나님께 감당할 능력을 부어달라고 기도한 후 주님 품 안에서 평안한 밤을 의탁하겠다.

22) 방언 기도

방언의 원어적 의미는 히브리어로 라숀(לָשׁוֹן lāshôn)이다(창 10:5; 느 13:24; 에 1:22; 단 1:4). 라숀은 지역에 따라 다른 나숀이 있다. 유다 방언(느 13:24), 아스돗 방언(느 13:24), 가나안 방언(사 19:18) 등이다. 라숀의 뜻은 문자적으로(핥고 먹으며 말하는 기관) 상징적으로(말, 불꽃의 갈라짐, 개울의 굽어진 곳) 사용된다. 수다쟁이, 악담하는 자, 말(방언), 말꾼, 혀 등이다. 다시 말하면 라숀은 표준언어가 아닌 지역 안에서 통용되는 사투리 언어이다. 우리 나라도 지역에 따라 방언이 다양하다. 특히 경상도에서만 사용되는 언어, 전라도에서만 사용되는 언어, 제주도에서 사용되는 언어, 평안도에서 사용되는 언어, 충청도에서 사용되는 언어 등 그 지역에만 통하는 언어가 있다. 이러한 언어들이 방언이다. 헬라어는 방언이 그로사(γλῶσσα glossa)이다. 그로사는 언어, 말, (말 따위를)입밖에 내기라고 해석된다(막 16:17; 행 2:4, 11, 10:46, 19:6; 고전 12:10, 13:1, 8, 14:14, 19, 22, 계 5:9). 따라서 성경에 나온 방언들은 지역 사투리 언어라는 것을 알 수 있다. 그런데 방언에 대한 이해를 잘못하고 있는 교역자들이 성도들에게 방언을 받게 해 준다고 할렐루야를 계속하게 하고 더 빠르게 반복하게 한 후 '랄랄랄라', '뚜뚜뚜' 등의 언어가 나오면 당신 방언 받았다고 하는데, 이런 방언은 성경에서 말하는 방언이 아니다.

성부성자성령 삼위일체 하나님께서는 처음에는 인간에게 같은 언어를 주셨다(창 11:1). 그러나 바벨탑 사건 이후 언어를 혼잡케 하시고 그들을 지면에서 흩으셨다(창 11:7-11). 그로 인하여 각기 다른 언어로 인류는 살아가고 있다. 성령의 감화감동을 입어 기도 가운데 다른 언어를 말하고 이해할 수 있다면 그것은 하나님의 전적인 은혜일 뿐이다. 그래서 바울은 "방언을 말하는 자는 통역하기를 기도할찌니"(고전 14:13)라고 하였다. 방언으로 말하는 자가 통역을 하지 못하여 자기의 덕을 세우지 못한다면 차라리 방언을 받지 않음이 낫다. 방언은 성령의 감화감동 안에서 다른 언어로 말할 수 있는 것이기에 다른 사람이 알아들을 수 없는 내용을 하나님께 기도로 할 수 있는 이점은 있다.

하나님은 우리 민족에게 한국어를 주셨다. 그러므로 우리들은 한국어로 하나님께 기도할 수 있는 것이 크나큰 은혜이다. 또한 다른 방언으로 하나님께 기도할 수 있다면 이 또한 보너스 은혜이다. 바울은 고린도교회에 편지하기를 "교회에서 남을 가르치기 위하여 깨달은 마음으로 다섯 마디 말을 하는 것이 일만 마디 방언으로 말하는 것보다 나으리라"(고전 14:19)고 하였다. 또한 초대교회가 오순절날 한 곳에 모여 기도하였을 때에 모인 무리가 각국 방언을 하고 듣게 된 것은 전적으로 성부성자성령님의 권한 아래에 있었다. 모인 무리들은 다 성령의 충만함을 받았다. 그래서 "성령이 말하게 하심을 따라 다른 방언으로 말하기를 시작했다"(행 2:4)라고 성경은 기록하고 있다. 방언은 연습을 해서 배워가는 것이 아니라 성령의 충만함 속에서 성령이 말하게 하심을 따라 하다가 다른 방언이 주어진다면 보너스 은혜를 받은 것이다. 따라서 성도가 각국방언은 하지 못한다고 하여도 부끄러울 것이 없다. 자기 나라 언어로 하나님께 나아갈 수 있기 때문에 감사할 뿐이다.

23) 개인 기도

개인기도는 사람에 따라 다를 수 있지만 개인의 문제를 하나님께 상세히 알려드리는 방법에는 다양할 수 있다. 개인기도에서는 문제를 있는 그대로 숨김없이 하나님께 아뢰라. 어떤 형식과 절차는 상관이 없다. 자식은 궁금한 것이 있거나 필요한 것이 있을 때 아버지에게 나아가 질문을 하거나 요청을 한다. 성도가 하나님께 개인기도로 나아가는 것도 마찬가지이다. 개인의 기도라고 해서 장소에 구애될 것은 없다. 현재 서 있는 그곳이 거룩한 땅이다. 모세가 불붙은 떨기나무 앞에 서 있었던 것을 기억해 보라(출 3:5). 내가 서 있는 장소가 직장, 학교, 가정, 자동차 안, 도보 중, 침상 등 다양할 것이다. 당신이 서 있는 그곳에서 하나님께 기도를 드릴 수 있다면 그 장소가 거룩한 장소이다. 내가 서 있는 장소가 거룩한 땅이라 생각되면 어디에서든지 개인기도를 드릴 수 있다. 그리고 기도의 응답은 전적으로 하나님께 맡기라(잠 16:1). 하나님께서는 기도하는 자에게 크고 아름다운 비밀을 알려주시겠다고 하셨다(렘 33:3). 응답에 관하여는 전적인 하나님의 몫이다.

바울은 육체의 가시 때문에 개인기도를 3번씩이나 하였다. 그런데 하나님은 "내 은혜가 네게 족하도다 이는 내 능력이 약한 데서 온전하여짐이라"(고후 12:9)고 하는 하나님의 음성을 들었다. 이후 바울은 육체의 가시 때문에 오히려 자고 하지 않게 된 것에 크게 기뻐하였다. 사람들은 개인기도가 응답 되는 것에 기뻐하지만 바울은 개인기도가 응답되지 않고 거절됨으로 오히려 자신의 약한 부분 때문에 온전하여 졌다고 고백을 하였다. 따라서 개인기도 자는 응답의 유무와 관계없이 범사에 감사해야 하는 자세가 필요하다.

특히 개인기도를 통해서 성령의 음성을 들었다고 하는 사람들이 많다. "내가 하나님께 기도의 응답을 받았는데 하나님이 당신에게 이렇게 말씀하라고 하시더라", "내가 당신을 위해 기도하는데 하나님께서 위로부터 이러 이러한 것들을 보여주시면서 말씀하셨다"는 등의 내용들이다. 물론 성령님께서 하셨으면 불가능이 없으시다. 그런데 명심해야 할 것은 정말 성령께서 주신 음성인가 하는 것이다. 영적인 분별력이 없으면 은사자들의 말에 미혹을 당하기 쉽다. 특히 조심해야 할 것은 그 사람들이 개인기도를 통해서 성령의 은사를 받았는지, 악령의 은사를 받았는지 점검도 하지 않고, 그 사람의 말에 순종했다가는 큰 어려움을 당할 수 있다. 성령께서 주신 음성이라면 그 사람에게는 삶의 부분에서 성령의 열매가 풍성하게 나타나야 한다. 그러나 악령의 은사를 받았다면 당신을 미혹하려 할 것이다. 그리고 그 사람의 생활을 살펴보아도 성령의 열매는 나타나지 않는다. 그렇다면 사단이 그를 사로잡고 있다고 보아도 무리는 아니다. 자신의 문제를 다른 사람들에게 의뢰하지 말고 직접 하나님께 개인기도를 통하여 응답을 받도록 하라. 종말이 가까이 올수록 많은 은사 자들이 하나님께서 직접 자신에게 예언의 말씀을 하셨다고 하고는 성도들을 미혹하여 위험에 빠뜨리고 있다. 사단은 틈만 나면 성도들의 마음속으로 들어와 자기를 광명의 천사로 가장하고 미혹한다(고후 11:14). 예수님을 판 유다의 경우(눅 22:3), 아나니야의 경우(행 5:3-4), 베드로의 경우(막 8:33)는 사단이 성도의 마음에 들어와 역사한 경우이다. 그러므로 성도는 사단의 하수인이 되지 않기 위해 기도하라. 하나님은 질서의 하나님이시자, 화평의 하나님이시다. 하나님은 한쪽 편에 일방적으로 아픔과 고통을 주면서까지 일 하시는 분이 아니시다. 예언을 통한 하나님의 말씀은 쌍방에게 함께 응답을 주신다. 고넬료가 집에서 기도했을 때, 베드로는 욥바에서 함께 응답을 받았다. 그러므로 은사 자들의 미혹에 빠지지 말고 예언된 말씀이라면 성경에서 다시금 확인해야 한다. 이미 하나님께서 주신 계시된 성경 말씀 만으로도 확인은 충분히 할 수 있다. 그리고 예언하는 자의 삶을 살펴보면 하나님으로부터 온 예언인지 사단으로부터 온 예언인지를 더 쉽게 분별할 수 있다. 그들의 생활에서 성령의 열매가 나타나는가, 악령의 열매가 나타나는가를 분석하면 알 수 있다. 말세일수록 거짓 선지자, 거짓 예언 자들의 활동이 심하다. 베드로는 "근신하라 깨어라 너희 대적 마귀가 우는 사자 같이 두루 다니며 삼킬자를 찾나니"(벧전 5:8)라고 하였다. 영적으로 깨어 있지 아니하면 마귀의 술수에 넘어갈 뿐이다.

24) 골방 기도

골방기도는 가정에서 쉽게 할 수 있는 이점이 있다. 이스라엘 나라의 골방은 침실·객실 따위가 달린 셋방이다. 원어상에서 보면 리슈카(לִשְׁכָּה lishkâ)이다. 리슈카는 셋방, 자그마한 사실(私室)이다. 언제라도 하나님과 은밀하게 기도할 수 있도록 침실과 딸린 곳에 위치하고 있다. 역대상 9장 33절에 보면 레위 족장이 저희 골방에 거하여 주야로 자기 직분에 골몰하였다고 하였다. 이처럼 골방은 업무를 하나님의 뜻 안에서 효과적으로 처리하기 위해서 사용되었음을 가늠할 수 있다. 골방에 대한 성경 구절은 다양하게 나타난다(대상 9:33, 23:28; 스 8:29; 느10:39, 13:4). 헬라어는 골방이 타메이온(ταμεῖον tameion)이다. 타메이온은 깊숙한 방, 개인적인 방, 여유공간, 광(눅 12:24)같은 곳이다(마 6:6, 24:26; 눅 12:3, 24). 예수님께서도 "너는 기도할 때에 네 골방에 들어가 문을 닫고 은밀한 중에 계신 네 아버지께 기도하라"고 하셨다(마 6:6). 따라서 성도들은 가정에서 하나님과 은밀한 기도를 드릴 수 있는 장소를 별도로 마련하여 기도처로 삼는 곳이 있으면 신앙 성숙에 많은 도움을 받을 수 있다. 가정 안에 가도처가 있으면 시간에 구애받을 필요가 없이 언제라도 하나님과 대화를 할 수 있다.

필자는 Los Angeles에 거주할 때, 골방기도의 장소로 응접실을 택했다. 응접실에 ㄷ 자 모양으로 서제가 둘러쌓여 있다. ㄷ 자 중간에는 업무를 볼 수 있도록 긴 책상이 놓여있다. 그리고 좌우상하는 1m의 공간이 있다. 이 공간이 골방기도의 처소이었다. 지금은 토랜스지역 하우스에 살기 때문에 자녀들이 아침에 직장과 학교로 가고 나면 모든 공간이 골방기도의 처소이다. 경제적인 여유만 있으면 뒷마당 쪽에 외부로부터 소리가 차단된 골방을 만들어서 그곳을 기도의 처소로 삼고자 한다. 이 글을 읽는 독자분들도 경제적인 형편에 여유가 있다면 별도의 장소를 지정하여 골방기도를 할 수 있는 공간을 만들라. 골방은 하나님과 은밀하게 만날 수 있는 가장 가까운 기도처이다. 하나님과 교통하는 시간을 늘려갈수록 영적 성숙에 많은 도움이 될 것이다.

25) 비는 기도

비는 기도는 주로 목회자가 하나님 앞에서 성도들을 대신하여 기도를 하는 형식이다. 성도들 가정의 문제점들과 축복을 놓고 응답해 주시기를 바라면서 하는 기도이다. 구약성경에서 보면 솔로몬이 성전을 완성한 후 여호와의 제단 앞에서 이스라엘의 온 회중과 마주서서 하늘을 향하여 손을 펴고 기도했을 때에 비는 기도를 하였다(참조, 왕상 8:22ff). 기도의 내용들을 보면 이스라엘이 범죄하고 적국 앞에 패하게 되므로 종과 주의 백성이 주께로 돌아와서 이곳을 향하여 기도할 때에 주는 그 간구를 들으시고 사하여 달라는 비는 기도를 하였다. 또한 기근, 질병, 황충이 있을 때, 각자가 마음의 재앙을 깨닫고 이 성전을 향하여 손을 펴고 무슨 기도나 간구를 하거든 그들의 기도를 들으시고 사하여 달라고 하였다. 따라서 비는 기도는 성도가 하나님의 성전에 나와 기도할 때에 문제의 원인이 어디에 있었는가를 찾아 회개한 후 간구하였다. 솔로몬은 비는 기도를 성전 안에서 손을 들고 하였다. 필자는 비는 기도를 새벽 시간에 하고 있다. 성도들의 각 가정을 위해 기도하다가 보면 어느덧 모든 가족의 이름을 외우게 되고, 그들의 형편과 처지를 알게 된다. 그리고 그들의 필요가 무엇인가에 대해서도 기도 가운데 알게되고 채워져야 할 부분에 대해서 비는 기도를 한다. 목회자의 비는기도가 응답이 되어 기쁨으로 찾아오는 성도를 볼 때면 이것이 목회구나 하면서 기뻐한다. 이러한 일들은 목자가 양떼의 형편을 살피는 것과 같은 것이다.

26) 감사 기도

감사 기도는 피조물이 창조주로 인하여 기뻐하고 예배를 드리면서 하나님을 하나님으로 인정하고, 죄를 고백하고, 모든 것을 하나님께서 채워주심에 감사해서 드리는 기도이다(시 97:12).

또한 피조물 인간이 창조주 하나님께로부터 받은 은혜를 표현할 때 드리는 기도라고 할 수 있다. 따라서 우리는 하나님의 형상으로 지음 받음에 감사하고, 죄로부터 구원해 주심에 감사하고, 하나님의 자녀 삼아주심에 감사하고, 하나님의 일에 동참하도록 참여시켜 주심에 감사하고, 매일 일용할 양식을 주심에 감사하고, 죄를 이길 수 있도록 힘주심에 감사하고, 오늘도 찬양할 수 있도록 시간 주심에 감사해야 할 것이다.

27) 축보 기도

축복 기도는 이삭이 아들 야곱을 축복하는 기도에서 알 수 있듯이 자녀를 안고 믿음으로 축복기도를 할 때, 그 자녀가 복을 받았다(창 27: 25, 27, 29, 30, 34). 복과 관련이 있는 단어로 하나님께서 인간에게 축복하시는 복은 히브리어로 바라크(בָּרַךְ bārak)이다. 그리고 구체적인 나타나는 축복(번성, 선물, 소유)과 관련된 단어는 베라카(בְּרָכָה bᵉrākâ)이다. 베라카는 명사로서 어떠한 복에 해당된다.

바라크는 창세기 1:28절에서 하나님께서 인간에게 맨 처음 복을 주실 때에 사용된 단어이다. 그리고 아브라함을 부르시고 그에게 주신 복도 바라크라는 단어를 사용하고 있다. 또한 이삭이 야곱을 축복할 때의 단어도 바라크이다. 이러한 사실을 구체적으로 알기 위해서는 창세기 39장 5절에서 두 가지의 복의 개념에서 보면 요셉이 보디발의 집에 있을 때에 "여호와께서 요셉을 위하여 그 애굽 사람의 집에 복(바라크)을 내리시므로 여호와의 복(베레카)이 그의 집과 밭에 있는 모든 소유에 미친지라"고 하였다. 따라서 오늘날 성직자가 하나님의 이름으로 축복할 때 이 바라크와 베레카가 실제적으로 임한다고 보는 것이다. 예배 이후에 성부성자성령 삼위일체 하나님의 이름으로 축복을 선포하는 이유도 여기에 있다. 신약성경에서는 하나님께 축복을 빌어 하나님의 은총이 주어지는 경우가 있다(마 14:19; 막 6:41; 눅 9:16).

마태복음 14:19에서는 예수님께서 떡 다섯 개와 물고기 두 마리를 가지고 하나님께 축사한 후 장정만 5,000명을 배불리 먹이셨다. 거기에 사용된 헬라어는 율로게오(εὐλογέω eulogeo)이다. 율로게오의 뜻은 하나님의 은총이 주어지고 하나님께 축복을 비는 기도이다. 예수님께서 어린 아이를 안고 축복기도 하신 경우도 율로게오라는 단어를 쓰고 있다(막 10:16). 이 단어는 신약성경에서 45회나 나올 정도로 많이 사용되었다. 그리고 구체적인 '축복을 기업으로 받으려고'(히 12:17) 했을 때에, 축복은 율로기아(εὐλογία eulogia)이다. 율로기아는 축복, 신의 은총, 기증품, 선물, 선사품이다. 따라서 축복기도는 하나님의 존귀하신 이름으로 복을 선포하거나 안수할 때 실제적으로 복이 임했다.

부모는 가정에서 자녀를 위하여 하나님의 말씀에 따라 축복을 선포하고 자녀의 머리에 손을 놓고 축복기도를 해 줄 때 그 자녀가 복을 받는다. 복을 받기 위해 아무에게나 찾아가서 머리를 숙이고 복을 빌어달라고 하는 일은 신앙의 무지 때문에 나타나는 행동이다. 안수자가 성령의 능력이 충만한지 아니면 악령으로 충만한지를 살펴야 할 것이다. 무작정 안수 받다가는 축복이 아니라 사단이 내려준 악령을 받을 수도 있다. 이러한 문제는 담임목사와 상의한 후 행동함이 옳다.

Ⅳ. 영적 성숙을 위해 갖추어야 할 것들

1. 자기를 부인하라(마 16:24).

예수님께서는 제자들에게 나를 따라오려거든 자기를 부인하고 자기 십자가를 지고 나를 쫓을 것이니라고 하셨다(마 16:24). 자기를 부인한다는 것에 '부인하고'에 해당하는 헬라어는 아팔레오마이(ἀπαρνέομαι aparneomai)이다. 아팔레오마이의 뜻은 ~을 자기 것이 아니라고 하다, ~을 포기하다, ~을 부인(부정)하다, 인정하지 않다, (요구·권리)를 포기하는데, 자발적으로 버리고 단념하는 그러한 뜻이다. 즉 예수님의 제자가 되기를 원하는 자는 먼저 모든 것을 포기하고 예수님을 따라야 한다. 부자 청년이 예수님께 찾아와서 "내가 무슨 선한 일을 하여야 영생을 얻으리이까"(마 19:16)라고 질문을 하였다. 예수님은 "네가 생명에 들어가려면 계명들을 지키라고 하셨다"(마 19:17). 이 청년은 예수님께서 말씀하신 계명들은 다 지켰다고 대답을 하였다. 예수님은 다시 청년에게 "네가 온전하고자 할찐대 가서 네 소유를 팔아 가난한 자들을 주라 그리하면 하늘에서 보화가 네게 있으리라 그리고 와서 나를 쫓아라 하시니 그 청년이 재물이 많으므로 이 말씀을 듣고 근심하여 갔다"(마 19:21-22). 부자 청년이 자기를 부인을 하지 못한 것은 재물이다. 자기를 부인하는 훈련에서 어려운 부분이 재물이다. 세상은 재물 때문에 법정에 소송을 하고, 재물 때문에 인간관계에서 마음이 상할 때가 많다. 재물은 일용할 양식이 있으면 족한 줄로 여겨야 하는데, 재물은 가진 자가 더 많이 가지려는 욕망 때문에 세상은 점점 각박해지고 있다. 다윗은 재물이 하나님의 것이라고 고백한다. "부와 귀가 주께로 말미암았고, 크게 하심과 강하게 하심도 주께 있다"(대상 29;12)고 하였다. 우리가 사용하고 있는 재물은 다 하나님의 것을 사용하고 있으니 감사할 뿐이다. 재물에 대한 자기 부인의 훈련이 잘된 사람은 아마 하박국 선지자일 것이다. "비록 무화과나무가 무성치 못하며 포도나무에 열매가 없으며 감람나무에 소출이 없으며 밭에 식물이 없으며 우리에 양이 없으며 외양간에 소가 없을찌라도 나는 여호와로 인하여 즐거워하며 나의 구원의 하나님을 인하여 기뻐하리로다"(합 3:17-18)라고 하였다. 우리는 아무 것이 없어도 여호와로 인하여 즐거워할 수 있는 자가 된다면 자기를 부인하는 훈련은 잘된 사람이다. 재물 외에도 부인할 것들은 가정생활에서 많이 발견할 수 있다. 자신의 생명, 자녀, 성공과 실패 등 이러한 문제들도 하나님의 주권 아래 있다는 사실을 인정해야 한다. 그렇지 않으면 아직도 자기를 부인하는 훈련이 안 된 상태이다. 예수님은 부자 청년에게 네가 온전하고자 할진데 가진 소유를 팔아 가난한 자들에게 나누어 주고 나를 따르라고 하셨다. 부자 청년이 가장 애착을 가진 것이 재물이었기 때문에 예수님께서 그 말씀을 하신 것이다. 사람들마다 애착을 가지고 있는 것이 있다. 이것만은 안되 하는 것들이 있다. 내가 이것을 얻기 위하여 어떤 희생을 감수했는데 하는 것들이 있다. 그것이 물질이든, 명예이든, 자식이든, 자신의 생명이라고 할지라도 하나님의 주권 아래에서는 내려놓아야 한다. 예수님은 각 사람에게 이것만은 안돼 하는 그것을 버리고 자신을 따르면 하늘의 보화가 있을 것이라고 말씀하셨다.

2. 옛사람을 십자가에 못 박아라(롬 6:6; 골 3:9).

영적 성숙을 위해서는 우리 옛사람이 예수와 함께 십자가에 못 박혀야 한다. 옛사람이 예수와 함께 십자가에 못 박히는 것은 옛사람의 죽음을 의미한다. 바울은 아담 안에서의 모든 사람이 죽었듯이 그리스도 안에서 모든 사람은 새 삶을 얻으리라(고전 15:22)고 하였다. 아담 안에서의 삶은 사단의 속성을 가지고 살아온 삶이다. 그리고 사단으로부터 조종받는 삶이다. 그러나 그리스도 안에서 새로운 삶은 죽음 이후에 나타난 부활의 삶이자 성부성자성령의 인도받는 삶이다. 바울은 옛사람의 죽음은 거듭나지 못한 '옛본성[43]'의 죽음이라고 하였다(참조, 롬 6:6; 골 3:9). 옛본성을 십자가에 못박아 죽이지 않고는 새사람으로 거듭난 삶을 살아갈 수가 없다. 한 알의 밀알이 땅에 떨어져 죽어야 새싹이 나고 죽지 않고는 한 알의 밀 그대로 남아 있을 뿐이다. 마찬가지로 옛본성도 십자가에서 죽어야 새새람으로 그듭날 수 있다. 옛본성이라고 했을 때에 '옛'은 팔라이오스($\pi\alpha\lambda\alpha\iota\delta\varsigma$ palaios)이다. 팔라이오스는 오래된, 과거의 것이다. 그러니까 예수 믿기 전 하나님과 분리된 삶 가운데서 학습되고 경험되어진 모든 것이 이에 포함된다. 이러한 옛것들을 버리고, 포기하고, 죽이는 일은 쉽지가 않다. 그러나 날마다 회개를 통해 반복적으로 죽는 훈련이 필요하다. 옛것들은 잡초처럼 생명력이 대단하다. 농촌에서 밭고랑을 맨 사람들은 잡초의

---

43) 옛본성은 욕망, 조절하지 못한 감정, 격한 분노, 교만, 나쁜 습관, 세속에 묶여있는 지혜, 자기 의(義), 지나친 건강과 성공지향적인 삶, 하나님 대신에 숭배하고 있던 거짓된 신들, 이기적인 것, 자신이 믿고 있는 능력과 자만, 자신을 사로잡고 있는 모든 것들이 이에 해당한다.

생명력이 얼마나 강인한가를 알 수 있다. 잡초를 뽑아 밭고랑에 던져 버린 것들이 밤에 내리는 이슬을 머금고 또 뿌리를 땅에 내리는 것을 볼 수 있다. 우리의 옛것들도 오늘은 회개와 더불어 십자가에 못 박혀 죽였다. 그러나 다른 환경을 맞이하면 죽었던 옛것들이 되살아난다. 그러나 실망하지 말라. 다시 회개를 하고 다시 옛것들을 십자가에 못 박아라. 이러한 훈련이 반복될 때 옛것들의 강도가 점차 약해지는 것을 느낄 것이다. 중요한 것은 옛것들의 처리는 성령님의 역사가 아니고는 해결 받을 길이 없다. 내가 성령으로 더욱 충만해질수록 옛것들은 점차 소멸될 것이다. 일차적으로 옛사람의 강한 부분을 십자가에 못 박아라 그리고 두번째 강한 부분을 십자에 못 박아라 이렇게 강한 것부터 십자가에 못 박게 되면 옛사람의 변화와 함께 새사람으로 성숙되어 가는 자신이 발견하게 될 것이다.

3. 육신의 생각을 버리라(롬 8:7; 갈 5:19-21).

　　육신의 생각은 하나님과 원수가 된다(롬 8:7). 육신에 해당되는 헬라어는 사륵스(σάρξ sarx)이다. 사륵스는 육체의 몸에 해당하는 부분이다. 육신은 기능을 가지고 있다. 즉 살아있는 생명체는 육체와 호흡할 수 있는 호흡기능을 가지고 있다. 사람에게 있어서 육체는 범죄 이전과 범죄 이후로 나눌 수 있다. 바울이 로마서 8장 7절에서 말하는 육신의 생각은 범죄한 아담의 속성을 그대로 지닌 육체를 말한다. 이러한 사람은 자기 육체가 좋아하는 대로 따라 살아간다.[44) 그래서 바울은 육신의 생각을 버리라고 하였다.

　　예수를 믿고 거듭난 사람은 육체의 생각부터 바꾸어야 한다. 생각들이란 마음에서 어떤 것을 의도하는 것이다. 사람들은 어떤 생각을 하고 사느냐에 따라 삶이 달라진다. 육체가 원하는 대로 살아가면 육신의 사람이다. 그러나 성령님께 인도받는 사람으로 살아가면 성령의 사람이다. 바울은 육체를 따라 사는 사람은 하나님의 나라를 유업으로 받지 못한다고 하였다. 그러므로 육신의 생각을 버리고 성령님께 인도받는 사람으로 점차 바뀌어져야 한다. 육체의 생각들은 예수를 믿었다고 단번에 없어지는 것이 아니다. 이론적으로는 육체의 생각을 떠났다고 하지만 우리가 살고 있는 현실은 죄와 더불어 살아가고, 죄를 보고 살아가고, 죄에 대해 듣고 살아가기에 육체가 미혹을

---

44) 육체의 일은 현저하니 곧 음행과 더러운 것과 호색과 우상 숭배와 술수와 원수를 맺는 것과 분쟁과 시기와 분냄과 당짓는 것과 분리함과 이단과 투기와 술 취함과 방탕함과 또 그와 같은 것들이라 전에 너희에게 경계한 것같이 경계하노니 이런 일을 하는 자들은 하나님의 나라를 유업으로 받지 못할 것이요(갈 5:19-21)

당하게 된다. 그리고 단번에 유혹의 욕심으로부터 떠난다는 것은 어렵다. 바울은 육신의 생각들은 입었던 옷을 벗어버리듯 하라고 하였다. 육체의 생각들을 십자가에 못박듯이 박아서 다시는 생각나지 않도록 하라는 말이다. 이러한 일은 성령의 충만한 역사 안에서 순종함으로 가능하다.

누가복음 15장에서 탕자의 비유를 보면 둘째 아들의 허랑방탕한 삶이 소개된다.[45] 둘째 아들은 아버지를 떠나 부도덕한 삶을 살았다. 이러한 삶을 첫째 아들은 창기와 함께 놀아났다고 하였다. 육체와 관련된 일이다. 사람들은 누구나 한 번쯤 육체대로 살고 싶은 생각들을 가지게 된다. 사단이 준 생각들을 십자가의 능력으로 제제를 할 수 있는 사람은 거듭난 자로서 성령으로 충만한 사람이다. 반면에 성령의 감화감동을 받지 않으면 사단이 준 정보에 의해서 언제나 마음이 끌려가게 된다.

바울은 육신의 생각은 하나님과 원수가 된다고 하였다. 육신의 생각에서 떠나기 위해서는 우선 육체가 원하는 것에서 떠나야 한다. 그리고 삶의 가치관을 하나님께서 원하시는 방향으로 새롭게 정립하여야 한다. 이 과정은 새 옷을 갈아입기 위하여 현재 입었던 옷을 벗어버리는 것과 같다. 벗어 버린 옷은 이미 육체와 멀어져 있다. 벗어 버린 옷을 다시는 주워서 입지 말라. 대신 새 옷으로 내 몸을 감싸라. 육체는 계속해서 던져버린 옷을 입으라고 유혹할 것이다. 한 번쯤은 괜찮다고 유혹할 것이다. 과거의 달콤한 육체의 행위들을 생각나게 할 것이다. 던져버린 옷이 그립지도 않는가 유혹할 것이다. 그러나 내

---

45) 쥬영흠·이영두 공저, 그리스도 예수님의 비유, 서울: 에메트, 2008, 29-39를 보라.

지·정·의는 단호히 거절하라. 이 거절은 단회성으로 끝나는 것이 아니라 하나님께서 우리를 부르시는 그날까지 지속되어야 한다.

4. 속 사람은 날로 새로워져야 한다(고후 4:16).

우리의 겉 사람이라고 하였을 때, 겉은 헬라어로 엑소(ἔξω exo)이다. 엑소는 사람의 몸에서 바깥쪽(outside)에 해당이 된다. 즉 우리의 겉모습이다. 그리고 앞에 관사를 붙여 호 엑소(ὁ ἔξω ho exo)라고 하였을 때는 외부사람(outsider), 즉 무신론자, 믿으려고 하지 않는 사람(unbeliever), 육체의(physical) 뜻으로 해석된다. 그리고 후패하여는 디압흐데이로(διαφθείρω diaphtheiro)이다. 디압흐데이로는 ~을 파괴하다, 파멸시키다, 전적으로 썩다라는 뜻이다. 사람들은 나이가 들면서 점차 주름살이 늘어가면서 기력이 쇠하여진다. 창세기 35장 29절에 보면 이삭이 나이 많고 늙어 기운이 진하매 죽어 자기 열조에게 돌아갔다고 하였다. 나이가 많아 늙었다는 것은 생물학적으로 겉모습이 후패하여진 것을 말한다. 그리고 속 사람이라고 하였을 때, 속은 에소(ἔσω es'-o)이다. 에소는 몸에서 안쪽(inside)에 해당이 된다. 그리고 앞에 관사를 붙여 호 에소(ὁ ἔσω ho es'-o)라고 하였을 때는 교회 안으로 들어온 사람(one inside the church), 믿음을 가진 사람(believer)을 말한다.

바울은 사람들이 예수를 믿게 되면 겉 사람이 날로 후패하여지고 속 사람이 날로 새로워진다고 한 배경에는 예수 믿기 전의 삶과 예수 믿은 후의 다른 모습을 말한 것이다.

성경에는 예수님 자신이 진리라고 말씀하셨다(요 14:6). 믿는 자가 진리의 말씀을 듣게 되면, 예수 믿기 전에 살아온 삶들을 진리 안에서 조명받게 되고, 그동안 비진리로 살아온 삶들을 회개하게 된다. 다윗의 고백이 이를 잘 말해 주고 있다. "하나님이여 내 속에 정한 마음을 창조하시고 내 안에 정직한 영을 새롭게 하소서 나를 주 앞에서 쫓아내지 마시며 주의 성신을 내게서 거두지 마소서 주의 구원의 즐거움을 내게 회복시키시고 자원하는 심령을 주사 나를 붙드소서 그리하면 내가 범죄자에게 주의 도를 가르치리니 죄인들이 주께 돌아오리이다"(시 51:10-13)라고 기도하였다. 사람이 새로워지면 다윗처럼 기도하게 된다. 그리고 이후 나타나는 모습은 겉 사람으로 살아온 습관들을 점차 버리게 된다. 예를 들어 살인자가 회개하고 새사람으로 돌아온 모습이라든가 거짓말해서 부당이득을 취한 사람들이 자기의 잘못을 인정하고 미래에는 진실하게 살고자 마음을 다짐한다. 그리고 음란과 관련된 행위에 매인 사람들은 자신의 행동들이 사단의 속임수였음을 깨닫고 음란에서 떠난다. 바울은 겉 사람은 철저히 후패하여야 함을 강조하는 동시에 속 사람은 날로 진리의 말씀으로 새로워져야 함을 주장하고 있다. 이러한 변화의 원동력은 예수 믿는 자에게 성령님이 내주하셔서 성령으로 충만하게 주장해 주셔야만 가능하다. 성령으로 충만한 자는 날마다 속 사람이 새로워진다.

사람에게는 겉과 속이 있다(참조, 창 2:7). 겉은 흙으로 지음을 받았다. 속은 하나님께서 생기를 불어 넣으시지 않으면 흙의 조각물 그대로 있을 뿐이다. 그러나 하나님께서는 흙의 조각물 안에 호흡할 수 있는 생기를 불어넣으심으로 살아있는 호흡피조물을 만드셨다. 그리고 예수님을 믿는 자는 호흡피조물 안에 성령님께서 임재하신다. 이러한 일들은 창조주만이 할 수 있다. 이러한 사실을 알고 있는 이사야 선지자는 하나님이 창조주이심을 만천하에 알리는 일이라고 하였다(참조, 사 43:15). 그런데 어리석은 자는 그 마음에 이르기를 하나님이 없다"(시 14:1, 53:1)라고 한다. 이러한 고백은 창조주 앞에 범죄의 행위일 뿐이다. 하나님께서 인간을 창조하신 것은 그들로부터 영광과 권능을 받으시기 위함이다(대상16:28). 그 영광은 속이 청옥같이 맑고 깨끗한 자가 창조주 하나님의 살아계심을 나타내는 삶의 제사와 같은 것이다. 그래서 바울은 우리의 겉 사람은 철저하게 후패해져야 하고 속 사람은 날로 새로워져야 한다고 하였다. 우리는 분명 이 땅에서 삶을 마감하기 전 각자가 살아온 인생을 되돌아 보게 될 것이다. 나의 겉 사람이 얼마나 후패하였고, 속 사람이 얼마나 새로워졌는가. 그리고 속 사람이 날로 새로워지면서 각자에게 주신 하나님의 재능을 어떻게 사용하였는가를 결산해 보아야 할 것이다. 그리고 내 삶을 통하여 창조주 하나님을 나타냄과 그분께 영광을 올려 드린 삶에 대한 회계의 결산이 있을 것이다(마 25:19). 그때 하나님 앞에서 무익한 종이라는 책망을 떠나 착하고 충성된 종이라는 칭찬을 받아야 할 것이다.

5. 육체의 소욕은 성령을 거스린다_(갈 5:17).

사람에게 있어서 육체의 소욕이라고 하였을 때는 아담의 후손이 요망하며 살아온 습관된 속성들을 말한다. 이 속성들은 예수님을 영접한 자라도 한꺼번에 버려지지 않는다. 그렇기 때문에 육체의 소욕과 성령님의 역사는 늘 상관관계에 있다. 소욕의 출발은 마음으로부터 일어난다. 마음에서 육체의 소욕이 일어나면 성령님께서 간섭해 주시도록 내어 맡기는 것이 육체의 소욕을 다스릴 수 있는 한 방법이다. 그런데 성령님께 맡기지 못하면 육체가 살아온 습관에 따라 이끌리어 살게 된다. 예수님을 믿고 담배를 끊으려고 힘쓰던 자가 성령님의 간섭을 받지 않으면 '이번 한 번만'이라는 단어가 유혹을 한다. 그런데 성령님께서는 그것은 유혹이라고 알려주신다. 이럴 때 단호히 거절하지 못하면 담배를 끊을 수 없다. 술도 마찬가지이다. 한잔만으로 시작된 것이 나중에는 만취상태에 이르게 된다. 이러한 일들은 우리가 살아온 문화와 습관에서 찾아보면 너무도 많다. 각자에 따라 갖고 있는 나쁜 습관은 다르겠지만 육체의 소욕을 버려야 성령의 사람으로 바뀔 수 있다.

예수님께서는 육체의 소욕에 대해 말씀하시기를 "여자를 보고 음욕을 품는 자마다 마음에 이미 간음하였느니라"_(마 5:48)고 하셨다. 음욕이 어디서 일어나고 있는가를 지적하신 부분이다. 다윗의 경우를 보면 음욕 때문에 우리아의 아내 밧세바를 취하게 되고, 우리아를 맹렬한 싸움터로 보내 고의적으로 전사하게 만들었다. 이러한 일을 하나님께서는 "다윗의 소위가 여호와 보시기에 악하다"_(삼하 11장)라고 하셨다. 다윗은 하나님께 자기가 행한 일이 악함을 회개하였고, 이 일에 대한 용서도 받았지만 우리아가 낳은 아이의 생명은 거두어 가셨다(삼하 12장). 따라서 육체의 소욕은 죄와 용서와 결과에 대한 책임 이라는 문제가 따른다는 것을 명심해야 할 것이다.

예레미아 선지자는 "만물보다 거짓되고 심히 부패한 것이 마음" 이라고 하였다(렘 17:9). 거듭나지 못한 사람들의 마음은 육체가 원하는 소욕을 따라 살기 때문에 성령을 거스리며 살아간다. 육체의 소욕을 다스리기 위해서는 성부성자성령님의 감화감동을 받아 날마다 육체의 소욕을 십자가에 못박아야 한다. 그리고 예수님께서 십자가에 못 박혀 돌아가셨듯이 나도 죽어야 한다. 죽지 않고는 부활의 기적이 일어나지 않는다. 죽기 위해서는 마음의 고통과 육신의 고통이 따를 것이다. 이 고통은 자신을 성령의 사람으로 만들기 위한 거룩한 고통이다. 육체의 소욕은 아주 작은 것이라고 할지라도 날마다 처리 받아야 할 부분이다. 교회를 오래도록 다니고 지도자의 위치에 있는 사람이라 할지라도 육체의 소욕을 다스리지 못하여 다른 사람에게 상처를 주는 사람들이 있다. 신앙의 성숙은 교회를 얼마나 오래 다녔느냐가 문제가 아니라 육체의 소욕을 얼마나 십자가에서 처리받았느냐에 달려있다. 육체의 소욕은 허물어지고, 부서지고, 허물허물해져서 새로운 피조물을 만들기에 적합하도록 되는 것이 영적인 축복이다. 그리기 위해서는 매사에 성부성자성령의 인도하심을 받아야 한다.

6. 육체의 일을 경계하라(갈 5:19-21).

육체의 일은 육체가 요구하는 것으로써 음행, 더러운 것, 호색, 우상숭배, 술수, 원수 맺는 것, 분쟁, 시기, 분냄, 당 짓는 것, 분리함, 이단, 투기, 술취함, 방탕함, 또 그와 같은 것들이라고 하였다. 바울은 이러한 것들을 좋아하는 자들은 하나님의 나라를 유업으로 받지 못한다라고 하였다.

육체의 일은 하나같이 자신과 관련이 되어 있다. 다른 사람을 배려하기보다는 자신의 유익을 추구하는 일에 마음이 이끌린다. 형제간에 재물의 나눔 때문에 사회법정에 서고, 형제간에 원수 맺고 살아가는 사람도 있다. 이것은 재물을 포기하지 못한 육체의 일 때문이다. 재물을 하나님의 것으로 인정하지 못하고 자기 것으로 생각하기 때문에 일어나는 현상이다. 또한 내편 네편으로 갈라져서 분쟁하는 일들은 사회 구석구석에서 다양하게 나타나고 있다. 심지어 음행과 방탕함의 문제는 IT산업의 발달로 인해 인터넷을 통하여 전염병처럼 사회 곳곳으로 퍼져 나아가고 있다.

오늘날의 사회를 되돌아 보면 육체의 일에 경계하지 않으므로 인하여 반목과 충돌, 미움과 증오, 사회적 혼란과 타락이 극에 치닫고 있다. 그리스도인이라면 육체의 일에 항상 경계해야 한다. 육체의 일에 빠져있던 소동과 고모라의 멸망을 잊어서는 안 될 것이다(참조, 창 13:13ff). 지금 세계 곳곳에서는 어디에도 육체의 일을 제어할 기능들이 상실된 것 같다. 향락문화가 인터넷과 메스 미디어를 타고 전염병처럼 번지고 나아가기 때문이다.

하나님께서는 기근과 지진, 가뭄과 홍수, 테러와 전쟁 등을 보여줌으로 인해 종말의 경고 메시지를 보내는 데도 인간은 아랑곳하지 않는다. 마치 자동차에 브레이크가 고장나서 속도를 조절하지 못하고 낭떨어지를 향해 달려가는 것과 같다. 이제는 조용히 생각해 보아야 할 때이다. 왜 각종 재해가 끊이지 않고 있는가. 왜 육체의 일에 깊숙이 빠져 있는가. 하나님의 진노가 임하기 전에 성령님의 음성에 귀 기울여 자신을 되돌아보아야 할 것이다. 그리고 성령충만으로 육체의 일에 머무르지 않기를 기도하여야 한다.

7. 썩을 것과 죽을 것을 하지 말라(고전 15:50-54).

바울은 몸의 부활을 말하면서 "혈과 육", "썩을 것"을 따르는 사람은 하나님의 나라를 상속받을 수가 없다고 하였다. 바울이 말한 하나님의 나라를 상속받는다는 것은 하나님의 부요함에 덕을 입는 것이고, 그의 신성(신적 생명)에 참여하는 것을 말한다. 그리고 썩는 것을 좇아 사는 사람은 하나님의 나라를 상속받지 못한다고 하였다. 썩는 것을 좇아 살아가는 사람들은 이 세상의 자연인으로서 자기 욕망에 매여 사는 사람들이다. 그들의 마음들은 황폐하여진 상태에서 살아간다. 썩을 것에 해당하는 헬라어는 프흐도라(φθορά phthora)이다. 프흐도라는 (도덕적·윤리적)황폐, 타락, 멸망, 사악한 행위를 하는 자들이다(참조, 벧후 2:12). 이러한 자들은 하나님의 나라를 상속받을 수가 없다. 그리고 죽을 것은 헬라어로 데네토스(θνητός thnetos)이다. 데네토스는 죽음을 면할 수 없는 그러한 뜻이다.

이 세상에는 "혈과 육"을 좇아 살아가는 사람들이 있는가 하면 "썩을 것과 죽을 것"을 좇아 살아가는 사람들이 있다. 예수를 믿고 신적 생명에 참여한 자도 마음과 몸이 타락하여 사망을 향해 달려가는 사람들도 있다. 이러한 사람들은 죄로 인하여 사망에 벌침을 쏘인 자들이다. 이런 자들은 사망의 독기가 죄라는 벌침을 통하여 사람 속으로 깊이 들어가기 때문에 죽음을 면할 수가 없다. 그래서 바울은 '몸의 사욕'에 순종치 말라고 하였다(롬 6:12). 몸의 사욕에 매이게 되면 혈과 육으로 살아가게 되고, 썩지 말아야 할 것이 썩을 것에 종노릇 하는 삶을 살게 된다. 죄는 첫 번째 지을 때가 두렵고 떨린다. 그러나 연속적으로 죄를 짓게 되면 죄의 민감성이 둔하여져 아무렇지도 않게 생각한다. 마치 발뒤꿈치에 굳은살이 베여 바늘로 찔러도 감각을 느끼지 못하는 것과 같다.

예수님 재림하실 때, 죽은 자들이 불멸의 몸으로 부활하고, 죽을 것이 죽지 아니함을 입기 위해서도 몸의 사욕에서 떠나는 삶을 살아야 한다. '사욕'은 헬라어로 에피뒤미아(ἐπιθυμία epithumia) 에피뒤미아는 요구하다, 바라다, 소망하다, 그리워하는, 강한 욕망, 열망, 정욕, 색정, 등으로 해석된다. 그러니까 자신의 육체가 그리워하는 강한 색정, 욕망 등은 썩을 것에 해당이 된다. 이러한 것들은 죄를 만들어 낼 뿐이다. 야고보 사도는 "욕심이 잉태한즉 죄를 낳고 죄가 장성한즉 사망을 낳느니라"고 하였다(약 1:15). 그러므로 내 안에서 일어나는 욕망들이 사망의 씨앗인지 아니면 생명의 씨앗인지를 기도 가운데서 분별해야 할 것이다. 죽을 것과 썩을 것에 머물러 있다면 빨리 그곳을 피하라. 썩은 씨앗은 아무리 좋은 땅에 씨를 뿌려도 새싹은 나지 않는다. 생명의 씨앗은 건강할수록 좋다. 비젼 역시 아무리 좋은 것이라도 하나님의 계획 안에서 세워야 할 것이다. 하나님을 떠난 비젼은 하나님과 아무런 관련이 없다. 나를 향한 하나님 안에서 바램은 받은 재능을 하나님의 영광을 위하여 어떻게 사용할 수 있을 것인가를 깊게 고민하는 것이 성숙한 신앙인의 모습이다.

8. 땅에 것을 생각하지 말라(골 3;2).

　　바울은 땅에 있는 지체를 죽이라고 한다. 거기에 해당되는 것은 음란, 부정, 사욕, 악한 정욕, 탐심 이러한 것들이다(골 3:5). 이러한 것들을 행할 때는 하나님의 진노가 임한다(골 3:6). 특히 음란과 악한 정욕이 낳은 에이즈(AIDS)라는 성병은 현대의학으로도 고칠 수가 없다. 이 질병의 바이러스는 1970년대 말에서1980년 사이 아프리카 원숭이에게서 발견된 것으로 조사되었다. 그리고 1986년 처음으로 에이즈 환자가 아프리카에서 발견되었다. 그로부터 아이티, 미국, 프랑스, 벨기에 등을 거쳐 유럽으로 퍼져 나아갔다. 또한 미국의 동성연애자들의 매혈(賣血)로 인하여 세계 각국에 퍼진 것으로 추정된다. UNAIDS 보고서에 따르면 1992년 12월말 에이즈 환자는 174개국에 61만 1,637명으로 집계되었으나 2004년에는 에이즈 보균자가 4,000만 명에 이르렀다. 한국에이즈정보센타에 의하면 세계에이즈감염자가 2009년 3,340만 명이고 에이즈로 사망한 자가 200만 명에 이른다고 하였다. 그리고 한국 또한 2011년 3월까지의 에이즈 누적 감염인 수는 7,838명이고, 이중 1,393명이 사망하고 현재 6,442명이 생존해 있다. 에이즈라는 질병은 미래에는 더 확산될 것이라 한다. 에이즈는 성생활의 문란, 악한 정욕이 가져온 저주의 질병이다. 이 질병에는 마땅한 치료약이 없다. 하나님의 진노가 임했기 때문이다. 따라서 바울은 지체를 죽음에 던지라고 한다. 그러기 위해서는 그리스도의 십자가의 능력으로 자신을 다스려주기를 간구하며 하나님의 말씀으로 무장할 때 지체를 다스릴 수 있다.

[도표 1 – HIV감염 내국인 통계]

HIV감염 내국인 발생 및 생존추이(1985~2011.03)　　　　　(단위: 명)

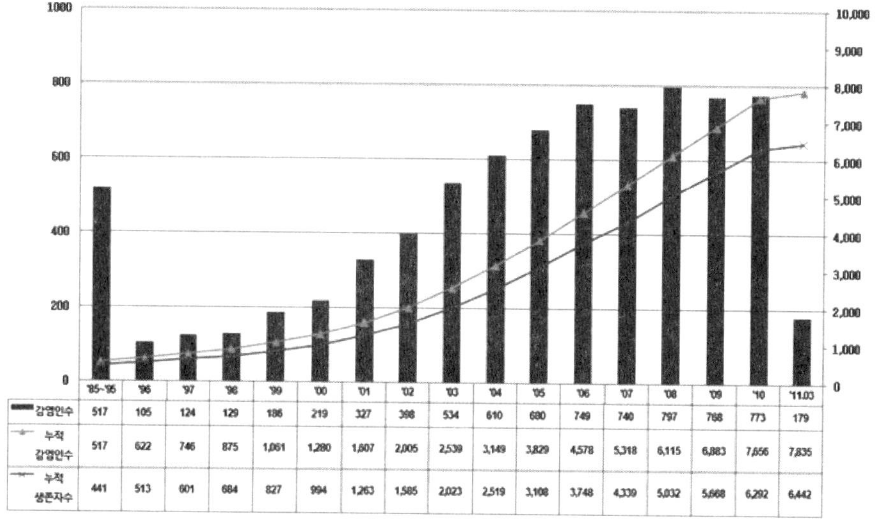

[도표 2]

HIV감염 내국인 성별 연령별 현황(1985~2011.03)　　　　　　(단위: 명)

구 분	계		남자		여자	
	감염인수(명)	백분율(%)	감염인수(명)	백분율(%)	감염인수(명)	백분율(%)
총합계	7,835	100.0	7,198	100.0	637	100.0
00-09	14	0.2	11	0.2	3	0.5
10-19	177	2.3	161	2.2	16	2.5
20-29	1,744	22.3	1,593	22.1	151	23.7
30-39	2,414	30.8	2,249	31.2	165	25.9
40-49	1,856	23.7	1,738	24.1	118	18.5
50-59	1,074	13.7	952	13.2	122	19.2
60이상	556	7.1	494	6.9	62	9.7

※ 발견당시 연령임(만연령)

본 통계는 향후 역학조사에 의해 수치가 변경될 수 있음

또한 부정과 사욕으로 인하여 많은 사람들이 권좌에서 내려오고 자신의 명예를 실추시킨 자들이 왕왕있다. 특히 한국사회는 물량주의, 한탕주의 때문에 조용한 날이 없을 정도이다. 정권이 바뀔 때마다 전 정권의 부정부패의 얼룩들은 국민의 마음을 아프게 한다. 이러한 일이 일어난 밑바탕에는 하늘의 것 보다는 땅에 것에 마음이 매여 있기 때문이다. 인생은 안개와 같이 잠시 있다가 없어지는 것을 안다면 땅에 것에 마음 두지 말자.

9. 땅에 있는 장막 집은 무너져야 한다(고후 5:1).

고린도후서 5:1절에서 바울은 "땅에 있는 우리의 장막 집이 무너지면 하나님께서 지으신 집 곧 손으로 지은 것이 아니요 하늘에 있는 영원한 집이 우리에게 있는 줄 아니니"라고 하였다. 이 말에는 몇 가지 해석들을 추론해 볼 수 있다. 첫째는 그리스도인들이 죽을 때 또는 재림할 때 신령한 몸을 입게 된다. 둘째는 그리스도인들은 이미 신령한 몸을 입고 있다(세례를 통해서). 셋째는 그리스도인의 죽음과 재림 때 신령한 옷을 입게 되는 것 사이의 기간을 말한다(중간상태). 넷째는 구약에서 묘사되는 심판의 개념을 시사해 주고 있다. 이러한 해석들은 신학자들 간에 일치된 견해가 존재하지 않는다.[46]

필자는 여기에서 신학자들의 논쟁을 언급하고자 하는 것이 아니다. 다만 그리스도인들이 세례를 받음으로써 '죽을 몸(자연적인 몸)'에 참여하지 않게 되고, 주와 한 영이 되고(고전 6:17), 그리스도의 옷으로 갈아입었다(갈 3:27). 그러므로 바울은 그리스도의 옷으로 갈아입은 자는 이 땅에서 주를 기쁘시게 하는 자들이 되어야 한다고 경고하였다(고후 5:9). 그 이유는 각각 선악 간에 몸으로 행한 일에 대해서 반드시 그리스도의 심판대 앞에 서는 날이 있을 것이기 때문이다(고후 5:10).

믿는 자가 주를 어떻게 기쁘게 할 수 있을까? 주님을 만족시킬 수 있기 위해서는 믿음의 토대 위에서 몸을 하나님께서 기뻐하시는

---

46) 여기에 대한 학자들의 구체적인 견해는 Ralph P. Martin(김철역), 고린도후서(서울: 솔로몬), 256-272를 참조하라.

산 제사로 드려야 한다(참조, 히 11:5; 롬 12:1). 이렇게 산 삶은 땅에 있는 장막 집이 무너지는 날 기쁨의 날이 될 것이고, 후일 그리스도의 심판대 앞에서 각각 몸으로 행한 것에 따라 심판이 내려질 것이다.

그리고 타락한 아담 안에서의 속성은 예수 그리스도의 영접과 더불어 무너져야 한다. 사람들은 무너짐에 대한 두려움이 있다. 사업이 무너지는 것, 명예가 무너지는 것, 직장에서 조기 은퇴 당하는 것, 신앙이 무너지는 것, 가정이 무너지는 것, 이 모두는 두려움을 몰고 온다. 새집을 건축하기 위해서는 옛집을 무너뜨리지 않고는 신축은 불가하다. 땅에 있는 장막 집이 무너지지 않고는 하늘의 영원한 집을 세울 수가 없다. 즉 세상적인 생각으로 살아가는 한 하나님을 기쁘시게 할 수 없다. 내 안에 세상적인 생각들이 어떤 것이 있는가 날마다 점검하여야 할 것이다. 그리고 세상적인 것들로 인해서 탄식하는 것들이 발견되면 그리스도의 십자가의 능력으로 치유 받아야 한다. 탄식들은 성도뿐만 아니라 지도자들도 경험한다. 하늘의 영원한 집을 세우기 위해서는 땅에 있는 임시 장막 집은 무너져야 한다. 무너짐의 두려움을 거치면서 자신의 연약함을 더 깊게 알게 되고, 연약함 속에서 하나님의 섭리를 깨닫게 된다. 땅에 있는 무너짐을 통해 고난을 경험할 것이다. 두려워 말라. 고난이 복이라는 고백을 당신은 말할 수 있을 것이다.

10. 쓴 뿌리를 제거하라(히 12:15).

히브리서 기자는 옛본성을 쓴 뿌리에 비유하고 있다(히 12:15). 쓴 뿌리라고 했을 때, 쓴은 헬라어로 피크리아(πικρία pikria)이다. 피크리아는 쓴맛, 비통함, 원한, 앙심, 냉소적인, 빈정거림, ~에게 심술을 부리다, ~에게 훼방을 놓다. 이런 것들이다. 이러한 것이 내 마음 안에 있다면 나는 쓴 뿌리를 소유하고 있는 자이다. 쓴 뿌리는 제거해야 할 부분이지 소유할 부분이 아니다.

영적 성숙을 위해서는 옛사람, 육신의 생각, 겉 사람, 육체의 소욕, 육체의 일, 땅에 것, 땅에 있는 장막 집, 쓴 뿌리 등은 제거되어야 한다. 예수님께서는 "한 알의 밀이 떨어져 죽지 않으면 한 알 그대로 있고 죽으면 많은 열매를 맺느니라"고 하셨다(요 12:24). "한 알의 밀이 땅에 떨어져 죽으면"에서 죽음은 땅의 적당한 수분과 온도가 밀의 껍질을 갈라지게 하는 것이다. 그리고 갈라진 새 생멍 껍질 사이로 한 새 생명이 솟아난다. 밀의 입장에서는 껍질이 갈라지게 되는 것은 고통이자 죽음이다. 이러한 과정을 거쳐 새 생명의 탄생이 있는 것이다. 마찬가지로 우리가 육신에 매여 살던 옛본성들이 밀알의 껍질이라면 고통이 있을지라도 그것은 파쇄되어야 한다. 그래야만 그리스도께서 주시는 새 생명이 내 안에서 밖으로 흘러나올 수 있다. 거듭난 자가 영적으로 성숙하기를 원한다면 옛본성을 처리하는 만큼 영적 성숙이 이루어진다.

예수를 믿고 성령으로 거듭난 자가 옛본성을 버리고자 하면 사단은 거듭난 자가 내린 결정이 비합리적이라고 미혹할 것이고, 자신의 종전 권리를 되찾으라고 수없이 유혹의 손길을 뻗을 것이다. 바울도 이러한 경험을 했음을 고백하고 있다. "내 속 사람으로는 하나님의 법을 즐거워하되 내 지체 속에는 다른 한 법이 내 마음의 법과 싸워 내 지체 속에 있는 죄의 법 아래로 나를 사로잡아 오는 것을 보는도다"(롬 7:22-23)라고 하였다. 이것에 대한 바울의 해답은 자신이 날마다 죽는다라고 하였다(고전 15:31f).

그리스도인의 생활은 내 안에 계신 그리스도를 밖으로 나타내는 삶이다. 그것은 부활하신 예수 그리스도의 생활을 배우고, 그분의 삶을 실천하는 것이다. 예수 그리스도는 죽기 전에는 다시 살아날 수 없었다. 똑같은 방법으로 우리도 그의 죽음 속으로 들어가지 않고서는 그리스도인의 생활을 향유할 수 없다.

쓴 뿌리 중 원한을 품고 있거나, 상대를 만나는데 냉소적이거나, 대화 가운데 빈정거림 등이 있다면 이웃관계를 올바르게 할 수 없다. 이런 경우는 먼저 다른 사람들로 인하여 받은 아픈 상처가 내 안에 남아 있기 때문이다. 치유되지 않고 잠재운 상처들은 다른 사건과 환경에 악영향을 줄 수 있다. 아픈 상처들을 치유하는 것과 잠재우는 것은 다르다. 치유는 아픈 상처의 근원을 없애는 것이지만 잠재우는 것은 억누름을 통해서 잠시 겉으로 나타나지 않게 했을 뿐이다. 이러한 것은 마치 막힌 하수구에 구정물을 흘러보내는 것과 같은 원리이다. 구정물은 찌꺼기와 함께 내려가야 한다. 그런데 막힌 하수구는 구정물은 내려가지만 찌꺼기는 그대로 가라앉아 있다. 다시 하수구에 물을 부어 막대기로 휘져어면 다시 구정물과 찌꺼기가 가득하다. 막힌 하수구를 뚫지 않고서는 해결할 방법이 없다. 내 안에 쓴 뿌리가 남아 있는 것도 이와 같은 원리이다. 쓴 뿌리들은 십자가의 능력으로 치유 받아야 한다. 쓴 뿌리를 제거하도록 날마다 죽어야 한다. 죽은 자는 말이 없다. 바울도 자기 안에 쓴 뿌리를 발견하고 날마다 죽노라고 고백을 하였다.

자연인들은 이웃관계에서 일어난 쓴 뿌리들을 한 잔의 술을 마시며 쓴 뿌리를 치유하지만 그리스도인들은 십자가 아래서 쓴 뿌리들을 고백하며 이길 수 있는 힘을 달라고 기도할 때 능력의 하나님께서 치유해 주실 것이다. 예레미야는 "주 여호와여 주께서 큰 능과 드신 팔로 천지를 지으셨사오니 주에게는 능치 못한 일이 없으시니이다"(렘 32:17)라고 고백하였다. 쓴뿌리를 죽이는 것은 자신의 노력으로 되는 것이 아니라 그리스도의 보혈의 능력과 하나님께서 주시는 은혜 아래서만 가능하다.

11. 자기 십자가를 내려놓지 말라(마 16:24).

　　예수님은 자신의 제자가 되어 따르고자 한다면 먼저 자기를 부인하고 자기 십자가를 지고 따르라고 하셨다. 이 십자가는 예수님에게는 골고다 언덕에서 못 박힌 십자가를 의미한다. 예수님께서 지신 십자가는 인류 구원을 위한 대속의 십자가였지만 피조물 인간이 져야 하는 십자가는 하나님께서 각자를 부르시는 사명과 관련이 있다.

　　이 세상에는 수많은 사람들이 살고 있지만 속과 겉이 꼭 같은 사람이 없듯이 각 사람은 부르심과 받은 사명 또한 다르다. 그러므로 자기가 받은 사명을 잘 감당하기 위해서는 버려야 할 부분이 있는가 하면 채워야 할 부분이 있다. 버려야 할 것이 자기를 부인하는 부분이라면 채워야 할 부분은 받은 사명을 하나님의 뜻 안에서 효과적으로 잘 감당하는 부분이다.

　　이러한 사실을 바울의 사역을 통해서 살펴보면 그는 독실한 유대교 신자 이었지만 다메섹 도상에서 예수를 만난 후 그의 삶은 180도로 전환하였다. 이방인 사도로서 부름을 받고 복음을 전하다가 옥에 갇혔는가 하면 복음 때문에 여러 번 채찍에 맞았고, 바다 한가운데서 풍랑을 맞아 고통 당하는 어려움도 겪었다. 이러한 일들은 "예수께 받은 사명 곧 하나님의 은혜의 복음 증거 하는 일을 마치려 함에는 나의 생명을 조금도 귀한 것으로 여기지 아니하노라"(행 20:24)고 하였다. 바울이 복음 전파 때문에 겪는 고통은 바울이 져야 할 자기 십자가이다.

　　오늘날 받은 재능을 통해 하나님께 영광를 돌리는 대표적인 가정들도 많이 있다. 정트리오의 가정이다. 정명훈, 정경화, 정명화 3자매는 세계적인 음악가이다. 정명훈은 지휘자, 정경화는 바이올리니스트, 정명화가 첼로 연주자로 세워지기까지는 어머니 이원숙 여사의 교육관과 자녀의 잠재력을 일찍 발견하여 그것을 실현시켜 나아가는 노력과 결실이 맺은 결정체이다. 이처럼 하나님 안에서 보면 각각 받은 재능이 다르지만 그것을 이루어 나아감에 있어서 누군가 져야 하는 십자가가 있다면 당연히 져야 한다. 정트리오의 가정에서 보면 어머니와 3자매들이 각자가 져야 할 십자가를 잘 감당했기 때문에 얻은 결과물이다. 자신이 지고 있는 십자가가 무겁다고 내 던지면 안 된다. 누구나 부르심의 소명과 사명이 주어졌으며, 받은 재능을 땅에 묻지 않고 잘 활용하여 하나님께 영광을 돌려 드려야 한다.

특히 영적 성숙을 위해서는 자기를 우선 부인하고, 그 빈자리에 나를 향한 하나님의 원대한 계획을 실현시켜 드리기 위한 나만이 져야 할 십자가가 있다. 그 십자가는 자기를 부인하는 과정에서 반복되어 나타나는 옛습관 일수도 있고, 하나님 안에서 사명을 성취하고자 하는 노력의 몸부림 일수도 있다. 이러한 것들은 신앙양심에 가책과 함께 심령과 육체에 고통을 수반한다. 이 고통은 거룩을 향한 고통이다. 따라서 기독교인이 자기 십자가를 지고 예수님을 쫓는 것은 쉬운 일은 아니지만 우선 자기를 부인하고 나면, 부인하고 난 빈자리에 공간이 생긴다. 텅 비어 있는 빈 공간에 하나님께서 주신 거룩한 사명을 채우라. 이러한 과정은 단회성으로 끝나는 것이 아니다. 사명이 끝나는 날까지 지속되어야 한다.

필자의 경우는 나를 부인하는 과정에서 한 부분이 매우 어려웠다. 다른 사람들보다 더 가진 것도 없고, 이루어 놓은 것도 없는 상태에서 강한 자존심을 비우는 것이 매우 어려웠다. 다른 사람과 대화를 나눔에 있어서도 자존심에 손상이 가면 가슴이 뛰기 시작하면서 얼굴색이 변한다. 이렇게 자존심이 강한 이유 밑바탕에는 나를 아는 사람들이 평가하기를 자수성가(自手成家)한 사람이라고 하였기 때문이다. 나는 이 말이 싫지가 않았다. 많은 사람들에게 그렇게 불려지기를 기다리고 있었는지도 모른다. 그런데 영적 성숙에 관심을 가지고 참다운 예수님의 제자가 되기 위하여 자신을 되돌아 보았을 때, 강한 자존심은 나를 부인해야 할 첫 번째 덕목이었다. 돌이켜 보면 오늘이 있기까지 나를 세워주신 분이 예수님이셨는데 그것을 까마득히 잊고 있었던 것이다. 내가 잘났고, 다른 사람들보다 더 똑똑하고, 더 노력하였기 때문에 나타난 결과라고 믿고 있었던 것이다. 예수님의 은혜보다 나의 노력이 더 강조된 것이다. 자존심을 버려야 한다고 다짐을 하지만 이것은 한순간뿐이었다. 예수님 앞에 나의 강함을 치유해 달라고 매달리고 또 매달렸다. 그러한 결과 자존심은 점차 약해짐을 스스로도 느낄 수 있었다. 아직도 완전한 치유는 안 되었지만 그래도 예수님은 자신을 따르는 사랑하는 제자로 삼아주셨다. 이제는 목사, 박사로서가 아니라 영성 사역자로써 이 길을 가게 하셨다. 영적으로 갈급한 자들에게 생수를 공급하고, 영적으로 성숙하고자 하는 사람들에게 길을 안내해 주는 역할이 내가 져야 할 십자가이기 때문이다. 하나님께서는 창조한 인간을 통해서 영광을 받으시기를 원하신다. 하나님께 돌려야 할 영광을 인간이 가로챈다면 그것은 인간의 교만에서 나온 부분이다(참조, 시 115:1; 사 26:12, 43:7). 바울의 고백처럼 나의 나된 것은 하나님의 은혜로 된 것이고, 내게 주신 그의 은혜가 헛되지 아니하도록 하기 위하여 하나님께서 함께 해 주신 은혜 일 뿐이다(참고, 고전 15:10). 사람마다 각자가 져야 할 십자가가 있다. 그 십자가를 찾아 지는 것이 자기 십자가를 지는 일이다.

12. 자기의 단점을 찾아 보완하라.

예수님께서 제자들을 향하여 가르치신 말씀을 보면 "하늘에 계신 너희 아버지의 온전하심과 같이 너희도 온전하라"(마 5:48)고 하셨다. 예수님의 가르침에서 온전함이란 마음을 새롭게 함으로 변화를 받아 결점이 없는 온전한 자로서 살아가라는 말씀이다. 사람들은 누구나 단점과 장점이 있다. 장점은 더 증진시켜야 할 부분이고, 단점은 고치고 보완하여야 할 부분이다. 그래서 바울은 "하나님을 두려워하는 가운데서 거룩함을 온전히 이루어 육과 영의 온갖 더러운 것에서 자신을 깨끗게 하라"(고후 7:1)고 하였다. 영적 성숙 훈련은 자기 안에서 단점을 발견하여 더러운 것을 고쳐 나아가는 것이다. 자기 안에 있는 가장 큰 단점을 고치면 그 다음번에 해당하는 단점을 발견하게 된다. 두 번째 단점을 고치면 세 번째 단점이 발견된다. 이렇게 반복적으로 단점을 발견하여 고쳐 나아가면 자신도 모르는 사이 영적으로 성숙했음을 느낄 것이다. 그리고 자신과 가까운 사람이 변하였음을 보게 될 것이다.

바나바와 사울이 안디옥 교회에서 일년 간 성도들을 가르쳤다. 그 후 제자들이 안디옥 교회에서 비로소 그리스도인이라 일컬음을 받게 되었다(행 11:26). 이처럼 영적 성숙은 교육과 훈련, 그리고 성령의 역사하심이 없이는 불가하다. 그리스도인이라 칭함을 받았다는 사실은 그리스도의 제자로서 갖추어야 할 것을 구비했다고 보아야 할 것이다. 오늘날 많은 그리스도인이 있지만 참 그리스도인이라 칭함을 받는 자가 많지 않다는 점에서는 가슴 아픈 일이다. 교회를 오랫동안

다니면서도 영적으로 성숙하지 못하여 가정에서, 사회에서, 교회에서 갈등을 빚는 성도가 있는가 하면 형식주의에 매달려 신앙생활을 하는 성도들도 있다. 이것이 오늘날 믿음의 현주소이다. 영적으로 성숙되지 않으면 자신의 단점들이 상대방에게 상처를 입힐 수 있다. 한 예로 교회의 분열은 성도와 목회자와의 갈등에서 충돌로 일어난 경우이다. 모두가 다 비워버린 상태에서 예수님의 입장에서 이해를 한다면 이해하지 못 할 일이 없다. 분열이 일어난 경우 대개는 단점들이 자기 유익과 관련되어 매여있기 때문이다.

10가지 중 아홉 가지를 성공리에 잘하고도 한 가지 때문에 갈등을 빚는 경우도 있다. 인간이기에 허물이 있을 것이라고 미리 염두에 두고 있다면 받은 상처를 치유하기 쉽다. 상대의 단점을 보고 평가하기 이전에 나에게도 약점이 있지 않는가 생각해 보라. 상대의 약점에 입장만 바꾸면 곧 나의 약점일 수 있다. 예수님께서는 아버지의 온전하심 같이 너희도 온전하라고 한 것에는 10가지를 다 고르게 성숙시키라는 말씀이다. 그래야 온전한 그리스도인으로 살아갈 수 있다. 그래서 바울은 이 세대를 본받지 말고 하나님의 선하시고 기뻐하시고 온전한 뜻이 무엇인지 항상 분별하라고 하였다.

13. 아직도 아물지 않은 마음의 상처를 치유하라.

세상을 살아가노라면 크고 작은 마음의 상처들을 입을 때가 있다. 어떤 상처들은 감기처럼 가볍게 찾아왔다가 몇일이 지나면 언제 그런 일이 있었는가 싶을 정도로 치유되는가 하면 어떤 상처들은 상처가 너무 깊어 아물지 않고 한평생을 고통하면서 살아가기도 한다. 분명 상처는 아픈 것이고, 인생의 삶에 있었서는 무거운 짐이다. 마음의 상처를 어떻게 치유할 것인가? 예수님께서는 "수고하고 무거운 짐 진 자들아 다 내게로 오라 내가 너희를 쉬게 하리라 나는 마음이 온유하고 겸손하니 나의 멍에를 메고 내게 배우라 그러면 너희 마음이 쉼을 얻으리니 이는 내 멍에는 쉽고 내 짐은 가벼움이니라"(마 11:28-30)고 하셨다. 마음 안에 있는 상처 치유는 예수님에게 가지고 나아가야 고침을 받는다.

마음의 상처를 입는 것은 가까운 사람으로부터 시작된다. 내가 전혀 모르는 사람에게는 마음의 상처를 입지 않는다. 상처를 받는 통로 역시 가까운 사람으로부터 시작된다. 주로 마음의 상처는 믿는 사람에게 배신을 당한 경우, 정신적·물질적으로 사기를 당한 경우, 은혜를 원수로 갚는 경우, 사랑하던 사람이 등 돌리고 다른 상대를 찾아나선 경우, 먼저 떠난 가족의 죽음 등 다양하다. 사람마다 마음의 받은 상처가 다양하기에 해결 방안 또한 다양하다.

여기에서는 지면의 한계 때문에 부부관계에서 이혼한 부부사이 나타난 마음의 상처를 어떻게 치유할 수 있을 것인가를 생각해 본다. 지금 한국은 이혼율 25%이라는 불명예를 안고 있다. 이러한 통계는 많은 사람들이 마음의 받은 상처가 많다는 뜻이기도 하다. 아물지 않은 상처 때문에 고통하는 신음소리는 어떤 소리일까? 배신자, 내가 어떻게 자기를 사랑했는데--, 지금에 자신이 있기까지 내가 어떠한 희생을 치루었는데--, 네 앞길이 어떻게 되는가 지켜볼 것이다. 이러한 언어들은 아물지 않은 상처 때문에 나오는 말로써 다 원망과 분노가 담겨 있는 말이다.

깊은 상처일수록 자신 안에서 일어나는 분노는 크다. 분노 때문에 가슴이 뛰고 밤잠을 이루지 못하는 경우도 있다. 침상에서 깊은 잠을 이루지 못하고 잠자다가도 벌떡 일어나 부엌에 나가 물을 마신다거나 응접실을 혼자 왔다 갔다 해 보지만 어떻게 해야할지 해답 역시 신통치 않다. 쇼파에 앉아 기도를 해 보지만 기도줄이 잡히지 않는다. 다시 잠을 청해 보지만 정신이 더 맑고 머리만 아프고 잠을 이루지 못한다. 성경을 읽으려고 해도 장수만 넘기는 것에 불가할 뿐 눈에 가슴에 와 닿지 않는다. 당신이 마음에 받은 상처 때문에 아무 것도 할 수 없는 무기력한 상태에 있다면 어떻게 할 것인가? 각자가 겪는 고통이 다르기에 해결 방안 또한 다를 수 있다. 그러나 분명한 것은 해결 방법은 비슷하다.

도덕과 윤리적인 부분에서 생각해 본다면 분노가 일어나는 것이 당연하다. 대개의 경우 분노하고 원망하는 쪽에서는 마음의 상처를 크게 입었지만 다른 쪽에서는 마음의 상처가 깊지 않다. 그냥 넘길 수 있는 평범한 일로 생각한다. 성격이 맞지 않으니까 이혼을 할 수밖에 없다고 한다. 더 나은 행복을 위해 찾아 나서겠다고 한다. 누가 말릴 수 있을까? 그러나 상처를 입는 쪽에서는 생사에 달린 문제이다.

체면의 문제이다. 명예와 관련된 문제이다. 사람들은 웅덩이가 있으면 무심코 돌을 던진다. 웅덩이에 사는 개구리가 던진 돌에 맞았다면 어떻게 되겠는가? 생명의 위험을 느꼈던가 아니면 죽을 수도 있다. 그만큼 이혼의 문제는 생사의 갈림길에 놓여 있는 고통의 문제이다.

이혼이라는 문제를 두고 생각해 본다면 거기에는 분명한 하나님의 뜻이 포함되어 있다. 하나님께서는 믿음을 테스트하기 위해 사단을 도구로 사용하시는 경우도 있고(욥 1:12), 하나님보다 아내 혹은 남편을 더 사랑함으로 생명으로 나아갈 수 없다면 진리를 깨닫게 하는 과정에서 이혼이라는 아픔을 경험하게 하신다. 어떻던 둘 다 마음 속에 깊은 상처를 남긴다.

마음의 상처 치유는 일차적으로 하나님께 맡겨라(시 37:5-6). 현재의 아픔, 미래의 절망, 명예의 실추, 사람들로부터 야유와 비웃음 등 모든 네 짐을 여호와께 맡겨라(참조, 시 55:22). 자신이 가장 낮은 자리에 있다고 생각을 하면 더 이상 낮아질 곳이 없다. 자신이 가장 부족한 사람이라는 생각이 들면 창피할 것이 없다. 바울은 나는 죄인 중에 괴수라고 하지 않았나(딤전 1:15). 가장 낮은 자리에 있으면 미래에는 올라갈 일만 남아있다. 현재 낮은 자리에 있음을 감사하라. 당신 자신이 스스로 낮은 자리에 내려갈 수 없기에 하나님께서는 이혼이라는 아픔을 통해서 낮은 자리로 보내신 것이다. 그렇지 않으면 당신의 교만 때문에 스스로 낮은 자리에 내려갈 수가 없다. 당신이 높은 자리에 있는 한 하나님께서 영광을 받으실 수 없다. 그리고 왜 내 인생에 이혼이라는 좋지않는 불명예가 왔는가를 하나님께 구체적으로 질문을 하라. 하나님께서는 당신의 허물과 잘못된 생각들을 깨닫게 해 주실 것이다. 그리고 상대를 용서하도록 하라(막 11:25; 고후 2:10-11). 축복하라(롬 12:14). 상대를 이해하고 관용을 베풀수 있도록 계속 기도하라(롬 12:19). 처음은 기도가 막하고 힘들 것이다. 아픈 가슴에 고통이 더 져려올 것이다. 차라리 욕을 하고 저주를 하는 것이 낳겠다는 생각이 들지도 모른다. 그러나 이런 생각들은 사단의 마지막 발악이라고 생각하라. 계속적인 용서, 이해, 축복기도가 힘이들면 하나님께 감당할 힘을 달라고 기도하라(빌 4:13). 어차피 이혼의 문제가 닥아온 현실이라면 받아들이고 새로운 미래를 설계하는 것이 현명한 자의 태도이다. 하나님께서는 당신을 사랑하기 때문에, 더 큰 믿음을 갖게 하기 위하여 고난의 터널을 허용하신 것이다(살후 1:3-5). 고난의 터널을 거친 사람은 터널 밖 아름다움의 세계가 그렇게 빛날 수가 없다. 이 아름다움은 상대를 용서했을 때에 가질 수 있는 보화이다.

마음의 상처가 아름답게 빛나는 보화로 다듬어지는 과정은 힘들지만 일단 다듬어진 후에는 두려움이 평안으로 바뀌어 있을 것이다. 벽에 대못을 박고 뺀 자리에 상처 자국은 남아있지만 예전처럼 보기에 흉하지는 않다. 못 박힘이 있었기에 내 안에 부유물도 걸러지게 된 것이다. 못자국을 볼 때마다 원망과 분노가 일어나던 것이 이제는 감사가 넘쳐난다. 그 이유는 나를 다듬기 위한 하나님의 섭리가 못 자국 안에 감추어져 있기 때문이다. 이 책을 읽는 독자에게도 아직도 아물지 않은 상처가 남아 있다면 하나님의 섭리 가운데 나를 다듬기 위한 특별한 과정이었다라는 사실에 다시 한번 감사하기를 바란다. "주께서 인생으로 고생하며 근심하게 하심이 본심이 아니시로다"(애 3:33).

V. 영적으로 성숙한 자에게 나타나는
신앙의 열매들(갈 5:22–23)

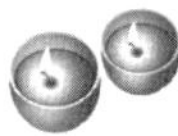

바울은 성숙한 신앙의 열매로 9가지를 지적해 주었다. 이 열매들은 믿음의 성숙과 비례해서 점진적으로 성장하는 경우가 있는가 하면 하나님의 은혜에 의해서 한순간 변화되어 성령님의 인도받는 삶을 사는 경우도 있다. 예수님과 함께 십자가에 달린 한편 강도의 경우는 진리를 바로 알고 깨달았기 때문에 예수님과 함께 낙원에 들어갈 수 있었다(눅 23:43). 또한 바울의 경우를 보면 다메섹 도상에서 부름, 직가에서의 기도, 아나니아에게 안수 받음은 모두가 하나님의 은혜 아래서 한순간 이루어져 변화되게 한 모습니다(행 9장). 그러나 모든 사람이 다 이와 같을 수는 없다. 대다수의 그리스도인들은 예수님을 믿고 난 후 새로운 피조물로 살아감으로써 점진적인 신앙 성숙의 열매들이 나타나게 된다. 다음은 성숙의 열매들이 우리의 삶 속에서 어떻게 나타나야 하는가를 제시하는 부분이다. 그리스도인 모두가 일상생활에서 성령의 풍성한 열매들이 나타나기를 바라는 마음 간절하다.

1. 사랑(아가페)

사랑은 인류를 향한 하나님의 사랑을 말한다(요 3:16-17; 요일 4:9). 이 사랑은 예수 그리스도의 성육신을 통해서 실현되었으며, 타락한 인류를 구원시켜 영생을 주고자 하는 것에 초점이 있다. 그리고 이 사랑은 예수님께서 공생애를 통하여 몸소 실천하신 사랑이다. 특히 사람들에게 새 계명을 주시면서 "서로 사랑"하는 것을 가르치셨다(요 13:1, 34-35). 하나님을 본 사람은 없지만 우리가 서로 사랑함으로써 사랑 안에서 하나님을 만날 수 있다. 그 이유는 하나님은 사랑이시기 때문이다(요일 4:8). 초대교부들은 애찬이라는 의미로 이 사랑을 실천함에 있어서 빵과 포도주는 가난한 사람들과 함께 나누는 친교적인 모습에서 사랑을 나누었다.

사랑은 사람과의 관계에서 덕을 세워야 한다(고전 8:1). 그리고 이 덕은 고린도전서 13장에 구체적으로 잘 나타나 있다(고전 13:4-8). 이웃에 악을 행하고 있다면 이것은 사랑이 아니다(롬 13:10; 마 24:12). 진정한 사랑은 거짓이 없어야 하고(롬 12:9; 고후 6:6), 청결한 마음과 선한 양심(딤전 1:5) 안에서 나오는 사랑이어야 한다. 사랑 안에서 거하는 자는 하나님 안에 거하고 하나님도 그 사랑 안에 거하신다(요일 4:16). 예수님께서는 사랑으로 세상에 있는 자기 사람들을 사랑하시되 끝까지 사랑하셨다(요 13:1). 그리고 새 계명을 주시면서 내가 너희를 사랑한 것 같이 너희도 서로 사랑하라고 가르치셨다(요 13:34). 우리가 하나님을 사랑한다고 말하면 먼저 이웃에게 사랑을 나눌 수 있어야 한다. 이웃이 위험에 처해 있다면 안전한 곳으로 도피시켜야 한다. 이웃이 예수 그리스도를 몰라 사망의 길로 달려가고 있다면 예수 그리스도를 증거하여 영혼을 구원시켜야 한다(벧후 3:9). 이런 측면에서 본다면 이웃은 먼 곳에 있는 것이 아니라 언제나 가까이에 있다(눅 10:29-37).

예수님도 제자들에게 분부하셨다. "너희는 가서 모든 족속으로 제자를 삼아 아버지와 아들과 성령의 이름으로 세례를 주고 내가 너희에게 분부한 모든 것을 가르쳐 지키게 하라 볼찌어다 내가 세상 끝날까지 너희와 항상 함께 있으리라"(마 28: 19. 20). 이 말씀은 영혼구원을 향한 하나님 사랑의 실천적인 한 부분이다. 그러므로 예수님께서 가르치신 하나님 사랑의 한 부분은 그가 분부한 모든 것을 가르치고 지켜 나아갈 때 가능하다. 그러나 가르치고 지켜 나아가는 데에는 인간으로서 한계가 있는 것 또한 사실이다.

사랑을 모든 사람이 평범하게 나누기는 쉽지가 않다. 그 이유는 우리는 모두 피조물이기 때문이다. 창조주는 모든 것이 가하나 피조물은 부분적으로 가하다. 피조물이 창조주께 완전히 속해 있기 전에는 사랑도 부분적으로만 가할 뿐이다.

따라서 끊임없는 자기부정을 통해 자신을 비우고 자기 십자가를 지고 주님을 좇아 나아가야 한다. 예수님은 "그러므로 하늘에 계신 너희 아버지의 온전하심 같이 너희도 온전하라"(마 5:48)고 하셨는가 하면 바울은 "하나님을 두려워하는 가운데서 거룩함을 온전히 이루어 육과 영의 온갖 더러운 것에서 자신을 깨끗게 하자"(고후 7:1)라고 하였다. 하나님의 사랑을 논하기 이전에 먼저 자신이 성령안에서 육과 영에서 깨끗하여 온전한 인격을 갖추어야 하나님의 사랑이 강물처럼 흐를 것이다.

2. 희락

　　희락은 기쁨, 평강, 행복, 만족의 체험이 있을 때 나타나는 마음의 즐거움을 표하는 말이다. 헬라어는 카라(χαρά)를 사용하고 있는데, 영어로는 joy, gladness, happiness, the experience of gladness로 해석되고 있다. 이 희락은 믿음 안에서 성령의 능력으로 체험되는 마음의 즐거움을 말한다(롬 15:13). 예수님께서는 희락의 즐거움을 죄인이 회개하고 돌아오는 것에서 말씀하셨다(눅 15:7). 바울 역시 유대에 순종치 아니하는 자들에게 구원을 받게 하고 예루살렘에 대한 자신의 섬기는 일을 성도들이 받게 하는 일과 하나님의 뜻을 좇는 일에 희락의 초점을 두었다(롬 15:31).

　　그리고 희락은 복음을 들은 때에 경험되었고(마 13:20; 막 4:16; 눅 8:13), 감추인 보화(천국)를 발견했을 때에 경험되었고(마 13:44), 예수 그리스도의 복음이 전파되는 곳에 더러운 귀신이 떠나고 병자들이 고침을 받는 곳에 희락이 경험되었다(행 8:8). 또한 예수님의 부활 소식을 들은 자들이 희락을 경험하였고(마 28:8), 부활의 예수님을 만난 자들이 희락을 경험하였다(눅 24:52). 그러므로 희락은 예수님과 관련해서 이해되어야 한다. 바울은 복음으로 구원받은 자들을 향하여 "너희는 우리의 영광이요 기쁨(χαρά)이니라"고 하였다(살전 2:20). 그리고 "나의 사랑하고 사모하는 형제들, 나의 기쁨(χαρά)이요 면류관인 사랑하는 자들아 이와 같이 주 안에 서라"고 하였다(빌 4:1). 복음으로 구원받은 자들이 천국의 보화를 발견하였다면 이미 참 희락을 경험한 것이다. 이런 자들은 예수님께서 말씀하신 새 계명을 지켜 서로 사랑하면 희락은 더욱 충만해질 것이다. 예수님은 이 희락의 기쁨은 누구도 빼앗을 자가 없다고 하셨다(요 16:22). 세상의 희락들은 수없이 많지만 잠시 잠깐일 뿐 영원하지가 않다. 그러나 예수님께서 주시는 희락은 복음 안에서 죽은 생명을 살리는 것이기에 생명적인 것이요 영원한 것이다. 죽은 자를 살리는 일이야말로 참 희락을 경험하게 된다. 이 희락이 하나님을 믿는 모든 자들에게 풍성하게 이루어지기를 바란다.

3. 화평

　화평은 평안, 평강, 평화, 태평, 일치, 화합의 뜻이 포함된 언어이다. 헬라어로 에이레네(εἰρήνη)이다. 영어로 peace, harmony, a state of concord, a state of well-being의 의미를 지니고 있다. 일반적으로 화평은 전쟁 중에 있다면 사신을 보내어 화친을 청하는 것이 바람직하다(눅 14:32). 전쟁과 불화가 계속된다면 화평은 있을 수 없다. 마찬가지로 사단의 자녀와 하나님이 자녀는 화평 할 수가 없다. 예수님은 사단에 묶인 당신의 자녀를 구원하기 위해 십자가를 지셨다. 십자가의 진리는 하나님과 화목하게 하시고(엡 2:16), 새사람을 지어 하나님과 화평케 하시고(엡 2:15), 성령 안에서 하나님의 거하실 처소로 서로 연결하여 예수 안에서 함께 지어져 가야 한다(엡 2:22). 우리가 화평케 살아가야 하는 이유는 하나님은 어지러움의 하나님이 아니고 화평의 하나님이시기 때문이다(고전 14:33). 복음 안에서 부르심을 입은 자들은 각자가 성령님께 의지하면서 화평케 되기 위하여 힘써야 할 것이다(엡 4:3). 히브리서에는 모든 사람과 더불어 화평하라 화평함이 없이는 주를 보지 못한다고 하였다(히 12:14).

　화평을 얻기 위해서는 믿음의 기초석이 단단해야 한다. 예수님께서는 혈루증 여인에게 "딸아 네 믿음이 너를 구원하였으니 평안(εἰρήνη)히 가라 네 병에서 놓여 건강할 찌어다"(막 5:34; 8:48)라고 하셨다. 그리고 죄인인 한 여자가 구원받기 위하여 예수님을 찾아와서 "눈물로 그 발을 적시고 자기 머리털로 씻고 그 발에 입맞추고 향유를 부었다"(눅 7:38) 예수님께서 그 여인에게 네 믿음이 너를 구원하였으니 평안(εἰρήνη)히 가라 하셨다(눅 7:50). 이 두 여인이 평안을 얻게 된 것은 그들이 소유한 믿음을 보시고 예수님께서 평안을 주신 것이다. 참 평안은 예수님만이 주실 수 있다(눅 24:36; 요 20:19, 21, 26).

교회의 부흥은 온 교우가 평안하여야 수가 더 많아진다(행 9:31). 마찬가지로 가정도 예수 안에 있어야 평안하다. 평안이 없는 교회, 평안에 없는 가정은 늘 불화와 분쟁이 끊어지지 않는다. 그러므로 우리는 평안을 얻기 위해 예수님을 믿고 그의 가르침에 따라 악한 생각에서 떠나 선을 행하고 화평하는 일과 서로 덕을 세우는 일에 힘써야 할 것이다.

4. 오래 참음

　오래 참는다는 것은 인내와 관련된 말이다. 인내, 인내력, 참을성, 견뎌야 할 시련과 고난이 여기에 해당한다. 마크로뒤미아 (μακροθυμία)는 영어로 patience, endurance, forbearance로 해석된다. 사단아래서 사는 자를 전도하여 하나님의 거룩한 자녀로 살아가게 한다는 것은 쉽지가 않다. 한 사람의 불신자를 전도했다면 오랜 시간 성경 말씀으로 가르쳐 온전한 인격자로 세우기까지는 많은 시간이 소요된다. 사람들은 생각하기를 신앙고백을 하고 예수를 영접하였다면 살아온 구습을 단번에 버린 줄로 생각을 하는데 그것은 착각이다. 예수를 영접한 자는 오랜 시간 동안 진리의 말씀으로 자신을 비추게 하여 자기 안에 있는 부유물들을 찾아 걸러내고, 온전한 사람으로 세워지는 데에 불필요한 것들은 미세한 것까지도 제하고 비워야 한다. 사람에 따라 정도의 차이는 있다. 어떤 사람은 수십년을 신앙생활을 해도 사단의 속성을 버리지 못하는 사람이 있다. 또한 어떤 사람은 온전한 사람으로 거듭남에 있어서 불필요한 것들을 빨리 버리고, 비움으로 인하여 사람에게나 교회에서 칭송을 받는 자가 있다. 거듭난 자라고 할지라도 사단의 속성을 버리지 못하면 그의 삶이 그리스도인 전체를 욕먹게 한다. 따라서 전도자는 한 사람이 온전한 그리스도인으로 세워지기까지 예수님의 가르침을 인내하면서 가르쳐야 할 것이다. 그리고 이미 구원을 받아 전도자로 쓰임을 받는 자라고 할지라도 용서와 관용의 부분에서 얼마나 인내하며 살고 있는가에 대하여 깊이 생각해 보아야 한다. 바울은 "너는

말씀을 전파하라 때를 얻든지 못 얻든지 항상 힘쓰라 범사에 참음
과 가르침으로 경책하며 경계하며 권하라"(딤후 4:2)고 하였다.

5. 자비

자비는 하나님께서 주신 은총의 일부인데, 관대함, (약자에게) 친절한, 인정이 많은, 다정한, 동정, 선량함, 정직함, 아까워하지 않는, 마음씨 좋은 등의 뜻을 포함하고 있다. 즉 자비는 타인을 깊이 사랑하는 마음이다. 자신의 입으로부터 나온 말이 죄악과 궤휼(외곡된 말)이고, 지혜와 선행을 중단했다면 하나님의 자비는 그 사람에게서 없다(시 36:3). 그리고 영적으로 사망의 잠을 자고 있다면 자비를 베풀 수 있는 능력이 없다. 하나님의 인자는 하나님 안에 거할 때 가능하다.

자비를 베푼다는 것은 하나님 안에서 자신의 마음이 그리스도의 성품으로 바꾸어지지 않는 한 어렵다. 남을 사랑하고자 하는 마음이 내 안에 있는가? 정직한 마음이 있는가? 약자를 도울 마음이 있는가? 선량함이 내 안에 있는가? 이것에 따라서 자비의 손길도 달라진다.

강도만난 이웃을 불쌍히 여기고 주막으로 데려다가 돌보아준 사마리아인은 분명 자비를 베푼자이다(눅 10:30-37). 자비를 베푼 자에게는 자신이 지니고 있는 것 중에 어떤 것이라도 아까워하지 않는 마음이 우선 있어야 한다. 만약 사마리아인이 인색한 자였으면 강도만난 이웃에게 치료비를 부담해 주지 못했으리라. 사마리아인은 강도만난자를 구제할 때에 아까워하는 마음이 없었다. 하나님의 사랑을 말할 수 있는 자라면 형제의 궁핍함을 보았을 때 말과 혀로만 사랑하지 말고 선량한 마음과 행함으로 하여야 할 것이다(요일 3:17-18). 예수님은 선행을 베풀 때 "오른손이 하는 일을 왼손이 모르게 하라"(마 6:3)고 하셨다. 이것은 만물의 주인이신 하나님께서 다 알고 계시기 때문에 선행을 베푸는 자는 베푸는 것으로 의무를 다 하라는 말씀이다. 선행을 베풀 수 있는 것도 하나님께서 베풀 수 있는 형편과 처지를 허락하셨기 때문에 감사할 뿐이라고 고백함이 옳다. 영적인 문제도 마찬가지이다. 불신자를 보았을 때에 불쌍히 여기는 마음이 있어 그를 전도하였다면 그 영혼이 하나님과 깊은 교제에 이르도록 하여 자비의 마음을 느낄 수 있도록 하여야 한다. 또한 자비는 하나님 안에 거할 때 받은 선물이기에 받은 선물을 이웃들과 함께 나누는 것 또한 그리스도인들이 살아가야 할 의무이기도 하다.

6. 양선

양선은 자비와 비슷한 뜻을 지니고 있으나 자비보다는 더 포괄적이다. 영어로는 goodness, uprightness로 해석이 되는데 착함, 정직함이다. 더 포괄적으로 보면 친절, 관용, 자선도 이에 해당한다. 바울은 자신이 복음을 위하여 반포자와 사도와 교사로 세움을 입었다(딤후 1:11)고 말하면서 예수 안에 있는 믿음과 사랑으로써 내게 들은바 바른말을 본받아 지키라고 하였다(딤후 1:13). 바울의 가르침은 지도자의 정직함이 얼마나 중요한가를 보여주는 부분이다.

사람이 살아감에 있어서 누구를 만나는가 하는 것과 누구에게 가르침을 받았는가 하는 것은 매우 중요이다. 거짓선지자로부터 가르침을 받았다면 그 사람 안에는 거짓이 가득 할 것이다. 바울은 자신 있게 내게 들은바 바른말을 본받아 지키라고 하였다. 이 세상을 살아가면서 우리는 수 많은 사람들과 만남을 통하여 살아간다. 어떤 사람을 만나든지 그리스도의 사랑 안에서 왜 하나님께서 그 사람을 만나게 하였는가를 생각해 보아야 한다. 내가 양선을 베풀어야 할 사람이라면 지금 베풀어야 한다. 베풀기회가 왔음에도 불구하고 지나쳐 버리면 기회는 다시 돌아오지 않는다. 기회를 놓치고 나중에 후회한들 아무 소용이 없다. "보라 내가 속히 오리니 내가 줄 상이 내게 있어 각 사람에게 그의 일한 대로 갚아 주리라"(계 22:12).

7. 충성

　　충성은 기독교인의 신앙심과 관련된 것으로써 믿음, 신뢰, 신념, 성실에 해당하는 부분이다. 영어로는 faithfulness, reliability, fidelity, trust, confidence, faith, good conscience, body of faith 등으로 해석된다. 예수 그리스도를 믿고 구원을 받은 자라도 하나님께 대한 충성심이 동일한 것은 아니다. 어떤 사람들은 충성을 하다가 실족하는 사람도 있고, 바울 같은 사람은 생애 마지막까지 충성한 사람이다. 바울의 고백을 보면 "내가 선한 싸움을 싸우고 나의 달려갈 길을 마치고 믿음을 지켰으니"(딤후 4:7)라고 한 것에서 그의 충성심을 가늠할 수 있다.

　　그리고 예수님께서는 바리새인과 서기관들을 향하여 그들의 외식된 믿음을 책망하셨다(마 23:23). 그들은 겉으로는 사람에게 옳게 보이되 안으로는 외식과 불법이 가득한 자들이었다. 옳은 충성은 겉과 속이 같아야 한다. 겉이 아무리 아름다워도 속이 더러운 것으로 가득차 있으면 회칠한 무덤일 뿐이다. 충성은 작은 일로부터 시작된다. 작은 일에 충성하지 못하는 사람은 큰일에도 충성하지 못한다(눅 16:10). 그러므로 믿음 안에서 충성된 자가 되기 위해서는 작은 일이든 큰일이든 받은 바 은혜에 따라 죽도록 충성하여야 할 것이다. "죽도록 충성하라 그리하면 내가 생명의 면류관을 네게 주리라"(계 20:10).

　　충성은 하나님의 말씀을 어떻게 믿는가에 따라 달리 나타난다. 예수님께서는 제자들에게 "하나님을 믿으라"(막 11:22)고 말씀하셨다.

그분께서 말씀하신 것을 이룰줄 알고 믿고 마음에 의심치 아니하면 그대로 되리라고 하셨다. 또한 기도하고 구하는 것은 받은 줄로 믿으라 그리하면 너희에게 그대로 되리라(막 11:23-24)고 하셨다. 이 말씀은 하나님의 말씀을 믿는 충성도에 따라 다른 결과가 나타날 수 있음을 알고 일러 주신 말씀이다. 복음서에는 예수님께서 적은 믿음(마 6:30, 8:26, 14:31, 16:8)과 큰 믿음(마 8:10, 15:28; 눅 7:9)을 말씀하셨다. 그런가 하면 "네 믿음이 너를 구원하였다"(눅 17:19)라고 하셨고, "믿음을 보시고 네 죄사함을 받았느니라"(막 2:5)고 하시었다. 믿음에 대하여 이렇게 말씀하신 것은 충성된 믿음을 갖게 하기 위함이다. 그러므로 기독교인이라면 믿음 없는 자가 되지 말고 믿는 자가 되어야 한다. 교회 역시 충성된 믿음을 소유한 자가 많아지면 크게 부흥하게 될 것이다(행 1:16). 믿음으로 구원받은 자는 이미 죽은 자 가운데서 살리시고 영광을 주신 하나님을 그리스도로 말미암아 믿는 자이기 때문에 우리의 믿음과 소망이 하나님께 있게 하여야 한다(벧전 1:21). 그리고 하나님께 충성을 다하기 위해서는 죽은 행실을 회개하고 완전한 데로 나아가야 할 것이다(히 6:1-2).

8. 온유

온유한 사람이라고 했을 때는 그 사람의 마음 안에 온유가 있고 덕이 겸해져 있어야 한다. 온유에는 얌전함, 온유함, 동정심이 많은, 예의 바른, 관대함, 공손함, 정중한, 사냥함, 친절함, 비하 등이 겸비되어 있다. 온유한 사람은 다른 사람에게 불편을 주거나 정죄하지 않는다. 악한 감정이 없기 때문에 마음이 부드럽다. 사람들에게 따뜻하고 포근한 마음으로 다가간다. 그렇지만 하나님의 지혜로 옳고 그름을 분별할 때에는 분명해야 한다. 예수님은 온유한 분이셨지만 외식하는 바리새인과 서기관들을 향해서는 엄하셨다(마 23:25).

이스라엘 백성의 지도자였던 "모세는 온유함이 지면의 모든 사람보다 승하더라"(민 12:3)고 하였다. 60만 대장정을 이끌고 사막으로 나온 지도자에게 왜 걱정이 없었겠는가? 이스라엘 백성으로부터 불평과 원망을 들으면서도 그는 온유했었다. 하나님께서는 이러한 모세의 온유를 지면의 모든 사람들 보다 승하더라(민 12:3)고 하셨다. 지도자에게 꼭 필요한 것이 있다면 온유함이다

온유가 영어로는 humility, courtesy, considerateness, meekness에 해당된다. 바울은 범사에 온유함을 모든 사람에게 나타낼 것을 가르쳤다(딛 3:2). 그 이유는 세상에는 나의 일을 훼방하는 사람도 있고, 넘어 뜨리고자는 자도 있고, 다투고자 하는 자도 있고, 거역하는 자도 있고, 징계할 자도 있지만 이들을 온유함으로 징계하게 되면 상대편이 회개하고 하나님의 진리를 깨닫게 된다(딤후 2:25). 그리고 그리스도인은 아무에게도 훼방하지 말고 다투지 말며 관용하

고 범사에 온유함을 모든 사람에게 나타내어야 할 것이다(딛 3:2). 특히 그리스도 안에서 새사람의 옷을 갈아입은 자는 하나님이 택하사 거룩하고 사랑받는 자처럼 긍휼과 자비와 겸손과 온유와 오래 참음과 함께 갖추어야 할 덕목 중에 하나이다(골 3:12). 예수님께서도 나는 마음이 온유하고 겸손하니 나의 멍에를 메고 내게 배우라 그리하면 너희 마음이 쉼을 얻는다고 하셨다(마 11:29). 각박한 세상에서 쉼을 얻는 길이 있다면 예수님의 온유함으로 내 마음이 가득 채워져야 한다. 특히 온유는 마음 밭이 옥토로 다듬어진 자에게 맺어지는 거룩한 열매 중의 하나이다.

9. 절제

　　절제는 정도에 넘어지지 않도록 자신을 알맞게 조절하여 제한하는 것이다. 세상에는 절제하지 못하여 수치를 당하는 경우가 많이 있다. 말을 절제하지 못하여 손해를 보는가 하면 행동을 절제 못하여 어려움을 당하는 경우도 많다. 절제되지 못한 언어는 상대의 마음을 불편하게 만든다. 진리와 비진리를 가리지않고 아무렇게나 말을 하고 행동한다면 다른 사람들에게는 시비거리가 될 수 있다. 그러므로 절제는 감격하는 일에도, 애통하는 일에도, 충성하는 일에도 자신을 스스로 절제할 수 있어야 한다. 마음에 맺힌 성령의 열매가 절제의 과정을 거치지 않게 되면 사람들의 입에 오르내리게 되고 하나님께도 영광이 안 된다. 사도 베드로는 너희 정욕을 인하여 세상에서 썩어질 것을 피하여 신의 성품에 참예하는 자가 되기 위해서는 지식에 절제를, 절제에 인내를 하라고 권하였다(벧후 1:4-6). 사람들은 자기가 아는 지식이 최고인 것처럼 자랑을 하다가 넘어지곤 한다. 넘어지는 이유 저변에는 말에 실수가 있기 때문이다. 전능하신 하나님 안에서 보면 우리가 하나님을 아는 것은 한 획에 해당할 뿐이다. 광대하신 하나님을 어떻게 말 한마디에 담을 수 있겠는가? 자신이 아는 하나님에 대한 지식은 일부분 일 뿐이다. 베드로가 지식에 절제를 하라고 한 것에는 이와 같은 의미가 포함되어 있다고 하겠다. 그리고 절제는 이성간에도 필요함을 바울은 강조한다(고전 7:9). 그러므로 온전한 사람이 되기 위해서는 앞의 8가지 성령의 열매를 맺었다고 할지라도 지식에 절제와 절제하는 데에 인내함으로써 성령의 열매는 더욱 빛날 것이다.

절제가 영어로는 self-control, Impulses, or desires, restraint of one's emotions이다.

제3부

영적 성숙의 구체적 훈련

1. 하나님을 사랑하기 훈련

예수님은 하나님을 어떻게 사랑할 수 있는 것인가를 지신을 찾아온 율법사에게 가르치셨다. "네 마음을 다하고 목숨을 다하고 뜻을 다하여 주 너의 하나님을 사랑하라"(마 22:37; 막 12:30; 눅 10:27). 이 가르침은 하나님을 구체적으로 어떻게 사랑할 수 있는가에 대한 대답으로 주어진 말씀이다. 마음에 해당되는 헬라어는 "칼디아(καρδία)"[47]이고, 목숨은 "프쉬케(ψυχή)"[48]이다. 그리고 뜻에 해당되는 헬라어는 "디아노이아(διάνοια)"[49]이다. 마음을 다한다는 것은 '하나님이 코에 생기를 불어넣은 창조된 인간'(창 2:7)이 호흡하고 있는 동안 마음 전부를 하나님께 드리는 것이고, 목숨을 다한다는 것은 생명의 호흡이 살아있는 동안 오직 창조주만을 사랑하는 것이고, 뜻을 다한다는 것은 창조주 하나님의 지으신 목적에 따라 각자에게 주어진 재능을 잘 감당하면서 살아가는 것이다. 즉 사람이 할 수 있는 모든 것을 다하여 전인격으로 하나님을 사랑하는 것이라고 할 수 있다.

---

47) "칼디아(καρδία)"는 "자신의 내면"(마 12:40, 18:35), "마음"(마 5:8, 24:48; 눅 7:19, 16:15, 24:25; 골 3:15) 등으로 해석된다. BDAG, 508-509.

48) "프쉬케(ψυχη)"는 구약의(נֶפֶשׁ nepesh)와 같은 뜻으로 숨, 호흡, 호흡작용, 생명(력)이다. 피조물과 관련될 때에는 "호흡형 피조물"(하나님이 생기를 불어넣은), "숨틀"(호흡기관), "숨통" 등의 뜻을 나타낸다. Cf: Kittel, 신약성서 신약사전, 1496-1507.

49) "디아노이아(διάνοια)"는 "생각의 능력, 이해력, 사고력"(마 22:37; 막 12:30; 눅 10:27) , "기질, 습성"(눅 1:51) 등이다. 영어로는 mind, understanding, the faculty of thinking, disposition, imagination, purpose, impulse이다. BDAG, 234. Cf: BibleWorks 6.

"하나님을 사랑하라"에서 "사랑하라"에 해당된 헬라어는 "아가파오(ἀγαπάω)"[50]이다. "아가파오"의 사랑은 말씀에 대한 순종을 포함하고 있다(마 27:32f; 막 15:21f; 눅 23:26f; 요 19:17f; cf. 빌 2:6-8). 하나님을 사랑하는 것에는 포괄적인 면이 있으나 여기서는 지면상 다 언급할 수가 없다. 나중에 시간을 내어 보충하고자 한다. 여기에서는 단지 성도들이 신앙생활을 하면서 놓치지 말아야 할 몇가지 만을 제시한다.

1) 예배 참여

"하나님은 영이시니 예배하는 자가 신령과 진정으로 예배할찌니라"(요 4:24). 예배는 하나님께서 인간에게 주신 가장 위대한 계명의 핵심이다. 예배를 통하여 피조물이 창조주를 향하여 기도하고, 찬양하고, 감사하는 것이 예배 행위 중에 포함되어 있다. 창세기 1:28에 사용된 라다(רָדָה rādâ)가 다스리다는 뜻으로 번역되어 있지만 하나님께서 정하여 주신 rule에는 기도하고, 찬양하고, 감사하는 예배의 본질이 포함되어 있다. 오늘날 교회에는 많은 예배의 형태가 있다. 그 모든 예배들이 회중들로 하여금 하나님 아버지께 나아가게 하는 예배인가 하는 질문이 생긴다. 예배의 형식은 갖추어져 있으나 껍질만이 있

---

50) "아가파오(ἀγαπάω)"는 예수님의 사랑에 근거를 두고 있다(예수님의 사역에 대한 것은 진술, 고난, 죽음, 부활을 포함한다. G. R. Beasley-Murray, 요한복음, WBC 성경주석, 이덕신 역 (서울: 솔로몬, 2001), 493. 아가파오의 뜻은 "~을 소중히 하다, 사랑하다"(마 5:43, 46, 19:19; 눅 6:27, 35), "사랑을 표현하다"(요 13:1; 요일 3:18) 등이다. 영어로는 cherish, have affection for, love, express love이다. BDAG, 5-6.

는 외식된 예배, 성령님의 인도가 없이 감정에 몰입한 흥분된 예배, 성경지식만 전달되는 냉냉한 예배가 하나님을 기쁘시게 할 수 있을까! 예배의 형태는 각 시대에 따라 변할 수 있어도 예배의 본질만은 변해서는 안 된다.

예배에 대한 보편적인 단어로는 포르스퀴네오(προσκυνέω)이다. 그 뜻은 예배하다, 낮은 자세로 구부리다, 무릎을 꿇다, 무릎을 꿇고 땅에 이마를 대다, 숭배하다는 뜻이다. 그러므로 예배는 철저하게 피조물 인간이 창조주를 만나기 위하여 낮은 자세로 임해야 한다. 많은 교회들이 있지만 낮은 자세로 예배에 임하는 교회가 얼마나 있는지 생각해 보아야 할 부분이다. 교회들 중에는 형식은 요란하지만 낮은 자세로 임하는 예배 의식이 없는 교회들도 있다(참조, 마 23:25-26; 눅 18:10-13). 예배가 진행되는데 각 개인이 하나님께 나아갈 수 없다면 이것은 이미 영적으로 죽은 예배이다. 그리고 예배를 통하여 각 개인이 마음 깊이 깨닫는 것이 없다면 이 또한 죽은 예배이다. 바른 예배를 드리고자 한다면 우선 기독교 신앙이 올바로 정립되어야 할 것이다. 기독교 신앙은 하나님과 그의 아들 예수 그리스도와 함께 발생한 사랑의 사건이다. 이 사건을 바로 이해하여야 진정한 예배를 드릴 수 있다. 예배자는 예배의 대상자를 올바로 알아야 한다. 그렇지 않고서는 예배 대상자에게 나아갈 수 없다. 만약에 당신의 감정을 다른 사람에게 표현하겠다면, 당신은 그 사람에게 많은 시간을 투자해야 할 것이다. 이것은 하나님에게도 마찬가지이다. 그래서 당신이 바른 예배를 하나님께 올려 드리기 위해서는 교회에서 가르치는 성경공부에 많은 시간을 투자해야 한다. 그리고 적극적으로 공적인 예배에 참여함으로써 하나님을 더 가까이에서 사랑할 수 있는 방법을 배울 수 있다.

특히 예배 가운데 은혜스러운 찬송은 돌 같은 차가운 마음을 변화시켜 따뜻한 마음으로 만든다. 하나님께서 인간을 지으신 목적을 거기에 두고 있다. "이 백성은 내가 나를 위하여 지었나니 나의 찬송을 부르게 하려 함이니라"(사 43:21, 참조, 시 69:34)고 하셨다. 찬송을 부른다는 것은 하나님의 목적에 순응하는 일이고, 여호와를 기쁘시게 하는 일이다. 뿐만 아니라 은혜로운 찬송은 예물을 드림에 있어서도 황소를 드림보다 더 크다고 하였다(시 69:31). 이스라엘 백성들은 구원의 하나님을 찬양하였고(출 15:1; 삼하 22:47; 시 68:19; 98:1), 도우시는 하나님을 찬양하였고(시 43:5), 인생에게 행하신 기이한 일을 경험하면서 찬양하였다(시 107:8). 그리고 찬송은 구원을 입은 정직한 의인들이 마땅히 할 바이다(시 33:1)라고 하셨다. 따라서 구원받은 성도라면 이스라엘 백성들처럼 새벽과 저녁마다 지극히 높으신 여호와를 찬양하여야 할 것이다(대상 23:30). 하나님을 높여 드리는 은혜스러운 찬양이 있고, 말씀을 사모하여 낮은 자세로 임하는 예배 의식이 있는 곳이라면 하나님을 사랑하는 자들의 모임일 것이다.

❖ 지도자는 아래의 본문을 읽고 성도들과 함께 토의하라

읽을 말씀: 요한복음 4:24; 로마서 12:1; 누가복음 18:10-13
당신이 드려지는 예배에 만족하는가?
만족하지 못하다면 그 이유는 어디에 있는가?
만족한 예배를 드리기 위해서 당신이 고쳐야 할 부분?

❖ 지도자는 토의 후 답을 제시하고 함께 기도로 마친다

2) 교회부서 참여

"너희는 그리스도의 몸이요 지체의 각 부분이라"(고전 12:27). 몸에는 다양한 지체들이 있듯이 교회의 구성원들에게는 각자가 하나님으로부터 받은 은사가 있다. 이 은사들은 교회가 세상에서 바르게 봉사할 수 있도록 힘을 주기 위함이다. 바울은 은사들을 다양하게 분류하고 있다(고전 12:8-10, 28). 지혜, 지식, 믿음, 병고침, 능력행함, 예언, 영분별, 방언, 방언 통역, 사도, 선지자, 교사, 그리고 로마서 12장 6-8절에서는 예언, 섬김, 가르침, 권위, 구제, 다스림, 긍휼을 말하고 있고, 에베소서 4장 11절에서는 사도, 선지자, 복음 전하는 자, 목사, 교사를 말하고 있다. 그리고 베드로전서 4장에서도 대접, 봉사, 말하는 은사의 목록이 있다. 바울은 이 모든 은사들은 "성도를 온전케 하며 봉사의 일을 하게 하며 그리스도의 몸을 세우려 하심이라"(엡 4:12)고 하였다.

교회의 구성원들은 각종 은사들을 사용함에 있어서 교향악단의 단원들처럼 합주를 통하여 아름다운 소리를 내어야 한다. 교회 안에서 각종 은사들이 아름다운 조화를 이루면 하나님 사랑의 표현이 되지만 은사가 자기 과시로 사용되거나 서로 부딪치게 되면 하나님께 영광을 가리게 된다. 따라서 은사는 '나의 것'이 아니라 '그의 것'으로 사용되어야 성도를 온전케 할 수 있고 그리스도의 몸을 세우고 교회에 덕을 끼치게 된다.

교회 안에는 서로 봉사하며 섬겨야 할 일들이 많다. 교회의 관리 책임자는 구성원들의 은사를 점검하여 각자 받은 은사에 따라 적합한 부서에서 참여하게 함으로써 예수님께서 부탁하신 일을 잘 감당할 수 있게 된다. 그리고 구성원들은 맡은 바 일에 충성을 하면 하늘에서도 그에 따른 상급이 주어진다. "--네가 죽도록 충성하라 그리하면 내가 생명의 면류관을 네게 주리라"(계 2:10; 참조 마 25:14-30; 눅 19:11-27)고 하셨다. 따라서 교회부서의 참여는 받은 바 은사에 따라 각자가 충성을 다하여 감당해야 한다.

교회를 수년간 다니면서도 아직도 자기가 받은 은사를 발견하지 못한 사람들이 있다면 아래를 주의깊게 읽으라. 필자는 은사를 발견하지 못한 사람들에게 이렇게 권한다. 당신이 지금까지 살아오면서 제일 잘하는 것이 있다. 그리고 그 일을 하는 과정에는 싫증이 나지 않는다. 오래도록 그 일에 매달려 있어도 피곤하지가 않다. 당신은 밤잠을 설치면서까지 일에 매달린 지나간 시간들이 있을 것이다. 일은 자기가 하고 싶은 일을 할 때에 능률이 나타난다. 하기 싫은 일에는 능률이 나타나지 않는다. 일을 함에 있어서 재미있고, 능률이 올라가고, 지치지 않는 일이 있다면 거기에서 분명 당신의 은사가 사용되어지고 있다. 당신의 은사를 찾고 개발하라. 하나님께서는 분명 그 일에 당신이 참여하기를 원하신다. 음악에 소질을 가지고 있는 자에게는 악기나 아름다운 소리를 통해서 하나님께 영광을 돌리도록 하여라. 교회 안에서 찬양대에 소속이 되어 봉사하라. 그것이 당신에게 준 은사이고 그 은사를 통해서 하나님께서는 영광을 받으신다. 섬기는 일에 기쁨을 느낄 때, 섬기는 일로 교회 안에서 충성 봉사하라. 교회 안에는 섬겨야 할 자리가 너무도 많다. 이 일을 위해 하나님께서 당신을 부르셨다. 가르치는 일에 보람을 느끼고 있다면 교회 학교에서 아이들에게 성경을 가르치는 일로 봉사하라. 그 일이 당신의 은사이다. 교회 밖에서도 교사로 쓰임을 받도록 하라. 대접하기를 좋아하면 주방에서 맛있는 요리를 하여 성도들을 먹게하라. 그리고 요리를 할 때 당신이 한 요리를 먹는 자가 건강해지도록 기도하면서 만들라. 그 일이 당신의 은사이다. 따라서 교회 지도자는 성도가 하나님으로부터 받은 은사를 조기에 발견하여 쓰임 받게 함으로써 하나님을 사랑하는 방법을 배우게 할 수 있다.

❖ 지도자는 아래의 본문을 읽고 성도들과 함께 토의하라

읽을 말씀: 고린도전서 12:8-10, 28, 참조, 엡 4:11, 벧전 4:9-11
당신의 은사를 발견하라.
교회부서에서 당신은 받은 은사를 사용하고 있는가?
교회부서에서 은사가 사용되지 못한다면 그 이유는 무엇인가?
교회의 부서에 참여하기 위해 당신이 노력해야 할 부분?

❖ 지도자는 토의 후 답을 제시하고 함께 기도로 마친다

3) 감사생활

"범사에 감사하라 이는 그리스도 예수 안에서 너희를 향하신 하나님의 뜻이니라"(살전 5:16). 범사에 감사하는 마음은 누구나 동일하게 갖을 수 있는 것은 아니다. 성령으로 충만한 자만이 범사에 감사할 수 있다. 사람들은 감사의 조건이 생겨야 감사한다는 말을 한다. 이 세상을 살아가노라면 항상 감사 할 일만 있는 것은 아니다. 때로는 고난이 터널을 지나야 하는 경우도 있고, 험준한 계곡을 지나고 가파른 산을 넘어야 할 때도 있다. 그런가 하면 아무도 없는 숨막히는 사막길을 홀로 걸어가야 하는 외롭고 고독한 때도 있다. 미래의 소망이 전혀 보이지 않는 때도 있다. 이 때가 영적으로 어두운 밤의 때이다. 이런 경우 당신의 마음은 감사가 먼저인가? 원망하는 마음이 먼저인가?

바울은 범사에 감사하는 것이 예수 안에서 너희를 향하신 하나님의 뜻이라고 하였다. 범사에 감사한다는 것은 삶에 있어서 희노애락(喜怒哀樂)과 관련된 전부를 말한다. 하나님의 뜻 안에서 보면 모든 일이 그분의 뜻 아래에서 이루어진 일이다. 하나님은 택한 자녀의 영적 성숙을 위해서 호위하시고 보호하시며 자기 눈동자같이 지키시기도 하시지만 고난도의 훈련도 시키신다(신 32:11-12). 독수리 어미가 그 새끼를 어떻게 훈련시키는가 생각해 보라. 새끼가 거처하는 보금자리를 어지럽혀 새끼를 절벽 아래로 떨어 떨인다. 그리고는 땅에 다다를 즈음 어미는 그 날개를 펴서 새끼를 받아 자기의 날개 위에 새끼를 업는다. 이러한 고난도 훈련이 반복되는 것은 새끼의 입장에서 보면 고난의 터널에 들어간 것이다. 그러나 어미의 입장에서 보면 새끼를 강하게 키우고자 하는 사랑의 모습이다. 하나님께서도 그 백성들을 다룸에 있어서 감사할 일도 주시고, 때로는 고통도 주신다. 이스라엘 백성을 다루시는 하나님의 섭리를 보라. 애굽의 종살이도 주셨지만 때가 이르매 출애굽의 기쁨도 주셨다. 그런가 하면 40년 광야생활을 통하여 고난도 주셨지만 가나안을 입성할 수 있는 축복도 주셨다. 이러한 과정을 거치게 하시는 하나님의 뜻은 그들을 낮추시며 시험하사 네 마음이 어떠한지 그 명령을 지키는지 아니지키는지 알려 하심이라고 하셨다. 그러므로 하나님의 징계는 부모가 아들을 징계함 같은 사랑이기에 바울은 범사에 감사하라는 것이다.

감사할 수 있는 생활은 처한 환경을 어떻게 보느냐 하는 것에 결정된다. 처한 환경이 고통의 순간이면 자신의 입장에서 볼 때 원망이 될 수 있다. 그러나 하나님의 입장에서 보면 나를 영적으로 성숙시키고자 하는 사랑의 손길이다. 본훼퍼는 기독교인인가 비기독교인인가의 구별은 "그 사람이 감사하고 즐거운 마음으로 살아가느냐 아니면 그렇지 않느냐로 알 수 있다."라고 하였다. 이러한 부분은 바울이 범사에 감사하라는 말과 일치되는 말이다. 기독교인이라면 우선 예수 믿고 구원받았음에 감사하자. 믿음 생활을 활발히 할 수 있음에 감사하자. 가정과 자녀를 주심에 감사하자. 건강을 주심에 감사하자. 일용할 양식을 주심에 감사하자. 받은 은혜에 감사하자. 앞으로 받을 은혜에 감사하자. 교회부서에 참여할 수 있음에 감사하자. 일이 잘 풀려서 감사하는 경우는 많이 있다. 그러나 한 걸음 더 나아가 일이 뜻대로 풀리지 않음에 감사하는 것은 영적으로 더 성숙한 자라야 할 수 있다. 욥이 경우를 보라. 욥은 모든 재산을 한꺼번에 잃었지만 하나님

을 향하여 원망하지도 아니하고 하나님을 향하여 찬송하였다(욥 1:20-
22). "주신 자도 여호와시요 취하신 자도 여호와시오니 여호와의 이름
이 찬송을 받으실찌니이다"(욥 1:21)라고 고백하였다. 모든 그리스도인
들이 영적으로 성숙하여 하나님을 사랑하는 것이 욥처럼 고백할 수
있기를 기대한다. 고난에 감사할 수 있을 정도로 영적으로 성숙하게
되면 고난이 축복이라는 말이 저절로 나온다. 하나님께서 또 무엇을
축복하시려고 이러한 고난을 주시는가 기대가 된다.

❖ 지도자는 아래의 본문을 읽고 성도들과 함께 토의하라

읽을 말씀: 누가복음 17:11-19; 역대하 32:24-26
당신은 평소 감사생활을 어떻게 하는가?
당신은 불행 속에서 감사할 수 있는가?
당신이 범사에 감사한 생활을 하기 위해 노력해야 할 부분?

❖ 지도자는 토의 후 답을 제시하고 함께 기도로 마친다

2. 이웃을 사랑하기 훈련

1) 진정한 이웃

각 개인의 영적 성숙을 가늠하는 두 번째 시금석은 이웃사랑에 대한 깊이일 것이다. 그 이유는 하나님의 사랑을 실천함에 있어서 대상자가 이웃(형제)과 관련이 있기 때문이다. 하나님을 사랑하는 것에 대한 측도는 눈으로 확인하는 것이 어렵겠지만 이웃(형제)은 나의 삶과 직접적으로 연관이 되어 있기 때문에 이웃을 얼마나 사랑하는가 하는 측도는 상대적으로 가늠하기가 쉽다. 그러나 우리는 이웃을 통해 상처를 입을 수도 있고, 위로를 받을 수도 있는 양면성이 있다.

율법사가 예수님을 시험하기 위하여 찾아와 묻기를 어느 계명이 크냐고 물었다. 예수님은 말씀하시기를 "네 마음을 다하고 목숨을 다하고 뜻을 다하여 주 너의 하나님을 사랑하라 하셨으니 이것이 크고 첫째 되는 계명이요 둘째는 그와 같으니 네 이웃을 네 몸과 같이 사랑하라 하셨으니 이 두 계명이 온 율법과 선지자의 강령이니라"(마 22:37-40; 막 12:28-34; 눅 10:25-28)고 하셨다. 이 가르침은 이웃을 어떻게 사랑할 수 있는가에 대한 대답으로 주어진 말씀이다.

"네 이웃을 네 몸과 같이 사랑하라"는 이 계명은 형제들과 이웃들에 대한 올바른 관계에 대한 의무로 주어진 말씀이다. 또한 레위기 19:18의 말씀이 요약되어 쓰여진 말씀이기도하다.

본 말씀의 뜻은 "가난한 자들에 대한 배려"[51], "이웃에 대한 윤리적 의무"[52], "이웃에 대한 공의"[53]가 포함되어 있다. 이웃을 사랑하는 것에는 헬라어 동사 아가파오(사랑하다)에 기초를 두고 있다. 아가파오에 대해서는 이미 앞에서 다루었기 때문에 여기서는 더 이상 다루지 않는다. 그리고 아래 각주의 내용을 보면 진정한 이웃을 어떻게 사랑해야 할 것인가를 가늠할 수 있다.

하나님에 대한 사랑이 경외와 헌신과 순종의 문제라면 이웃 사랑은 하나님의 사랑을 깨닫고 그 참사랑을 실천하는 것이다. 이웃의 유익과 행복을 주된 동기와 목표로 삼아 하나님의 사랑을 행동으로 옮기는 과정에서 내 몸같이 이웃을 사랑하라는 것이다. 사람들은 누구나 할 것 없이 자신을 사랑하는 데에는 아낌이 없지만 이웃을 사랑하는 데에는 한계를 두기 마련이다. 특히 오늘날과 같은 개인주의가 성행하는 시대에는 더욱 그렇다.

인간은 다양한 공동체 안에서 생활을 한다. 그 공동체 안에서 사람들을 만나기도 하고, 때로는 헤어지기도 한다. 공동체 안에는 각기 다른 삶의 방식을 지닌 사람들이 살고 있기 때문에 이웃과의 관계에서 받은 상처로 인해 원수가 되는 경우도 있다. 이에 대해 베드로는 적정한 용서의 횟수를 알고 싶었던 것이다. 그래서 완전 수인 "일곱

---

51) 우리가 살고 있는 이 세상에는 언제나 가난하고 소외된 자들이 존재하고 있다. 이들을 배려하는 행위는 하나님의 사랑을 실천하는 일이다(참조, 레 19:9-10).

52) 선한 이웃이 되기 위한 조건들로 도적질, 거짓말, 사기, 거짓증거, 이웃을 사취하는 것, 악의에 찬 악담 등을 금지하고 있다. 어두운 시대일수록 윤리의식이 약해지는 현상이 심화된다(참조, 레 19:11-14).

53) 가난한 자나 부한 자나 모두 하나님 앞에서는 동등한 존재이기 때문에 그 누구도 무시당해서는 안 된다(참조, 레 19:15-16).

번"이라면 하는 매우 관대한 제안을 생각하였다. 베드로는 예수님에게 일곱 번 용서하면 되느냐고 질문을 한다. 그러나 예수님은 일흔 번씩 일곱 번이라도 할찌니라고 교훈하셨다. 예수님의 말씀은 문자적으로 한계를 두고 말씀하신 것이 아나라 죄를 회개하는 자에게는 무한한 용서를 하라는 교훈이었다. 그리스도 안에 있는 자는 하나님의 사랑으로 무한한 용서를 이미 받았기 때문에 다른 사람을 그렇게 용서해야 한다. 예수님께서는 이웃을 내 몸같이 사랑하는 것 중에 하나가 이웃을 용서하는 것이라고 가르치셨다. 그리고 예수님은 "내가 너희를 사랑한 것 같이 너희도 서로 사랑하라"(요 15:12)고 가르치셨다. 따라서 자신이 진정한 이웃이 되기 위해서는 예수님의 가르침인 이웃사랑을 깨닫고, 그 사랑을 실천할 때에 이웃이 내 몸과 같은 것을 느끼게 된다. 이웃을 만날 때마다 오늘 만나는 그 사람은 내가 사랑해야 할 대상자라고 생각하라. 내가 얼마나 희생적인 사랑을 하느냐에 따라 이웃이 힘을 얻는 분량은 다르다(참고, 눅 10:25-37). 이웃이 사랑해야 할 대상자라고 생각하면 이웃이 나를 향해 어떤 행동을 하더라도 상처를 받지 않는다.

❖ 지도자는 아래의 본문을 읽고 성도들과 함께 토의하라

읽을말씀: 요한복음 16:12; 마태복음 18:21-22, 22:39-40; 로마서 12:18-21

당신은 이웃에게 용서하지 못 할 상처를 받았는가?

당신이 받은 상처를 어떻게 치료받기를 원하는가?

당신이 이웃을 사랑하기 위해 자신이 노력해야 할 부분?

❖ 지도자는 토의 후 답을 제시하고 함께 기도로 마친다

2) 나눔의 생활

그리스도인의 생활이란 하나님 앞에서의 '청지기적' 삶이다. 하나님께서 인간을 창조하셨기에 생명의 주권이 그분께 속해 있고, 각자에게 맡겨진 '기업' 역시 하나님의 계획과 섭리 아래서 이루어졌기 때문에 그분의 것이다. 그러므로 현재 내가 소유한 것은 모두 그분의 주권 아래에 있다. 내가 할 수 있는 일은 오직 그분의 뜻에 따라 맡은 바 직임에 충성할 뿐이다. 하나님으로부터 많이 받은 자도 적게 받은 자도 그 받은 것 때문에 상급이 달라지는 것은 아니다. 얼마를 받았느냐가 중요한 것이 아니라 받은 것을 어떻게 사용하여 이익을 남겼느냐의 문제이다(참조, 마 25:14ff).

바울은 "나는 심었고 아볼로는 물을 주었으되 오직 하나님은 자라나게 하시니라"고 하였다(고전 3:6). 기업이 자라나서 풍성한 열매를 얻게 되었나면 그것 역시 하나님께서 하신 일이다. 사람이 할 수 있는 일은 오직 맡겨진 일에 충성하고, 하나님께 열매로 영광을 돌리는 일이다. 다윗은 이러한 사실을 깨달았기에 "모든 것이 주께로 말미암았사오니 우리가 주의 손에서 받은 것으로 주께 드렸을 뿐이니이다"라고 고백하였다(참조, 대상 29:1-19). 그러므로 각자가 하나님으로부터 무엇을 얼마만큼 받았든 상관없이 이웃과 함께 나누는 것이 하나님의 뜻이다. "너희 소유를 팔아 구제하여 낡아지지 아니하는 주머니를 만들라 곧 하늘에 둔바 다함이 없는 보물이니 거기는 도적도 가까이하는 일이 없고 좀도 먹는 일이 없느니라"(눅 12:33)고 하셨다.

신·구약성경에는 객과 고아와 과부를 불쌍히 여기라고 하였다(

신 24:19-22; 약 1:27). 고아와 과부들은 누군가 돌보아 주어야 할 자리에 있기 때문이다. 초대교회 성도들은 과부들을 위한 구제행위가 계속되었다(행 6:1). 그리고 예수님께서는 너희 있는 것을 다 팔아 가난한 자들에게 '주라'[54]고 하셨다. 가난한 자들에게 나누는 일은 곧 하늘의 보화를 얻는 일이다. 그리고 이 땅에서 손으로 하는 모든 일에 복을 받는 일이자 하나님께 경건생활의 일부이다. 그런데 하나님으로부터 풍성한 누림을 얻고도 그것을 누리지 못하는 사람들이 있다(전 6:2). 이러한 사람들은 영적으로 성숙하지 못한 사람이다. 성경에서는 이러한 사람들은 악한 병에 걸린 자라고 하였다. 나눔 생활의 시작은 자신이 하나님으로부터 무엇을 받았는가를 생각하게 되면 나눌 수 있는 것을 발견할 수 있다. 현재 내가 갖고 있는 것을 누구에게 나눌까를 생각해 보라. 각자가 받은 것을 필요한 자에게 나누는 일은 하늘에 보화를 쌓는 일이다.

많은 사람들은 나눔의 생활에서 가진 것이 없어 나누지 못한다고 하는 사람들이 있다. 참으로 어리석은 사람들이다. 장롱 안이나 부엌살림을 찬찬히 챙겨보라. 사용하지 않고 자리만 차지하는 것들이 너무도 많다. 1년에 한 번도 사용하지 않는 것들이 많이 있을 것이다. 버리고자 하니 아깝고 간직하지니 자리만 차지 하는 것들, 필요한 사람들에게 나누어 주면 받는 자는 감사할 것이다. 미국에서는 토요일이면 가끔 그라지세일(Garage Sale)이 열린다. 집안에 사용하지 않는 물건들을 모아서 싼 가격에 파는 행사이다. 많은 사람들이 여기를 이용

---

54) "주다"(막 10:21)에 해당하는 디도미($\delta i \delta \omega \mu \iota$)는 동사로서 주다, 넘겨주다, 허락하다, 제공하다라는 의미를 가지고 있다. 원래 내 소유가 아니기 때문에 주인의 지시에 의해서 상대방의 필요에 따라 넘겨준다는 의미를 지니고 있다.

하고 있다. 가격도 매우 저렴하다. 상품의 질도 좋다. 상품 판매자는 나눔의 정신으로 구입 가격과는 상관없이 낮은 가격으로 매입할 수 있도록 조처도 해 준다. 이처럼 이웃에게 나누고자 하는 정신만 있다면 다양한 방법으로 나눔생활을 할 수 있을 것이다. 나누는 생활이야말로 하늘에 보화를 쌓는 일이다.

❖ **지도자는 아래의 본문을 읽고 성도들과 함께 토의하라**

읽을 말씀: 신 24:19-21; 야고보서 1:27; 누가복음 12:33.
당신은 이웃에게 무엇을 나눌 수 있는가?
당신이 이웃에게 나누고 있다면 어떤 것이 있는가?
당신이 이웃에게 나누기 힘든 한가지가 있다면 무엇인가?
당신이 이웃과 나눔을 위해 노력해야 할 부분?

❖ **지도자는 토의 후 답을 제시하고 함께 기도로 마친다**

3) 섬기는 생활

인간의 본성은 다른 사람으로부터 섬김 받기를 원한다. 일반적으로 능력이 있고 지위가 높은 사람은 대개 지배자로서 섬김을 받았으나 반면에 힘과 능력과 직위가 없는 사람은 지배받는 자로서 섬기는 자의 위치에서 있었다. 마치 이것이 진리인 양 우리들의 의식 속에는 깊숙이 뿌리를 내리고 있는 것도 사실이다.

기독교는 섬김의 종교이다. 이러한 사실을 예수님의 가르침에서 보면 "---너희 중에 누구든지 크고자 하는 자는 너희를 섬기는 자가 되고 너희 중에 누구든지 으뜸이 되고자 하는 자는 모든 사람의 종이 되어야 하리라 인자의 온 것은 섬김을 받으려 함이 아니라 도리어 섬기려 하고 자기 목숨을 많은 사람의 대속물로 주려 함이니라"(막 10:43-45)고 하셨다. 또한 예수님의 섬김은 말로만의 섬김이 아니라 실천적인 섬김을 제자들에게 본으로 보여주셨다. 최후의 만찬을 마친 후 제자들의 발을 직접 씻어주시면서 내가 주와 또는 선생이 되어 너희 발을 씻겼으니 너희도 서로 발을 씻기는 것이 옳으니라고 가르치셨다(요 13:5, 14-15). 따라서 진정한 예수님의 제자 되기를 원하면 다른 사람을 섬기는 것부터 시작되어야 할 것이다.

다른 종교의 신들은 인간으로부터 섬김을 받는 반면, 하나님의 아들 예수 그리스도는 인간을 섬기는 분으로 지상에 오셨다. 사랑 자체이신 하나님께서(요일 4:8, 16) 인간 세상에 오셔서 사회로부터 소외(疏外)받고 불의한 자로 낙인찍힌 사람들과 친구가 되셨다. 그들의 허물과 죄를 용서하시고 그들의 상실된 존재가치와 생명의 존엄성을 회복시켜 주셨다. 이러한 일들은 하나님 나라를 세우기 위한 총체적 섬김이었다. 리차드 포스터(Richard J. Foster)는 섬김의 장소가 우리가 살고 있는 이 세상 안에서 구체화되어야 한다고 강조하면서 일상생활 속에서 어떻게 섬겨야 할 것을 구체적으로 제시하고 있다.[55]

첫째는 숨은 섬김을 하라.

둘째는 다른 사람의 명성을 보호해 주는 섬김을 하라.

셋째는 섬김을 받는 섬김을 하라.

넷째는 보편적인 예절의 섬김을 하라.

다섯째는 대접하는 섬김을 하라.

여섯째는 듣는 섬김을 하라.

일곱째는 서로 짐을 지는 섬김을 하라.

여덟째는 생명의 말씀을 서로 나누는 섬김을 하라.

이러한 섬김을 실천할 수 있는 사람은 자기부정이 잘된 사람이다. 자기가 무엇이나 된 줄로 아는 사람은 자기를 낮출 수가 없으며 이웃을 섬길 수 없다. 자신이 의롭다고 생각하는 사람은 교만이 가득한 사람이다. 의롭다고 인정하시는 이는 하나님 한분 뿐이시다. 우리가 예수를 믿음으로 값없이 의롭다 하심을 얻은 것이다. 우리는 하나님 앞에 설 수 없는 죄인임에도 불구하고 예수님의 대속의 은혜로 하나

---

55)	일상생활에서 구체적 섬김에 대해 더 상세한 것을 원하면 Richard J. Foster, 영적 훈련과 성장, 서울: 생명의말씀사, 1998, 194-203을 참조하라.

님 앞에 나아갈 수 있는 자격을 얻었다.

기독교 지도자는 명령하고 지배하는 자가 아니라 참 섬김과 함께 자기의 목숨을 다른 사람을 위해 내어주는 자라야 하는 사실을 예수님은 삶 속에서 말씀과 행동으로 가르치고 있다(참조, 엡 5:5-8). 그러므로 지도자가 되어 섬김을 받고자 한다면 먼저 다른 사람을 섬기는 자가 되어야 할 것이다.

❖ 지도자는 아래의 본문을 읽고 성도들과 함께 토의하라

읽을 말씀: 요한복음 13:5, 14-15; 마가복음 10:43-45
당신은 평소 섬김을 받고자 하는가? 아니면 섬기고자 하는가?
당신은 리차드 포스터의 8가지 섬김 중 어느 부분이 약한가?
당신이 생활에서 실천하고 싶은 섬김이 있다면 무엇인가?

❖ 지도자는 토의 후 답을 제시하고 함께 기도로 마친다

3. 말씀의 순종 훈련

구약성경에서 순종에 해당되는 히브리어는 쇼마(שָׁמַע shāma‘)[56]이다(창 26:5; 신 21:18, 28:62, 30:2; 삼상 15:22, 28:18; 대상 29:23; 렘 35:8). 쇼마를 문자적으로 해석하면 '듣다'[57]이다. 그리고 신약성경의 순종은 구약의 이해를 전제로 하고 있다. '듣다'에 해당하는 헬라어 아쿠오(ἀκούω akouō)는 종종 '순종하다'라는 말을 뜻하기도 한다(마 7:24, 8:10, 10:14, 11:5, 12:19, 13:13, 15:10, 17:5, 18:15; 막 4:9, 7:37; 눅 5:15, 6:17, 8:10; 요 3:8). 예수님께서 마가복음 4장 9절에서 "들을 귀 있는 자는 들어라"에서 사용된 아쿠오(ἀκούω)는 구약의 쇼마(שָׁמַע)와 완전히 일치하는 하고 있다.[58]

쇼마(שָׁמַע)에 대한 뜻은 하나님과 이스라엘 백성의 관계에서 이해되어야 한다. 하나님께서는 자기 자신의 말씀과 자신의 음성을 통해서 이스라엘에게 '계시'[59]하신다(창 27:8; 출 19:3-8; 신 28:12; 렘 7:23). 그러므로 이스라엘의 역사는 이스라엘이 하나님의 말씀을 듣고, 듣지 못하는 것에 대한 기록들이다. 하나님의 말씀을 참되게 듣는 것은 순종으

---

56) 기본 어근은 지적으로 듣다. 순종 등의 의미와 더불어 말하다. 순종하다. 복종하다. 동의하다. 고려하다. 알리다 등의 뜻을 가지고 있다.

57) 하나님의 말씀을 듣는 것은 유일한 한 가지 응답을 의미하지만 세 가지 다른 입장에서 묘사될 수 있다. 첫째는 하나님께서는 인간들 속에서 그리고 인간들을 통하여 자기의 목적들을 성취하기 때문에 말씀은 항상 육체적인 의미의 들음을 의미한다. 둘째는 사람이 듣는 것을 이해하는 데에는 그 듣는 자가 신앙으로 반응하고 하나님의 말씀과 행동을 신뢰하여야 한다는 것이 요구되고 있다. 셋째는 이러한 행동은 듣는 자로 하여금 순종케 하여서 하나님의 행동이 지닌 목적을 달성케 한다. 기독교대백과사전 9권, 서울: 기독교문사, 1985 3판, 858.

58) 기독교대백과사전 9권, 858.

59) 하나님은 자기가 선택한 대표자들, 족장이나 사사(삿 2:17), 예언자, 제사장(신 17:12), 왕(왕하 10:6) 등을 통하여 말씀하신다.

로 응답이 되지만 그렇지 못한 데서 오는 결과는 반역이요 불순종이다. 예언자 이사야는 자기 백성들이 눈멀고 귀가 막힌 것을 응징하였다(사 6:9-10). 예레미야는 자기 백성들에게 상기시켰다. "너희는 내 목소리를 들어라 그리하면 나는 너희 하나님이 되겠고 너희는 내 백성이 되리라 너희는 나의 명한 모든 길로 행하라 그리하면 복을 받으리라"(렘 7:23). 이처럼 구약성경은 하나님께서 선택한 자들에게 계시하신다. 그리고 자신이 무엇을 어떻게 하실 것인가도 알릴 뿐만 아니라 이미 진행되어 가는 과정과 결과까지도 계시하신다. 그러므로 순종은 말씀을 어떻게 들었는가 하는 것이 매우 중요하다.

예수님의 제자들은 예수님의 말씀을 들었고, 들은 말씀에 순종한다는 것은 하나님의 계시가 자신에게 임했음을 믿는 신앙의 표징이었다. 그 표징은 회개를 하고 하나님 나라의 복음을 믿는 것이다. 바울이 갈라디아교회 교인들에게 복음에 대한 응답은 '듣고 믿는 것'(갈 3:2-3)이라고 언급하였다. 순종의 가장 대표적인 인물로는 예수 그리스도이시다. 그분은 자신의 뜻을 이루려고 오지 않았고, 자기를 보낸 분의 뜻을 이루려고 이 세상에 오셨다(요 4:34, 6:38, 9;4, 10:18, 12:49, 15:10, 17:4). 그의 십자가의 죽음은 아담으로부터 내려온 불순종의 죄를 청산하고 인류에게 구원의 대로를 열어놓으셨다(롬 5:19; 갈 4:4-5).

그리고 신약성경에서 순종과 관련이 있는 단어로는 페이달케오(πειθαρχέω peitharcheo)가 있다(행 5:29, 32; 딛 3:1). 페이달케오는 말을 듣고 복종하다, ~을 따르다, 준수하다 이다(행 27:21). 그런데 한글 개역성경 사도행전 5:29절에서 페이달케오를 권위에 순종하는 것으로 번역되어 있다. "사람보다 하나님을 순종하는 것이 마땅하니라"(행

5:29). 그리고 휘파쿠오(ὑπακούω hupakouo)가 있다(마 8:27; 막 1:27; 눅 17:6; 롬 6:12, 16, 17, 10:16; 엡 6:1; 골 3:20, 22; 살후 3:14; 히 5:9, 11:8). 휘파쿠오도 한글 개역성경에서는 순종하는 것으로 번역되었다. 휘파쿠오는 상급자의(권위·명령) 주제에 응답하다, 받아들이다, 대답하다의 뜻이다. 한 예로 예수님께서 바람과 바다를 꾸짖었을 때에 바람과 바다가 아주 잔잔하게 응답하였다(마 8:27-28). 이것을 한글 개역성경은 응답된 상태를 순종하다로 번역하고 있다.

순종은 두 가지 측면에서 어느 한 쪽을 선택하게 되어 있다. 말씀을 들어도 영적으로 성숙하지 못하면 몸의 소욕에 따라 순종하게 되고, 영적으로 성숙하면 하나님의 말씀에 따라 순종하게 된다(참조, 롬 6:12). 즉 전자의 순종은 사망에 이르지만 후자의 순종은 의에 이르게 된다. 그런데 사람들은 대개의 경우 순종하기 이전에 몸의 소욕과 말씀의 순종을 놓고 선택에 대한 고민을 하게 된다. 그 고민은 순종을 통하여 나에게 어떤 유익이 있는가? 마음속으로 계산을 한 후 선택을 한다. 이러한 생각은 잘못된 것이다. 믿음은 우리의 지적 계산에 의하여 결과를 도출하는 것이 아니라 하나님 창조의 손길과 주권을 믿는 데서 출발을 한다. 하나님은 부하게도 하시고 가난하게도 하시며 낮추기도 하시고 높이기도 하시는 분이라는 것을 기억하여야 한다(삼상 2:7).

오늘날 불순종으로 인하여 나타나는 재앙은 세계 도처에서 일어나고 있다. 첫째는 창조의 질서를 망가뜨림으로 인하여 오존층이 파괴되었고, 이로 인하여 피조물들이 고통을 호소하고, 가뭄, 홍수, 지진 등으로 많은 사람들이 죽기도 하고 고통을 당하고 있다. 둘째는 과거에는 없던 질병들이 무수히 생겨나서 사람들의 건강을 헤치고 있다. 이러한 일들은 사람들이 말씀에 따라 순종하지 않고 몸의 소욕을 따라 순종했기에 나타나는 현상이다. 따라서 그리스도인이라면 하나님의 말씀을 듣고 마음으로부터 먼저 순종하고, 들은 말씀에 따라 몸이 순종하여 하나님의 의를 나타내는 삶을 살아야 한다.

1) 말씀 듣기

하나님의 말씀을 들을 수 있는 통로는 다양하다. 하나님의 말씀인 성경을 읽음으로써 삼위일체 하나님께서 각 개인에게 깨달음을 주시는 부분이 있다. 그 깨달음은 각 개인에 따라 다르지만 부르심의 경우(엡 1:4; 눅 6:13), 죄를 깨닫게 되는 경우(행 2:37-41), 하나님의 진리를 발견하는 경우(요 3:16; 합 2:4) 등 다양하다. 그리고 교회에서 목사님의 설교를 들을 때에 가슴이 떠거워지는 느낌을 받으면서 마음속으로부터 새로운 다짐이 생긴다(참조, 눅 24:32-35). 성령님께서 역사하신 부분이다. 그리고 전문가와 상담을 하는 가운데 진리의 말씀이라는 것을 깨달을 수 있다. 그 외에도 고전 서적(성인전)을 읽고 성인들의 행적에 깊은 감명을 받아 자신도 그리스도를 닮아 섬기면서 살기를 다짐한다.[60] 이런 경우들은 말씀을 올바로 들은 자들이다. 그들의 삶에는 점차적으로 성령의 열매가 나타난다(갈 5:22-23). 예수님께서도 "그의

---

60) 이 부분에는 초기 교부시대부터 현대에 이르기까지 영성가들의 핵심 사상을 정리한 이영두, 기독교 영성, 임마누엘, 2002를 참조하라.

열매로 그들을 알리라"(마 7:20)고 하셨다. 동일한 장소에서 동일하게 하나님의 말씀을 들었는데 열매가 달리 나타나는 경우도 있다. 이러한 경우는 영적 성숙의 차이에서 오는 경우이다. 영적으로 성숙하고 성령으로 충만한 자는 말씀을 듣자 순종으로 나타나지만 영적으로 미성숙한 자는 사단의 미혹에 이끌리어 성령의 인도받기를 거부하기 때문이다. 따라서 성도가 하나님의 말씀을 올바로 듣기 위해서는 정통신학을 한 바른 목회자가 목회하는 교회에 출석하여 가르치는 훈련에 적극적으로 동참하여 학습하는 것이 필요하다.

간혹 은사자들이 하나님의 말씀을 직접 들었다고 하면서 교회와 성도들의 마음을 혼미케 하는 일들이 있다. 성도가 영적인 분별력이 있으면 사단으로부터 미혹을 당하지 않지만 그렇지 못할 경우는 사단의 속임수에 넘어가게 된다. 하나님의 음성을 들었다면 들은 말씀이 반드시 이루어질 것이다. 아브라함은 이삭을 얻기까지 25년간 기다린 후 아들을 얻었다.

사단은 성도들을 넘어뜨리기 위하여 땅에 두루 돌아 다닌다(참조, 욥 2:2). 사단은 광명의 천사를 가장하고(고후 11:14) 자기가 다스리기에 적합한 자를 찾게 되면 그 사람의 마음안으로 들어간다. 사단이 가룟 유다의 마음안으로 들어가니 예수님을 파는 자가 되었다(눅 22:3). 아나니아의 마음안으로 들어가니 성령을 속이는 자가 되었다(행 5:3). 사단은 말씀을 들은 자에게 찾아와서는 말씀을 빼앗아 가 버린다(막 4:15). 그런가 하면 베드로의 마음에 들어가니 예수님을 넘어지게 하는 자가 되었다(마 16;23). 이처럼 사단은 언제나 자기가 다스리기에 합당한 자를 찾아 돌아다닌다. 믿음 좋은 성도라 할지라도 사단이 그 마음 속으로 들어가 역사하면 사단이 되는 것이 아니라 사단의 하수인이 된다. 따라서 사단의 하수인이 되지 않기 위해서는 하나님의 기록된 말씀으로 무장하는 것이 가장 좋은 방법이다(참조, 마 4:1-11). 항시 기록된 말씀을 읽고 듣고 행하는 일에 게으르지 아니할 때 사단을 이길 수 있다. 하나님의 말씀을 듣기를 사모하라. 그리고 영적으로 성숙하여 들은 말씀을 올바로 분별할 수 있는 영적 분별력이 있기를 기도하라.

❖ 지도자는 아래의 본문을 읽고 성도들과 함께 토의하라

　　읽을 말씀: 사도행전 2:37-41; 에베소서 1:4-7; 갈라디아서
　　　　　　5:22-23
　　당신은 하나님의 음성을 어떻게 듣고 있는가?
　　당신이 하나님의 음성을 듣지 못한다면 그 이유는 무엇인가?
　　당신이 하나님의 음성을 듣기 위해 노력해야 할 부분?

❖ 지도자는 토의 후 답을 제시하고 함께 기도로 마친다

2) 들은 말씀을 생활에 적용하기

하나님께서 선택한 자들에게 들려주신 말씀들은 그들이 생활 속에서 어떻게 행해야 할 것들이다. 하나님을 기쁘시게 하는 일(히 11:6), 주어진 사명을 감당하는 일(행 20:24), 그리스도의 제자가 되는 일(마 16:24), 복을 받는 일(신 4:40), 화를 당하는 일(수 24:20), 온전한 자가 되는 일(히 10:22; 엡 4:13), 이웃을 사랑하는 일(약 2:8; 눅 10:36), 섬기는 일(막 10:45), 대접하는 일(막 7:12; 히 13:2) 등 다양하다. 예레미야에게 들려주신 말씀을 보면 "너희는 내 목소리를 들어라 그리하면 나는 너희 하나님이 되겠고 너희는 내 백성이 되리라 너희는 나의 명한 모든 길로 행하라 그리하면 복을 받으리라"(렘 7:23)고 하셨다. 이 말씀은 하나님의 말씀을 올바로 듣고 행하게 되면 복을 받는다는 뜻이다. 여기에서 복은 야타브(יָטַב; yāṭab)인데 사역 동사로서 좋게 만들어 주는 것, 잘 되게 해 주는 것, 즐겁게 해 주는 것, 만족하게 해 주는 것을 말한다. 이러한 일들은 하나님께서 인간에게 주시는 은혜의 복이다. 인간의 힘으로 불가한 것을 하나님의 은혜로 받을 수 있기 때문이다.

사람들은 누구나 만족한 삶을 살기는 원하면서 하나님의 말씀을 들으려고 하지 않는다. 이것이 병폐이다. 하나님께서 들려주신 말씀 안에는 우리들이 생활에 필요로 하는 모든 것들이 담겨 있다. 따라서 하나님으로부터 말씀을 들었다면 그 말씀을 깊이 묵상하여 그분이 요구하는 방법에 따라 살아가는 것이 복 받는 삶이다.

많은 사람들이 하나님의 말씀을 들을 때는 아멘으로 받지만, 시간이 지나면서 변질 되는 경우가 많다. 그래서 교회 안에서 생활하는 모습과 교회 밖에서 생활하는 모습이 달리 나타난다. 하나님의 말씀은 교회 안에서나 밖에서 동일한 모습으로 나타나야 한다. 그 이유는 하나님의 말씀은 진리이기 때문이다(요 8:32, 14:6, 17:17). 진리의 말씀대로 살게 되면 처음은 불편하다. 불편한 이유는 과거에 진리대로 살아본 경험이 없기 때문에 나타나는 현상이다. 그러나 불편하더라도 계속 진리대로 살게 되면 진리 밖에서 살아온 삶이 오히려 더 불편해진다. 이것은 마치 작업복만 입고 생활하던 사람이 정장차림으로 살아가기 위해 불편을 겪는 과정과 비슷하다. 필자는 미국에서 생활을 10년 이상 하는 가운데 변한 부분이 있다. 그것은 평소의 옷차림이다. 한국에서 정장차림의 생활과 미국에서 케쥬얼한 옷을 입고 생활한 것이 이제는 정장차림이 더 불편하다. 비진리의 생활과 진리의 생활도 바뀌는 부분에서 이와 비슷하다. 성도는 불편하더라도 진리의 말씀을 생활에 적용하도록 노력 하여야 한다.

❖ 지도자는 아래의 본문을 읽고 성도들과 함께 토의하라

읽을 말씀: 마태복음 16:24; 야고보서 2:8-9; 사도행전 20:24
당신이 하나님의 말씀을 듣고 생활에서 적절하게 적용하는 부분?
당신이 하나님의 말씀을 듣고 가장 적용하기 어려운 부분?
적용에 어려운 부분이 있다면 그 이유?

❖ 지도자는 토의 후 답을 제시하고 함께 기도로 마친다

3) 말씀 순종에 대한 평가

말씀을 듣고 순종하고 있는가 아닌가 하는 문제는 영적으로 성숙하면 자신이 먼저 깨달을 수 있다. 그리고 하나님의 말씀을 순종하게 되면 본인뿐만 아니라 다른 사람들도 느끼게 된다. 자신이 교회 안에서 거치는 자로 있으면 말씀은 올바로 들었지만 영적으로 미성숙한 것 때문에 어린아이의 행동을 하게 된다(참조, 고전 13:11, 14:20). 그러므로 말씀 순종에 대한 평가는 매순간 혹은 매일 평가되어야 한다. 그렇지 않으면 미성숙한 것이 습관화 되어 영적인 감각이 무디어진다. 바울은 "각각 자기의 일을 살피라"(갈 6:4)라고 갈라디아 교인들에게 가르쳤다.

한국 속담에 "등잔 밑이 어둡다"는 말이 있다. 이 말은 등잔 밑은 등잔과 가장 가까운 곳이지만 불빛이 비춰지지 않는 사각지대를 두고 한 말이다. 하나님의 말씀은 들었으나 자신의 일을 살피지 못하는 사람은 등잔 밑의 어둠에 처한 사람이라 할 수 있겠다. 이러한 곳에 처한 사람들은 자신의 영적인 수준도 잘 알지 못하면서 다른 사람들의 영적인 수준에 대해서는 모두 아는 것처럼 평가하는 사람들이다. 특히 남의 말 하기를 좋아하는 사람들의 경우가 이에 해당된다. 내가 그런 사람이 아닌가 평가해 보아야 할 것이다. 하나님 앞에서는 어떤 것도 숨길 수 없다. 우리가 믿는 하나님은 우리의 머리털까지도 세신 바 되신다고 하셨다(마 10:30). 다른 사람에 대한 평가를 하기 이전에 나의 연약함을 그분 앞에 고하자. 그리고 하루의 생활에서 말씀 순종에 대한 평가를 받자. 판단은 하나님께서 하실 것이다(시 103:6; 벧전 1:17). 매일 하나님 앞에서 평가받는 삶은 신앙 안에서 더 많은 순종으로 나아가지만 그렇지 못한 자는 미성숙한 모습 그대로 남아 있거나 아니면 불순종으로 남아 있다.

❖ 지도자는 아래의 본문을 읽고 성도들과 함께 토의하라

읽을 말씀: 골로새서 3:9–10
당신은 하루의 삶을 어떻게 평가를 하는가?
당신이 말씀 순종에 가장 어려운 부분?
말씀 순종으로 나아가기 위하여 당신이 노력해야 할 부분?

❖ 지도자는 토의 후 답을 제시하고 함께 기도로 마친다

4. 가치관의 변화 훈련

가치관의 기준은 각 개인에 따라 달리 나타난다. 그 이유는 사람마다 가치기준이 다르기 때문이다(참조, 레 5:15). 기독교신자와 타종교를 믿는 사람 사이에도 가치 기준은 다르다. 그리고 기독교신자라도 믿음의 영적 성숙도에 따라 가치관은 달리 나타난다. 인간생활의 여러 국면(局面)과 과정(過程)에서 가치판단이나 가치선택을 행사할 때 일관되게 작용하는 가치기준은 그 사람의 세계관, 인간관, 사회(國家)관, 역사관, 예술관, 교육관, 직업관, 종교관 등의 따라 직접적인 영향을 받는다. 여기에서는 기독교신자의 가치관에 대해서 국한하기로 한다. 또한 영적 성숙도에 따라 차이가 있음을 살펴보도록 한다.

예수님께서는 적은 믿음과 큰 믿음(마 8:26, 15:28), 연약한 믿음과 산을 옮길만한 믿음(마 17:20), 부족한 믿음과 풍성한 믿음(마 16:8; 눅 7:9) 등을 말씀하셨다. 이러한 것은 영적으로 성장한 자와 성장하지 못한 자를 비유로 들어 말씀하신 것이다. 예수님께서 말씀하신 핵심은 영적으로 성숙하여 큰 믿음, 산을 옮길만한 믿음, 풍성한 믿음을 소유하고 살아가기를 바라는 것이다. 믿음이 영적으로 성숙하는 정도에 따라 가치관의 기준도 다르게 나타난다. 믿음이 적은 상태에서는 세상의 가치관에서 묶여 있지만 믿음이 성장하게 되면 기독교적인 가치관으로 바뀌면서 부르심의 소명을 따라 생각하게 되고, 그 소명을 어떻게 성취할 것인가를 두고 고민하게 된다.

구원받지 못한 사람들은 항상 자기중심적인 생각으로 인생을 설계한다. 꿈도 비전도 자기중심적이다. 그러다 보니 출세도, 명예도,

소유도 자신의 노력에 대한 결과로 생각하고 가치관을 세상적인 것에 둔다. 그러나 영적으로 성숙한 그리스도인은 섬김을 우선의 자리에 놓고 먼저 섬기려고 한다(막 10:45). 그리고 성공과 실패가 다 하나님의 주권 안에 있음을 인정하게 된다. 이러한 것은 가치관을 어디에 두느냐에 따라 나타나는 차이점이다.

기독교적 가치관은 하나님 사랑의 실천이 초점이라면 사랑을 실천하고 사명을 감당하기 위해서는 섬김과 희생은 필수적이다. 그래서 섬기는 방법을 예수님께서는 직접 제자들에게 가르치셨다(요 13:14-15). 자신이 하나님을 얼마나 사랑하는가 하는 것은 하나님과의 수직적 기준과 이웃을 얼마나 섬기고 사랑하고 있는가의 수평적 기준에서 살필 수 있다(마 5:1-12).

그리고 사명 감당은 죽기까지 복종하는 것이다(빌 2:8). 예수님의 사명 감당은 인류를 구원하시기 위해서 자기를 낮추시고 죽기까지 복종하셨는데, 그것은 곧 십자가의 죽임이었다. 2007년 7월 25일 42세로 인생을 마감한 분당 샘물교회 고 박형규 목사는 아프카니스탄에 복음선교하기 위해 일행 22명과 함께 선교 차 떠났다가 탈레반 무장세력에 납치되어 현지에서 순교하였다. 타 문화권 복음선교란 이처럼 자신의 생명을 내 놓고 하는 것이다. 그리고 그의 시신은 샘병원에서 의료연구용으로 기증되었다. 가치관을 어디에 두느냐에 따라 생을 살아가는 방법도, 마감하는 방법이 다르게 나타난다. 그러므로 기독교인이라면 사명감당을 위해 하나님을 어떻게 사랑할 것인가를 구체적으로 배워야 한다. 그리고 이웃을 내 몸처럼 사랑하는 방법도 삶의 현장에서 실천하면서 배워야 한다.

또한 물질과 연관되어 있는 직업관에서도 가치관의 차이는 다양하다. 구원받지 못한 사람들의 직업관은 직업이 생계의 유지와 복지의 수단이다. 그러므로 돈을 어떻게 벌었느냐가 중요한 것이 아니라 얼마를 벌었느냐에 더 관심이 있다. 직장 안에서의 일도 사명감으로 하는 것이 아니기 때문에 노동 자체가 고통이다. 그러나 구원받은 자가 영적으로 성숙하여 기독교 가치관으로 바뀌게 되면, 물질의 주인이 하나님이시라는 것을 고백하게 된다(대상 29:14). 물질을 자신이 사용함에 있어서도 주인에게 책망을 받지 않도록 기도하게 되고, 물질을 나누어 줄 때에도 주인의 지시에 따라 나누는 청지기로서의 사명을 감당하게 된다. 즉 직업의식이 달라진다. 노동은 하나님께서 주신 신성한 것이기에 노동의 현장에서 상하관계, 동료관계에서 하나님의 임재를 경험할 수가 있다. 또한 직장이 하나님을 증거 할 수 있는 좋은 선교의 현장이자 예배의 장소로 여기게 된다. 로마시대 노예들은 주인에게 예수님의 복음을 말로 전하는 것은 있을 수도 없는 상황이었다. 그런데 모든 일상 일에서 주를 섬기듯 주인을 섬기는 노예들의 삶의 모습이 주인들의 마음을 감동시켰고, 로마가 기독교 국가로 공인되는 핵심 요인이 되었다. 그러므로 기독교인으로서 가치관의 변화훈련은 신앙생활에서 매우 중요하다.

1) 옛사람의 성품을 버리라.

옛사람의 성품을 버린다는 것은 옛본성을 죽이는 것이다. 바울은 그리스도와 연합한 자가 되었다면 이미 예수와 함께 십자가에 못 박힌 것이고, 다시는 죄의 종노릇 하지 않는 자라고 하였다(롬 6:5-6). 사람은 누구나 태어나면서부터 옛본성의 성품을 가지고 태어난다. 이 옛본성은 욕망, 거짓말, 격한 분노, 악한 생각, 훼방, 탐심, 음란, 부정, 사욕과 악한 정욕, 교만, 자기 의, 육신적인 생각, 자신의 능력, 자만심 등 다양한 성품을 가지고 태어난다(참조, 골 3:5-9; 갈 5:19-21). 이러한 성품들은 사단의 속성이다. 바울 사도는 이러한 성품들은 육신의 생각에서 오기 때문에 하나님과 원수가 될 뿐만 아니라 하나님의 법에도 굴복하지 않는 자라고 하였다(롬 8:7). 옛본성에 속한 것들은 사람에 따라 강·약의 차이가 있다. 예를 들어 거짓말을 잘 하는 사람은 생활에서 거짓말을 하는 것이 습관적으로 몸에 베여있다. 그런가 하면 분을 잘 내는 사람과 대화하기에 상당히 부담스럽다. 자신의 자존심에 상처를 입었다는 생각이 들면 격한 분노를 발하기 때문이다. 이러한 일들은 자기가 갖고 있는 옛본성이 어느 부분이 강한가에 따라 달리 나타나는 현상이다.

예수 믿기 전에는 이러한 성품들이 나의 마음과 생각을 주장하고 있었다(롬 8:7). 그러나 예수 믿은 후에는 옛본성 하나하나(강한 것부터 약한 것에 이르기까지) 십자가에 못 박음으로 인하여 점차 새사람으로서 변화된 모습을 살아갈 수 있다. 바울은 갈라디아 교인들을 향하여 말하기를 "그리스도 예수의 사람은 육체와 함께 그 정과 욕심을 십자가에 못 박았느니라"(갈 5:24)고 하였다. 그렇지만, 옛본성을 십자가에 못 박는 일은 쉽지가 않다. 십자가에 못 박는 일은 악한 성품을 죽이는 일이다. 거기에는 고통과 인내가 따른다. 고통 없이 십자가 상에서 죽을 수는 없다(마 27:46). 십자가에 못 박은 옛본성이 다시 살아난다면 분명 옛본성이 아직 죽지 않았기 때문이다. 아니면 잠시 기절했거나 죽은 채로 위장해 있다가 다시 살아난 것이다. 그러므로 옛본성은 예수를 영접함과 더불어 십자가 상에서 완전히 죽여야 한다. 화려한 부활은 죽음 이후에나 나타난다.

❖ **지도자는 아래의 본문을 읽고 성도들과 함께 토의하라**

읽을 말씀: 갈라디아서 5:19-21; 골로새서 3:5-10
당신에게 가장 강한 옛사람의 성품이 있다면 무엇인가?
당신은 옛본성을 어떻게 처리하고 있는가?
당신이 옛본성을 죽이기 위해 노력해야 할 부분?

❖ **지도자는 토의 후 답을 제시하고 함께 기도로 마친다**

2) 새사람의 성품을 사모하라.

새사람의 성품은 옛본성이 예수 그리스도의 십자가 능력으로 다스려지면서 그리스도 안에서 새롭게 형성되는 신성한 성품에 참여함을 말한다(참조, 벧후 1:4). 또한 바울 사도는 골로새 교인들에게 편지하기를 새사람으로서 신성한 성품에 참여한 자는 "주께 합당히 행하여 범사에 기쁘시게 하고 모든 선한 일에 열매를 맺게 하시며 하나님을 아는 것에 자라게 하신다"(골 1:10)라고 하였다. 하나님을 아는 것에 자라게 한다는 것은 하나님에 대해 깨닫는 진리가 날마다 증가됨을 말한다. 그리고 깨달은 진리는 삶에 그대로 적용이 되어 범사에 합당하게 행하여 질 때 하나님을 기쁘시게 할 수 있다. 간혹 사람들이 기독교 진리는 좋은데 기독교인의 삶은 이중적이다는 소리를 듣는다. 그 이유는 깨달은 진리대로 살지 않기 때문이다. 참 기독교인이라면 말씀대로 따라 사는 자이어야 한다. 그리스도 안에서 신성한 성품에 참여하였음에도 불구하고 옛본성이 지배하는 대로 살아간다면 하나님을 기쁘시게 할 수 없다. 하나님을 기쁘시게 할 수 있는 방법은 새사람의 성품을 사모하면서 깨달은 진리대로 살아가는 것이다.

❖ **지도자는 아래의 본문을 읽고 성도들과 함께 토의하라**

읽을 말씀: 골로새서 3:10–17, 참조, 골 1:10; 벧후 1:4
당신이게 새사람의 성품이 있다면 그 중에 가장 큰 것?
당신이 새사람의 성품을 덧입기 위해 현재 노력하고 있는 부분?
당신이 새사람의 성품을 입어, 하고자 하는 일?

❖ **지도자는 토의 후 답을 제시하고 함께 기도로 마친다**

5. 자기 십자가를 지는 훈련

1) 사명 감당

사명 감당은 자기 십자가를 지는 삶이다. 예수님의 십자가는 인류를 구원하기 위한 대속의 죽음이었다. 그러나 피조물 인간에게는 각자에게 주어진 십자가가 있다(고전 12:28; 엡 4:11; 딤후 1:11; 참조, 마 16:24). 사람이 보기에는 어떤 사람에게는 힘겨운 십자가가 있는가 하면 어떤 사람에게는 가벼운 십자가가 있다. 그리고 이 십자가는 하나님이 주신 것이기에 항변할 수 없다. 다만 자기 십자가를 어떻게 감당할 것인가만 생각해야 한다.

또한 주어진 십자가는 받은 재능과 연관이 있다(고전 12:4-11 ; 참조, 마 25:15). 받은 재능을 어떻게 활용할 것인가 하는 것은 개인이 판단하여 결정하는 것이지만 하나님의 원대한 계획은 각자에게 주어진 사명을 통해서 열매 맺기를 원하신다(갈 5:22-23). 예를 들어 이 땅에는 수많은 직종들이 있다. 또한 직종에 따라 수많은 사람들이 그곳에서 일을 한다. 사명을 찾은 자는 자기가 소속되어 있는 그곳이 사명을 감당해야 할 장소이고, 그 장소에서 하나님에게 열매로 영광을 올려 드려야 한다.

읽을 말씀: 고린도전서 12:4-11, 28; 에베소서 4:11; 디모데후서
1:11; 참조, 마 16:24
당신은 어떤 재능에 소질이 있다고 생각하는가?
당신은 재능을 어떻게 사용하고 있는가?
당신이 사명감당을 위해 노력해야 할 부분?

2) 거듭남의 실천적 삶

영적으로 성숙하지 못하면 거듭났다고 하더라도 어린아이의 모습이 생활 속에서 나타난다. 사도 바울 같은 분도 "내가 어렸을 때에는 말하는 것이 어린 아이와 같고 깨닫는 것이 어린 아이와 같고 생각하는 것이 어린 아이와 같다가 장성한 사람이 되어서는 어린 아이의 일을 버렸노라"(고전 13:11; 참조, 엡 4:13-16)고 하였다. 그러므로 구원받은 성도라면 말하는 것이나 깨닫는 것이나 생각하는 폭이 날마다 자라나야 한다. 영적으로 자라나지 아니하면 거듭남의 실천적 삶을 살아갈 수가 없다. 그리고 자라는 면에서도 어느 한 부분만 자라고 어느 한 부분은 자라지 못한다면 자라지 못하는 부분 때문에 전체가 미성숙해 보인다. 따라서 그리스도 안에서 모든 부분에 있어서 온전한 인격을 갖추도록 힘써야 할 것이다.

교회를 오래 다닌 사람이라고 다 영적으로 성숙한 것은 아니다. 영적 성숙도는 배운 말씀의 실천적 행동과 비례한다. 머리로는 이해

를 하여도 행동이 따라 주지 않으면 아직도 어린 아이의 모습에 머무르고 있다. 성도가 교회 안에서 풍파를 일으키고 세상에서 손가락질을 받는다면 진리를 올바로 깨닫지 못하였거나 아니면 진리를 깨달았다고 할지라도 거듭남의 실천적 삶을 살지 아니하기 때문에 나타나는 현상이다.

성도는 진리대로 살아감으로써 세상에서 빛과 소금의 역할을 감당할 수 있다. 하나님의 나라는 하나님의 말씀인 진리가 살아 있고, 진리대로 다스려질 때에 하나님의 나라는 크게 왕성해진다. 먼저 나 자신부터 진리대로 살도록 노력하자. 진리를 믿는다는 것은 곧 하나님을 신뢰하면서 내 생의 현장에서 그분의 말씀대로 따라 사는 것을 말한다. 구습에 매여 있는 사람들은 진리대로 살아 본 경험 없기 때문에 어디를 가더라도 충돌을 일으킨다. 거듭남의 실천적 삶은 다툼과 분쟁이 있는 곳에서는 조율과 화합, 미움이 있는 곳에서는 용서와 사랑, 고통이 있는 곳에서는 위로가 넘쳐나야 한다. 이러한 삶은 하나님의 사랑이 충만할 때 가능하다.

❖ 지도자는 아래의 본문을 읽고 성도들과 함께 토의하라

읽을 말씀: 에배소서 4:13-15
당신은 믿는 것과 행동이 일치를 하는가?
당신의 믿음이 신행일치가 안 되면 무엇이 문제인가?
당신의 믿음이 신행일치가 되도록 노력해야 할 부분?

❖ 지도자는 토의 후 답을 제시하고 함께 기도로 마친다

6. 인간관계의 훈련

한 개인이 살아가는 삶 속에서 보면 탄생하여 죽음에 이르기까지 수 많은 사람들과 관계를 맺고 살아간다. 탄생하면서 처음 관계를 맺게 되는 것이 부모님이고, 점차 자라면서 친구들, 선생님, 선·후배, 사회생활을 하면서 직장동료 등 다양하게 인간관계가 형성된다. 그 관계는 아름다운 관계로 지속되기도 하지만 그렇지 못하는 경우도 있다. 기독교인으로서 인간관계를 어떻게 하는 것이 성경적인지를 보면 이웃을 내 몸과 같이 사랑하고, 원수를 갚지 말고, 오히려 핍박하는 자를 위하여 축복하라고 하였다(마 5:44). 그리고 원수가 배고파하면 식물을 먹이는 것이 여호와 앞에 상을 받는 일이다(참고, 레 19:19:18; 잠 25:21-22; 롬 12:14, 19).

이러한 말씀들은 예수님께서 이 땅에 오셔서 제자들에게 가르치신 말씀이고 하나님께서 자기 백성들에게 실천하도록 명령하신 부분이기도 하다. 기독교인이면 누구나 공통적으로 소유해야 하는 성품과 인격과 사역이 있다면 바로 예수님을 닮고 그의 가르침을 따르는 것이다. 제자 베드로는 예수님에게 질문을 하였다. "주여 형제가 내게 죄를 범하면 몇 번이나 용서하여 주리이까 일곱 번까지 하오리이까 예수께서 가라사대 네게 이르노니 일곱 번뿐 아니라 일흔 번씩 일곱 번이라도 할찌니라"(마 18:21-22). 예수님의 이 가르침은 용서의 한계를 정하신 것이 아니라 한없는 용서를 가르친 것이다.

인간관계에서 상대와 원만한 관계를 가지지 못하는 경우는 용서와 이해라는 문제가 해결되지 않았기 때문이다. 상대가 실수를 하였던 아니면 고의적이었던 간에 용서가 되지 않으면 인간관계는 불편해진다. 용서에는 두 가지가 있는데 하나님께서 인간을 향한 용서와 사람과 사람 사이에서 하는 용서로 나눌 수 있다. 히브리어에는 이것을 구분하여 사용하고 있다. 하나님께서 인간을 향한 용서는 싸라흐(סָלַח sālaḥ)[61]이다. 싸라흐는 (죄·사람)을 용서할 때 사용되었다. 그리고 사람과 사람 사이에 용서는 나싸(נָשָׂא nāśā')[62]를 사용하였다. 나싸는 상대의 섭섭한 마음과 아픈 상처들을 자신이 가지고 가는 것이다. 인간관계에서 상대에게 섭섭한 마음을 주거나 아픈 상처를 주면 대화의 문이 닫힌다. 섭섭한 마음과 아픈 상처들은 예수님의 십자가 아래로 가져가서 그곳에서 치유되어야 한다. 상처를 안을 수 있는 사람은 이미 영적으로 성숙한 자이다. 영적으로 미성숙한 자는 아픈 상처가 있으면 마음속에 그것을 깊이 간직한다. 그러다가 갚아야 할 어떤 기회가 오면 쌓였던 섭섭함과 상처들이 일시에 밖으로 표출된다. 상대를 진정으로 용서하지 못했기 때문에 나타나는 현상이다. 그리고 영적으로 성숙해 가는 자는 인간관계에서 깨어짐의 원인을 자신에게 돌리고, 원석 같은 자신을 다듬어 새로운 작품으로 만들기 위한 하나님의 작업 방법으로 이해하고자 노력한다.

본질적인 용서는 하나님의 사랑에 기초를 두어야 한다. 인간의 죄를 용서하기 위해 하나님 자신이 십자가의 죽음을 당하시는 그러한 희생적인 사랑의 관계에서 원수를 용서하는 것이다. 예수님께서는 "새 계명을 너희에게 주노니 서로 사랑하라(ἀγαπάω) 내가 너희를 사

---

61) 싸라흐는 (죄·사람)을 용서하다, 너그럽게 봐주다, 용서, 관용, 관대의 뜻이다(사 55:7; 단9:19). .

62) 나싸는 (~에서) 들어 옮기다, 가지고 가다, 수송하다, 취하다, 껴안다.

랑한 것 같이(ἀγαπάω) 너희도 서로 사랑하라(ἀγαπάω) 너희가 서로 사랑(ἀγάπη)하면 이 모든 사람이 너희가 내 제자인줄 알리라"(요 13:34-35)고 말씀하셨다. 여기에서 기초하고 있는 것은 아가페(ἀγάπη)이다. 아가페(ἀγάπη)는 명사이지만 동사로는 아가파오(ἀγαπάω)이다. 예수님께서는 대인관계에서 만나는 사람은 아가페 사랑의 대상이지 원수의 대상이 아님을 말씀하셨다. 설혹 자신에게 아픔과 고통을 주는 자라고 할지라도 그 사람을 사랑(아가페)으로 사랑함으로써 진정한 하나님의 사랑을 경험할 수 있고, 이웃을 위해 아낌없이 희생할 수 있는 모습 속에서 하나님의 참 사랑(아가페)을 배우게 된다. 예수님께서는 하나님의 사랑을 십자가에서 직접 실천하심으로 하나님의 사랑을 우리에게 직접 보여 주셨다. 인간관계의 훈련은 하나님 사랑의 기초 위에 세워져야 하고, 그 기초는 나를 중심으로 가장 가까이에서 살고있는 사람들에게서부터 출발하게 된다. 마치 연못에 돌을 던지면 그 파장이 중심에서부터 확장되듯이 피조물들의 사랑도 자기 중심에서부터 확장된다. 나를 잘 알지 못하는 사람이나 나와 멀리 떨어져 있는 사람이 나에게 직접적으로 상처를 주지 않는다. 대인관계는 언제나 나와 가까이 있는 사람에게서 생겨난다.

원만한 인간관계를 가로막는 이유는 자신에게 원수, 원망, 섭섭함, 미움, 배신 등으로 인해 상대로부터 마음에 상처를 받았을 경우 관계가 불편해진다. 이러한 경우 영적 성숙을 위해서 갖추어야 할 몇 가지 사항이 있다.

❶ 하나님께서 나를 정금으로 다듬기 위한 작업이다(욥 23:10).

❷ 매사에 감사하라(살전 5:18).

❸ 어떤 경우도 원망, 불평을 하지 말라(시 37:1).

❹ 나의 원수는 나를 다듬기 위한 작업으로 하나님께서 파트너로 붙
여 주신 것이다(시 53:6).

❺ 파트너의 희생을 위로하며 기도하라(마 5:44).

❻ 인내하면서 하나님의 사랑을 실천하라(레 19:18).

돌이켜 보면 필자가 경험한 인간관계에서 받은 상처들도 항상 나 주위에서부터 시작되었다. 가족관계, 친한 친구관계, 학창시절 가까이 지내던 동창생, 상거래 때문에 만나는 단골고객, 이성교제에서 깊이 정을 나눈 분, 그리스도의 사랑을 깊이 나눈 교인 등 다양하다. 이미 내가 받은 상처들이 치유된 부분이 있지만, 상처의 흔적은 내 마음 속 어디엔가 남아 있다. 그 상처들은 이제 아프지도 않고 섭섭하지도 않다. 그냥 상처 자욱으로만 남아 있을 뿐이다. 그러나 아직도 내 마음 안에는 아물지 않은 깊은 상처가 있다. 이것을 치유하기 위해서 몸부림을 치면서 주님께 매달렸다. 주님께서는 용서와 이해라는 차원에서 상처가 치유되기를 바라셨다. 하나님과 피조물의 관계는 사랑(아가페)이지만 피조물과 피조물의 관계에서는 사랑(아가페)을 배워가면서 실천해가는 과정에 있다. 인간이기에 넘지 못할 한계가 있는 것을 배운 것이다. 언제부터인가 깊은 상처도 치유될 것을 믿으면서 용서와 이해라는 차원에서 상처준 자를 미워하지 않고, 저주하지

않고 축복기도를 해 주고 있다. 영적 성숙을 연구한 목회자로서 아직도 내 안에 깊은 상처가 완전히 아물지 않았다는 것을 고백하는 것을 보면 역시 나는 어딘가 모자라는 사람인가 하는 생각도 든다. 언젠가는 내 안에 깊은 상처도 자욱만 남긴 채 고통의 날이 사라질 것을 고대하면서 오늘도 상처준 자를 위해 기도한다. 더 깊은 영성으로 나아가기를 원하는 하나님의 섭리가 있기 때문이다.

❖ 지도자는 아래의 본문을 읽고 성도들과 함께 토의하라

읽을 말씀: 마태복음 5:43-48, 18:35
당신이 받은 상처가 아직도 아물지 않았습니까?
당신에게 상처를 준 사람과 어떤 관계가 되기를 원합니까?
당신에게 상처를 준 자를 용서와 이해 차원을 넘어 어떤 노력을 하고 있습니까?

❖ 지도자는 토의 후 답을 제시하고 함께 기도로 마친다

7. 원만한 인간관계를 위하여 다스려져야 할 것들

인간관계에서 나타나는 일반적인 현상은 불편해진 관계의 원인을 상대에게 돌리려고 한다. 이럴 경우 인간관계는 더 꼬이게 된다. 그러나 불편한 원인이 자신에게 있다고 생각을 하게 되면 문제에 대한 해결 방법을 찾을 수 있다. 하나님께서는 감당할 시험밖에는 허락하지 않으신다고 하셨다. 그리고 시험 당할 즈음에 또한 피할 길도 주신다고 하셨다(참고, 고전 10:13). 그러므로 인간관계의 불편한 문제는 풀 수 없는 문제가 아니라 자신 안에서 해결 방안을 찾을 때, 풀려질 수 있는 것들이다.

그리고 시험에는 두 가지가 있다. 하나는 하나님께서 믿음을 점검하기 위하여 시험하시는 경우이고(창 22:1ff), 다른 하나는 마귀가 시험하는 경우이다(마 4:1ff; 욥 1:12). 이 두 경우 모두 하나님의 주권 아래 있다. 바울이 하나님께서 감당할 시험밖에 허락하지 않는다고 했을 때, 이 시험은 사단이 시험하는 경우이다. 그리고 예수님을 찾아와서 시험하는 경우도 사단이 하는 시험이다. 원어에는 모두 페이라스모스(πειρασμός)[63]를 사용하고 있다. 이것은 일정 기간 동안만 사단으로부터 유혹을 당하는 경우이다. 그래서 바울은 사단이 시험을 하게 되면 하나님께서 피할 길도 주신다고 하였다. 즉 감당할 범위 안에서 일정 기간 동안 시험당하는 것이다.

인간관계에서 오는 시험은 감당할 수 있는 범위 내에서 이루어진다. 연약한 자에게는 연약한 파트너를 강한 자에게는 강한 파트너

---

63)　페이라스모스는 일정 기간 동안 유혹, testing하는 것이다.

를 붙여 주신다. 그 이유는 연약한 자에게 강한 파트너를 붙여주시면 실족할 수 있기 때문이다. 그리고 강한 자에게 연약한 파트너를 붙여 주시면 인간관계에서 훈련이 안 된다. 하나님께서 우리의 체질을 아시기에 사람에 따라 적합한 파트너를 붙여서 영적으로 성숙하게 하여 하나님의 일에 참여하시게 하는 것이 하나님의 방법이다. 그러므로 인간관계에서 자신이 겪는 시험의 강약을 보면서 자신의 모습이 어떠한가를 가늠할 수 있다. 왜 이런 파트너를 붙여주셨는가? 파트너의 모습이 나의 모습이구나. 즉 상대의 모습이 자신이라는 사실을 인정할 때 해결방안을 찾을 수 있다. 하나님께서는 각자에게 붙여준 파트너와 원만한 관계로 해결되고, 하나님이 평가 하실 때에 이만하면 통과라고 하실 때까지 파트너를 계속 붙여 놓으신다. 그러므로 인간관계에서 명심해야 할 것은 원수를 붙여주신 하나님의 뜻을 파악하는 것이다. 그리고 원수를 하나님의 사랑으로 용서하고 이해하여야 한다. 오히려 나 때문에 상대가 악역을 맡은 것에 미안함을 가져야 한다. 이런 마음을 가질 때 상대와 맺혀져 있는 나쁜 관계가 원만하게 해결될 수 있다.

1) 원망

대인관계에서 많이 나타나는 것이 원망이다. 원망은 다른 사람이 한 일에 대하여 못마땅하게 여기거나 탓하거나 불평을 품고 미워하는 데서 출발한다. 자기 안에서 원망이 일어나지 않기 위해서는 진리에 어긋나지 않는 한 다른 사람이 하는 일을 탓하기보다는 칭찬과 격려를 하는 것이 좋다. 다른 사람이 하는 일을 탓하거나 불평을 하게 되면 사단은 그 틈을 타서 자기 안으로 속 들어오게 된다. 영적으로 미성숙하더라도 칭찬과 격려를 하게 되면 미성숙한 자는 용기를 얻어 더 발전할 수 있는 기회로 바뀔 수 있다. 인간은 누구나 완전하지 못하기 때문에 간혹 실수를 할 수도 있다. 다른 사람의 실수를 보게 하는 것은 나로 하여금 같은 길을 가지 않기 위한 하나님의 배려로 생각하면 이 또한 감사가 넘친다. 사도 바울도 "그리스도를 섬기는 자는 하나님께 기뻐하심을 받으며 사람에게도 칭찬을 받느니라"(롬 14:18)고 하였다. 하나님께 인정을 받고 사람에게 칭찬을 받자면 모든 일을 원망과 시비가 없이 하는 것이 제일이다(빌 2:14).

❖ 지도자는 아래의 본문을 읽고 성도들과 함께 토의하라

읽을 말씀: 빌립보서 2:14; 유다서 16
당신은 다른 사람으로부터 원망을 들을 만한 일을 하는 편인가?
당신에게 원망하는 소리가 들리면 당신의 태도는?
당신이 원망듣지 않기 위해 노력해야 할 부분?

❖ 지도자는 토의 후 답을 제시하고 함께 기도로 마친다

2) 핍박

의롭게 살고자 한다면 핍박은 따르기 마련이다. 예수님의 가르침은 의를 위하여 핍박받는 자는 복이 있다고 말씀하셨고(마 5:10), 핍박하는 자를 위하여 기도하라고 하셨다(마 5:44). 특히 천국복음을 가지고 미전도국에서 복음을 전파하는 선교사들에게는 핍박을 넘어서 생명의 위협을 감수하고 있다. 그럼에도 불구하고 선교사를 파송하는 것은 예수님의 지상명령 때문이다(마 28:18-20; 막 16:15; 행 1:8). 성경은 의를 위하여 핍박을 받는 자는 복이 있다고 하였다. 그런가 하면 핍박하는 자를 축복하고 저주하지 말라고 하였다(롬 12:14). 그리고 예수님께서는 그리스도 안에서 경건하게 살고자 한다면 당연히 핍박을 받는다(딤후 3:12). 불신자들이 생각하기에는 핍박을 받으면서까지 복음을 전한다는 것은 어리석은 일이고, 이해를 할 수 없는 일이지만 기독교인의 입장에서는 복음을 위해 핍박받는 것은 당연한 것이다.

인류를 구원하시기 위해 오신 예수 그리스도 역시 유대인들로부터 핍박을 받았다(요 5:16, 15:20). 바울 사도 역시 예수를 핍박하는 자로 있었지만(행 9:4-5) 후일에는 유대인으로부터 핍박받는 자가 되었다(행 13:50). 예수님께서는 제자들에게 가르치시기를 세상으로부터 부름 받은 자는 세상에 속한 자가 아니고 하늘에 속한 자이기에 당연히 핍박을 받게 될 것이고 세상이 너희를 미워할 것이라고 하셨다(요 15:19). 핍박 때문에 천국복음의 확장이 중단될 수는 없는 것이다.

특히 핍박은 신자와 불신자 사이에서 종교적인 문제로 인하여 많이 일어나는 것을 본다. 이럴 경우 신자는 불신자의 영혼을 불쌍히 여기고 그들을 구원하기 위해 핍박을 감당한다면 분명 하늘의 보화가 클 것이다(참조, 히 11:26). 인간관계에서 천국복음의 전파는 불신자의 영혼을 사랑할 수 있는 가장 큰 축복이다. 그리고 복음전파는 예수님의 지상명령이다. 그러므로 복음은 주어진 위치에서 항상 전파되어야 할 것이다. "너는 말씀을 전파하라 때를 얻든지 못 얻든지 항상 힘쓰라 범사에 오래 참음과 가르침으로 경책하며 경계하며 권하라"(딤후 4:2).

❖ **지도자는 아래의 본문을 읽고 성도들과 함께 토의하라**

읽을 말씀: 마태복음 28:18–20; 디모데후서 4:2
당신은 천국복음 전파 때문에 가족으로부터 핍박을 받은 일이 있는가?
당신이 천국복음 전파 때문에 핍박을 받을 때에 당신의 자세?
당신은 핍박을 받으면서도 천국복음을 전할 것인가?

❖ **지도자는 토의 후 답을 제시하고 함께 기도로 마친다**

3) 갈등

갈등은 인간관계에서 서로 상반된 입장 때문에 일어나는 충돌이다. 이러한 충돌은 정치, 경제, 사회, 문화, 과학, 가정 등 다방면에서 일어난다. 마음속에 갈등이 일어나면 자신의 약점이 노출되고, 화가 치밀어 오르면서 어떻게 할 바를 잃어버린다. 이런 경우 갈등을 어떤 방법으로 해결할 것인가 하는 것은 매우 중요하다. 갈등에 대한 사람들의 반응은 대개 3종류로 나타난다. 회피적 반응, 공격적 반응, 평화적 반응이다.

회피적 반응으로 나타나는 사람은 문제 자체를 인정하지 않고 적절한 해결책을 찾으려고도 하지 않는다. 대부분의 경우 도피처를 찾는다. 그런가 하면 공격적 반응은 언어로 폭력을 하거나 신체적 공격을 가하여 갈등을 더욱 심화시킨다. 이 둘은 바람직하지 않다. 반면에 평화적 반응은 인간관계를 중요시 하기 때문에 당사자 간에 평화를 원한다. 또한 갈등이 그리스도인들에게는 하나님의 임재와 능력을 집중하는 기회가 된다. 사도 바울은 여러 가지 논쟁에 휘말려 갈등을 하고 있는 고린도교회 교인들에게 편지하기를 "그런즉 너희가 먹든지 마시든지 무엇을 하든지 다 하나님의 영광을 위하여 하라 유대인에게나 헬라인에게나 하나님의 교회에나 거치는 자가 되지 말고 나와 같이 모든 일에 모든 사람을 기쁘게 하여 나의 유익을 구치 아니하고 많은 사람의 유익을 구하여 저희로 구원을 얻게 하라 내가 그리스도를 본받는 자 된 것 같이 너희는 나를 본 받는 자 되라"(고전 10:31-11:1)고 하였다. 바울은 갈등을 하나님께 영광을 돌리는 기회로 보았다. 그리고 나의 유익을 구치 아니하고 많은 사람의 유익을 구하는 진정한 이웃사랑으로 승화시켰다. 또한 그리스도를 닮아 가는 영적 성숙의 기회로 삼았다.

인간사회에 갈등이 없을 수는 없다. 갈등은 사소한 것에서부터 심각한 갈등에 이르기까지 다양하게 있지만, 그 해결책은 대화를 통한 협상과 보상, 더 나아가 용서를 함으로써 해결 할 수 있다(잠 19:11). 성경은 "싸움이 일어나기 전에 시비를 거칠 것이니라"고 하였다(잠 17:14). 그러므로 갈등은 해결할 수 없는 것이 아니라 어떻게 해결할 것인가 하는 것이 중요하다. 하나님께서는 갈등을 통해 영적으로 성장하기를 원하신다. 갈등을 일으키게 한 자를 어떻게 사랑할 수 있는가를 훈련을 통해서 배우게 할 것이고(눅 6:27-28), 갈등을 통해 자신을 그리스도의 장성한 분량이 충만한 데까지 이르게 하실 것이다(엡 4:13).

❖ 지도자는 아래의 본문을 읽고 성도들과 함께 토의하라

읽을 말씀: 누가복음 6:27–28; 고린도전서 10:31–11:1
　당신은 심각한 갈등을 겪은 일이 있는가?
　당신이 겪은 갈등의 해결을 통해서 어떤 점이 유익했는가?
· 　당신에게 다시 갈등이 온다면 어떻게 해결하기를 원하는가?

❖ 지도자는 토의 후 답을 제시하고 함께 기도로 마친다

4) 분노

　　분노는 자신의 요구가 받아들여지지 않거나 반대하거나 무시당했을 때 경험하게 되는 일종이 감정 표현이다. 과거에는 분노가 날 경우 샌드백을 두들겨서라도 분노를 풀라고 하였다. 그러나 최근에는 그러한 방법이 모두에게 유익이 되지 않는다고 하면서 관리에 초점을 두었다. 분노는 아주 가벼운 짜증부터 격한 감정에 이르기까지 매우 다양하다. 처음에는 요구가 받아들여지기 위해 분노했지만 나중에는 손해를 보는 줄 알면서도 분노를 한다. 그 이유는 분노를 다스리는 훈련의 부족함 때문이다. 이런 경우 습관적 분노로 변해버린다. 마치 약물 중독자처럼 사소한 일에도 분노한다. 분노는 스트레스처럼 관리가 필요하다. 그 방법은 사람에 따라 차이가 있기 때문에 이것만이 정답이라고 제시할 수 없다. 일상생활에서 화를 내는 습관이 생기지 않도록 훈련하는 것이 무엇보다 중요하다.

　　성경에는 마음이 사곡한 자들이 분노를 쌓는다고 하였다(욥 36:13). 사곡한 자를 원문에는 하네프(חָנֵף ḥānēp)라는 형용사를 사용하고 있는데, 그 뜻은 순수하지 못한, 오염된, 불결한, 죄로 때묻은 자에게 해당이 된다. 이런 사람들은 "하나님께 속박을 받을지라도 도우심을 구하지 않는다"(욥 36:13). 사도 바울은 에베소교회를 향하여 "너희는 모든 악독과 노함과 분냄과 떠드는 것과 훼방하는 것을 모든 악의와 함께 버리고 서로 인자하게 하며 불쌍히 여기며 서로 봉사하기를 하나님이 그리스도 안에서 너희를 용서하심 같이 하라"(엡 4:31-32)고 하였다. 그러므로 분노는 훈련되어 다스려져야 하는 것이고, 영적으로 미성숙한 상태에서 옛구습이 나타나는 감정 표현이다. "노하기를 더디 하는 자는 용사보다 낫고 자기의 마음을 다스리는 자는 성을 빼앗는 자보다 나으니라"(잠 16:32).

분노는 성격이 급한 사람 혹은 자아가 강한 사람에게 외적으로 쉽게 나타난다. 자신이 판단하기에 옳다고 생각하는 문제를 다른 사람이 내 의견에 무시하면 분노가 발한다. 분노하는 일이 나쁘다는 것을 알면서도 잘 고쳐지지 않는 것은 그만큼 분노가 내 생활에 습관화되어 있기 때문이다. 열개 중 아홉개를 잘하고도 한 가지 분노 때문에 손해를 보거나 일을 더 망치는 경우도 있다. 내 안에서 끓어 오르는 분노는 잠재웠어도 안 된다. 분노는 예수님의 십자가 아래로 끌고가야 한다. 주님의 능력으로 분노를 다스림 받아야 한다. 상대와 대화에서도 과격한 말을 삼가고 가능한 낮은 음성과 유순한 대화를 나누어야 한다. 처음에는 이런 훈련이 매우 거추장스럽고, 힘들겠지만 시간이 지나면서 점차 습관처럼 몸에 익숙해질 것이다. 자신의 분노는 다른 사람을 파괴하는 불행의 외적 요인이라는 것을 알라. "유순한 대답은 분노를 쉽게 하여도 과격한 말은 노를 격동하느니라"(잠 15:1)

❖ 지도자는 아래의 본문을 읽고 성도들과 함께 토의하라

읽을 말씀: 잠언 16:32; 디모데전서 2:8
당신은 분노를 잘 발하는 사람인가?
당신은 분노로 인해 손해본 일이 있는가?
당신이 분노를 다스리기 위하여 노력해야할 부분?

❖ 지도자는 토의 후 답을 제시하고 함께 기도로 마친다

8. 가정 생활 인간관계 훈련

1) 부부관계

부부간의 상호 인간관계는 결혼과 더불어 시작된다. 남편과 아내가 서로 사랑하고 자기의 '의무'[64]를 다 한다면 상호 인간관계에서는 아무런 문제가 생기지 않는다. 그러나 부부간의 인간관계는 당사자 간의 문제이기도 하지만 그렇지 않은 경우도 있다.

"2002년도에 통계청은 우리나라 전체 이혼율이 1990년 11.9%에서 1999년 31.9%로 급증했고, 2002년도에는 1일 평균 8백 40쌍이 결혼하고 3백 99쌍이 이혼한 것으로 조사됐다. 이 수치는 50% 가까운 이혼율을 보여주는 사례로 통계청은 이혼이 계속 증가하는 것에 대해 "자기중심적인 삶의 지향, 가치관의 변화와 부부간의 성격차이, 가족 간의 불화 등에 의한 것으로 해석하였다". 2003년 이혼 건수는 167,100건으로 정점을 이룬 뒤 2004년 139,400건, 2005년 128,500건 등으로 내림새다. 그리고 2006년은 125,000쌍으로 하루 평균 342쌍의 부부가 이혼했다. 그리고 2009년 4월 발표에 의하면 2007년에는 114,000건으로 점차 줄어들고 있다. 그러나 50대 이상 부부의 황혼이혼은 2005년 이후 증가하였다. 남자

---

64) "아내들이여 자기 남편에게 복종하기를 주께 하듯 하라 이는 남편이 아내의 머리 됨이 그리스도께서 교회의 머리 됨과 같음이니 그가 친히 몸의 구주시니라 그러나 교회가 그리스도에게 하듯 아내들도 범사에 그 남편에게 복종할찌니라"(엡 5:22-23), "남편들아 아내 사랑하기를 그리스도께서 교회를 사랑하시고 위하여 자신을 주심같이 하라…이와 같이 남편들도 자기 아내 사랑하기를 제 몸같이 할찌니 자기 아내를 사랑하는 자는 자기를 사랑하는 것이라"(엡 5:25-28).

는 55세 이상에서 13.7%로 가장 높았고, 여자는 50대 초반(50-54)에서 17.7%로 가장 높게 나타났다. 이혼의 원인으로는 성격차이가 49.7%, 경제문제 14.6%, 가족간 불화 8.9%, 배우자 부정 7.6%, 정신적·육체적 학대 4.5% 등이다. 이처럼 이혼의 문제는 가정이라는 공동체 안에서 복합적인 요인에 의해서 일어난다.

여성부가 2004년 9-12월 한국갤럽조사연구소에 의뢰하여 전국의 19-65세 혼인경험자 6,156명(남성 3,071명, 여성 3,085명)을 대상으로 조사한 결과를 보면(도표 3 참조) 응답자의 15.7%가 지난 1년간 배우자에 의해 신체적 폭력을 당한 것으로 나타났다. 조사 대상자 중 남성이 자기 부모에게 냉담하거나 심한 욕설을 하는 등의 정신적 폭력을 행사한 경우가 33.1%였으며, 여성이 자기 부모와 시부모에게 정신적 폭력을 가한 경우도 각각 30.8%, 29.9%였다. 남성의 처부모에 대한 정신적 폭력은 7.3%로 낮았는데 이는 처가와의 접촉 빈도가 낮은 결과 때문으로 분석됐다.[65]

---

65) 최선희, "가정폭력에 대한 예방책과 가해자 교정교육이 국가적 차원에서 강력하게 시행되어야 한다", 한국성서대: 사회복지학교수; 문경란 여성전문기자 moonk21@joongang.co.kr 문경란 기자의 블로그 http://blog.joins.com/ moon21/- '나와 세상이 통하는 곳'ⓒ 중앙일보&Joins.com

[도표 3 – 부모에 대한 정신적 폭력]

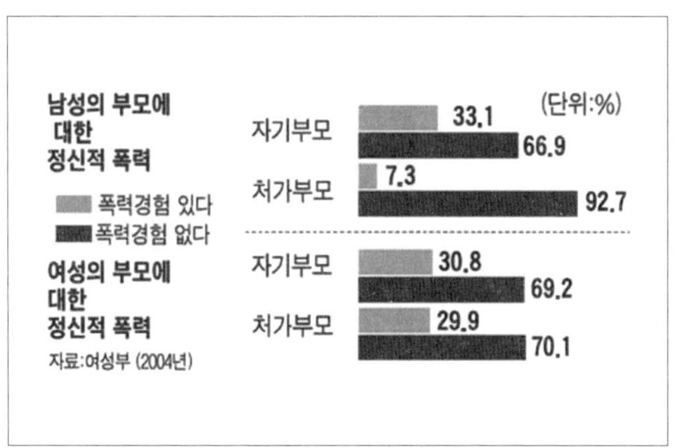

　　이처럼 부부관계가 깨어지는 원인은 다양하지만 관계가 깨어지면 당사자는 물론 친가나 처가 모두가 함께 정신적인 고통을 당하게 되고, 인간관계는 이로 인하여 큰 손상을 입게 된다. 그러므로 부부관계에서 인간관계는 교회와 성도, 머리와 몸의 관계에서 이해해야 한다(엡 5:22-33). 그리스도는 교회의 머리이시며 성도의 믿음생활은 교회를 통해서 영적으로 성장한다. 그리고 몸은 머리의 지시를 통해서 움직이듯이 하나님 말씀의 지시를 통해서 순종할 때 참 그리스도인의 생활을 영위할 수 있다. 이러한 관계가 부부 서로에게 적용이 될 때 인간관계는 아름다워지고 행복한 생활을 할 수 있다. 그리고 부부는 현세에서의 행복한 생활을 통하여 미래의 주님과 함께 하는 삶을 일부분이라도 경험할 수 있다.

　　필자는 결혼하기 전 부부관계를 이렇게 정의하였다. 결혼과 더불어 부부관계는 온실 안의 화초와 정원사의 관계로 이해하였다. 화초의 아름다움은 정원사가 어떻게 돌보느냐에 따라 아름다운 꽃을 오래 피울 수도 있고, 단축시킬 수도 있기 때문이다. 따라서 정원사는 온실 안은 화초가 건강하게 자라기 위해 적정온도를 항상 유지해야 하고, 아름다운 꽃을 오래도록 피우게 하기 위하여 날마다 수고가 필요하다. 낮에는 온실 안이 너무 덥기에 온실 덮개를 걷어주고, 밤에는 따뜻한 온도를 유지하기 위하여 보온 덮개를 씌워야 한다. 부부관계에서도 남편은 정원사가 되어 아내에게 관심을 가져줄 때에 아름다운 꽃을 오래도록 피울 수 있다. 아내의 아름다움은 나이에 비해 더 젊게, 더 아름답게, 성숙한 여인의 모습으로 살아가는 것이라 생각하였기 때문이다.

필자의 마음과 생각들은 행동으로 이어졌고, 결혼 20년 만에 아내로부터 받은 상은 '한결상'과 '부상'이었다. 한결상의 내용은 신혼여행에서 찍은 자신의 독사진을 명함 크기로 자르고, 사진 뒷면에 한결상을 주는 이유를 자필로 쓰고, 날짜와 이름 그리고 인감도장이 날인되어 있었다. 한결상의 내용은 '20년 동안 한결같이 사랑해 준 당신에게 이 상을 준다.'는 내용이었다. 부상으로는 악어로 만든 가죽 지갑 이었다.

그러나 결혼 30년째 깨달은 부분은 부부관계가 아무리 아름다워도 하나님 보다 더 앞설 수 없음을 깊이 인식하였다. 물론 의식적으로는 알고 있었지만, 아내의 사랑에 너무 깊이 빠져 있다가 보면 하나님의 일이 뒤로 미루어지는 것을 깨닫게 된 것이다. 기독교인은 하나님 사랑을 우선순위에 두고, 그다음 단계에서 이웃을 내 몸과 같이 사랑할 수 있어야 한다. 이것이 하나님께서 기뻐하시는 일이다. 하나님보다 아내를 더 사랑한다면 이것도 우상숭배나 다름이 없다. 필자는 결혼 30년 동안 아내와의 관계에서 사랑은 육신적 사랑(세속적 사랑)이었다는 것을 깊이 깨달았다. 아내가 원하는 것이 무엇인지를 눈빛만 보아도 짐작할 수 있었으니까. 하나님께서는 나에게 물으셨다. '사람을 먼저 기쁘게 하랴. 하나님을 먼저 기쁘게 하랴.' 30년 동안은 사람을 기쁘게 하는 일에 너무나 긴 시간을 소비한 것 같다. 너무 늦은 감이 있지만 남은 인생은 하나님을 기쁘게 하는 일에 온 힘을 기울이고자 한다. 이 글을 쓰고 있는 이 시간도 하나님을 기쁘시게 하는 일이라 생각되기에 주어진 시간에 최선을 다하고 있다.

부부가 함께 살 때에는 한 사람이 먼저 죽으면 못살 것 같다. 한 사람이 세상을 떠나면 그리움 때문에 혹은 외로움 때문에 생존한 사람이 마음의 고통을 받는다. 그러나 이혼의 경우는 다르다. 이혼한 남녀가 주 안에서 아름다운 친구 관계를 유지하며 살아가는 사람들이 있는가 하면 원수가 되어서 살아가는 경우도 있다. 이혼 후 원수가 되어 살아가는 경우는 상대로 하여금 받은 상처에 치유가 안 되었기 때문에 나타나는 현상이다. 치유는 하나님의 사랑 안에서 이해와 용서가 되면 아름다운 친구관계로 다시 발전하게 된다. 그리고 더 발전하게 되면 바울의 가르침(고전 7:1)에 따라 다시 합하게 된다. 그러나 상대로부터 받은 상처를 하나님의 사랑으로 이해와 용서는 하되 다시 합하지 못한 경우는 내면 깊숙히 뿌리박고 있는 작은 상처의 흔적들이 남아있기 때문이다. 이 작은 흔적까지도 지워져야 하는데 인간은 피조물이라 지우는 데에는 한계가 있다.

따라서 이혼의 경우는 각자에 대한 의무를 다하지 못하므로 생긴 원인이기 때문에 해결방법 또한 다양하게 나타난다. 그러나 바울이 고린도교회를 향한 가르침의 원리는 이혼의 경우 다시 합하든가 아니면 독신으로 지내라고 하였다(고전 7:11). 이 원리가 오늘을 사는 모든 그리스도인들에게 무조건적으로 적용되어야 하는가 하는 문제는 다시 한번 생각해야 할 부분이라고 생각한다. 풀러신학교 김세윤 교수는 이혼의 문제에 있어서 "타락한 질서 속에서 우리의 딜레마는 선과 악 중 하나를 선택해야 하는 것이 아니라, 두 악들 중에서 하나를 선택해야 할 때가 많다. 그때는 할수 없이 보다 작은 악을 선택할 수밖에 없다. 위험하고 지옥 같은 결혼을 유지하는 것보다 이혼이 더 작은 악일 때는 할 수 없이 이혼을 허락해야 한다."[66]고 하였다.

많은 사람들이 이혼을 한 것 만으로 정죄를 하는 사람들이 있다. 당사자가 이혼할 수밖에 없었던 사실들은 고려하지 않는다. 그들이 어떤 아픔들을 갖고 있는지 모른 체 율법의 잣대를 들이대며 마치 법관이 죄인을 판결하듯 해 버린다. 이러한 행동은 고난 중에 있는 욥에게 세 친구가 찾아와서 이 원인이 당신의 죄 때문이라고 하는 것과 같은 행동이다. 욥을 향한 하나님의 섭리는 깨닫지 못하고 우를 범하고 있는 것이다. 서기관과 바리새인들이 현장에서 간음하다 잡힌 여자를 끌고 예수님께 데리고 와서 모세의 법은 돌로 치라고 하였지만 예수님은 어떻게 하시겠는가 물었을 때, 예수님은 너희 중에 죄 없는 자가 먼저 돌로 치라고 하셨다. 의기양양해서 찾아온 그들은 양심에 가책을 느껴 하나씩 떠났다. 이 세상에 사는 사람들 중에 죄 없는 사람이 어디 있으며, 양심에 가책을 느끼지 않는 사람은 아무도 없다.

---

66)　김세윤, 하나님이 만드신 여성, 서울: 두란노, 2004, 56.

우리들은 죄가 있기에 하나님의 사랑을 덧입기를 원하고, 그리스도의 보혈로 인한 죄 씻음이 오늘도 필요한 것이다. 따라서 이혼한 자들에게 심판자가 되지 말고, 정죄하는 자가 되지 말아야 할 것이다. 이것은 인간관계 훈련에서 잘못된 행동들이다. 이혼의 과정 속에도 하나님의 뜻은 있기 마련이다.

❖ 지도자는 아래의 본문을 읽고 성도들과 함께 토의하라

　　읽을 말씀: 창 2:24-25; 베드로전서 3:7; 마태복음 5:32
　　당신은 부부관계에서 이상이 없는가?
　　당신이 부부관계에서 아픈 상처를 경험한 일이 있는가?
　　당신은 부부관계에서 일어난 아픈 상처를 어떻게 치유받았는가?
　　당신과 가까운 분이 음행 때문에 이혼을 하였다면 당신이 취할 행동?

❖ 지도자는 토의 후 답을 제시하고 함께 기도로 마친다

2) 자녀관계

한 가정이 세워지고 부부생활로 인하여 '자녀가 출생'[67] 하면서
부터 자녀와의 인간관계는 시작된다. 자녀가 하나님의 큰 기업이 되
기를 원하는 부모의 마음은 누구나 동일하다. 그러나 자녀가 점차 성
장하면서 자녀를 통한 부모의 고민도 점차 늘어난다. 학업의 문제, 사
춘기를 접하면서 이성의 문제와 탈선, 배우자의 선택, 병역의 문제, 특
히 이혼한 가정의 경우는 자녀의 호적문제에 이르기까지 복잡하게
얽힌다. 기독교인의 가정이라고 할지라도 이러한 부분의 문제를 해결
하지 못하면 큰 어려움에 빠지기가 십상이다.

가정의 문제들을 돕기 위하여 세워진 기관들은 주로 가정상담
소이다. 미국의 경우는 국가에서 자격을 취득한 자가 가정상담소를
열어서 운영하고 있다. 가정에서 문제가 생길 경우 피상담자는 상담
자와 몇 차례 면담을 통해서 문제에 대한 해결 방안을 듣게 되고, 적
절한 상담료를 지불하는 것이 법제화되어 있다. 목사의 경우는 기독
교신앙 안에서 신앙상담은 할 수 있어도 가정문제에 대한 구체적 상
담사로서 활동은 할 수 없다. 신앙을 가진 가정에서 자녀와의 인간관
계를 어떻게 하는 것이 좋을지는 성경에서는 구체적으로 제시되어
있다. "아비들아 너희 자녀를 노엽게 하지 말고 오직 주의 교양과 훈
계로 양육하라"(엡 6:4), "네 자녀에게 부지런히 가르치며 집에 앉았을
때에든지 길에 행할 때에든지 누웠을 때에든지 일어날 때에든지 이
말씀을 강론할 것이며"(신 6:7), "네 모든 자녀는 여호와의 교훈을 받을

---

67)　"자식은 여호와의 주신 기업이요 태의 열매는 그의 상급이로다"(시 127:3)

것이니 네 자녀는 크게 평강할 것이며”(사 54:13)에서 찾을 수 있다.

자녀를 노엽게 하지 말아야 할 것은 비록 부모가 낳은 자녀라 할지라도 자녀에게 생명을 주신 분이 하나님이기 때문에 하나님의 자녀이고, 그 주권이 하나님에게 있다. 그러므로 자녀의 가르침은 하나님의 말씀으로 교양과 훈계로 양육해야 한다. 자녀들을 양육함에 있어서 제제와 통제가 필요하지만 자녀가 이해하지 못하는 경우에 강압적인 양육은 바람직하지 못하다. 그리고 자녀는 성장하면서 어떤 사람과 만나느냐에 따라 인격과 성품에 영향을 받는다. 부모가 기독교인이면 자녀는 일찍이 부모님과 교회를 다녔을 것이다. 아이는 부모님과 주일학교 선생님으로부터 신앙의 지도를 받으면서 자란다. 이런 아이들의 인격과 성품의 형성은 하나님의 말씀에 기초한 것이기에 하나님을 기쁘시게 하는 온전한 성품으로 자라게 된다. 그리고 부모님과 주일학교 교사는 자녀가 하나님의 기업이라는 사실을 알고 기업을 성장시키는 데에 최선을 다 한다.

자녀가 청소년기에 들어가면 더 많은 사람들을 만나는 기회가 생긴다. 자신과 마음이 통하는 친구들과 만나게 되고, 또한 이성간의 교제로 인하여 생각지 않게 나쁜 길로 빠질 수도 있다. 이 시기는 모든 자녀가 거쳐 가는 시간이다. 부모가 기독교인이라면 하나님의 말씀으로 가르쳐 깨닫게 하고, 부모 자신이 먼저 언행일치(言行一致)와 신행일치(信行一致)의 삶을 자녀에게 보여주어야 한다. 이유는 자녀에게는 부모가 거울이기 때문이다. 그리고 부모가 자녀양육을 위하여 특별이 '피해야 할 점'[68] 과 '거침돌이 되는 것들'[69] 을 명심하고, 이로 인하여 자녀에게 상처를 주어서는 안 된다.[70]

부모와 자녀간의 대인관계에 심각한 문제가 생기는 것은 부모의 입장에서 자녀를 바라보기 때문이다. 부모의 눈높이가 자녀의 수준으로 내려가서 자녀를 이해하려고 노력한다면 인간관계에서 해답은 쉽게 얻을 수 있다. 그렇지 않고 부모가 자녀에게 피해야 할 부분이나 거침돌이 되는 부분에서 매여 있는 한 자녀와의 관계 형성은 잘 이루어지지 않는다. 탕자의 비유에서처럼 아들이 회개하고 돌아오기만을 기다리는 아버지와 그 아버지의 가슴속에 하나님의 사랑이 가득하다고 자녀가 느껴질 때 비로소 부모와 자녀 간의 인간관계는 풀어지기 시작한다.

필자에게는 두 자녀가 있다. 딸과 아들이 있는데, 두 살 차이이다. 딸 아이는 청소년 시절을 진통 없이 지나갔다. 그의 마음은 조선시대 여인처럼 정숙하고, 부모님의 말씀에 순종을 잘하였다. 학교와 교회, 그리고 가정을 오고 가는 생활을 하다가 보니 부모님께 걱정을 안 끼쳤다. 그러나 아들은 청소년 시절을 맞이하면서 변화무상한 생

---

68) ① 충동적이거나 분노에 찬 훈육(이것이 십대 자녀들로 하여금 자신의 자기 주장을 두려워하게 만든다.) ② 형제나 다른 또래들과의 비교 ③ 비판 ④ 과보호 ⑤ 자녀가 알아야 할 요리, 집안 일 등 생활기술을 가르치지 못하는 경우 ⑥ 자녀가 필요로 할 때 자녀와 충분한 시간을 갖지 못하는 경우

69) ① 어머니를 위시한 가족들과의 정서적 유대가 이루어지지 않을 경우 ② 부모의 적절한 시기에 정서적으로 분리가 되지 못하는 경우 ③ 자신의 능력과 잠재력을 발견하고 자아 정체감을 확립 못하는 경우 ④ 부모와의 분리가 너무 일찍 일어난 경우 ⑤ 신체적 성적 확대가 일어난 경우, 학대와 버림받은 경험은 자녀들에게 가장 치명적인 영향을 준다.

70) Yea-Sun Eum Kim, Building Healthy Family Through Church, 277.

활로 급변하였다. 아들의 급작스러운 변화에 부모는 어떻게 대처할 바를 몰랐다. 아들과 인간관계에서 문제가 발생하게 된 것이다. 인간관계가 시작되면 하나님께서 통과시켜 주실 때까지 계속되는 것이 보통이다. 그리고 통과 이후에는 부모와 자녀의 관계가 더욱 아름다운 관계로 발전된다. 아래는 아들 사이에 있었던 인간관계의 내용을 다루므로 독자에게 도움을 주고자 한다.

아들이 고등학교를 진학하면서부터 육체적인 변화와 더불어 사고와 가치관의 갈등으로 혼돈하기 시작하였다. 의존된 학습에서 독립하기 위한 몸부림이었다. 고등학교 2학년 때, 학교를 중단하고 Break dancer(요즘은 B-boy)가 되겠다면서 학원을 보내달라고 하였다. 그렇지 않으면 신문배달을 해서 얻은 수입으로 학원에 다닐 테니 간섭을 말아 달라는 것이다. 아내로부터 이 말을 들은 나는 곤봉으로 얻어맞은 것처럼 정신을 차릴 수가 없었다. 안돼. 이놈 그냥 두지 않겠다. 내가 저를 어떻게 가르쳤는데--, 내 안으로부터 분노가 한꺼번에 위로 치밀어 올라왔다. 이를 본 아내는 나를 진정시켰다. 이런 일은 화를 낸다고 되는 일이 아니잖아요. 어떤 좋은 방법을 구상해야지요. 아내는 아들에게 아빠와 상의하여 연락을 주겠다고 하고는 일단 답변의 시간을 늦추도록 하였다. 아무리 묘안을 찾아도 시원한 대답을 줄 수가 없었다. 몇 일 후 아들에게 너는 목사의 자녀이자 신앙인으로서 그럴 수 없으며, 지금은 춤출 때가 아니라 공부해야 할 중요한 시기라는 것을 강조하여 타일렀지만 듣지를 않았다. 그렇게 순종만 하면서 자라던 자녀가 갑자기 이런 행동으로 나올 때, 이 책을 읽는 독자들은 과연 어떤 해답을 줄 수 있을까?

　부모로부터 자기의 의견이 거절되고, 분노에 찬 아빠의 모습을 생각한 아들은 편지 한 장을 써 놓고 가출해 버렸다. 아들이 갈만한 곳을 모두 연락했으나 찾을 길이 없었다. 아내와 나는 3~4일을 기다려 본 후 그래도 안 돌아오면 파출소에 가출신고를 하기로 하였다. 가출한 지 3일 만에 모 일간지 신문지국에서 연락이 왔다. 아들의 이름을 대면서 모 일간지 신문지국인데 아들에게 신문 배달하라고 하셨습니까? 신문지국장에게 아들의 입장을 설명한 후 내가 갈 때까지 붙들어 놓아달라고 하고는 가서 아들을 데려 올 수가 있었다.

　아들이 집 나가서 돌아오기까지는 3일간이었지만 그 시간은 참으로 길었다. 아들은 아버지 품을 떠났지만 문을 열어 놓고 돌아오기만을 기다리는 아버지의 심정을 조금이나마 이해할 수 있었다. 성경에는 "집 나간 탕자의 비유"(눅 15:11-32)가 있다. 집 나간 탕자는 자신이 다 망가진 후 회개하고 아빠 집으로 돌아오지만 아들의 경우는 달랐다. 세상유혹에 빠질 아들을 아빠가 직접 찾아가서 집으로 데려온 것이다. 아들이 집으로 돌아오기까지 3일간의 시간은 부자지간에 유익한 시간들이었다. 비록 서로에게 마음의 고통은 있었지만 하나님 안에서 자신이 어떤 존재인가를 다시 한번 정리할 수 있었기 때문이다. 하나님께서 나에게 깨달음을 주신 것은 아들의 눈높이로 내려가서 아들을 이해하라고 하셨다. 그리고 아들이 하나님의 기업임을 깊이 인식하고 아들의 입장에서 세상을 다시 보라고 하셨다. 그리고 아들에게는 아버지의 집이 귀중함을 깊이 인식하는 시간들이었다.

　집 나간 아들이 돌아온 이후 달라진 필자의 모습은 TV 시청하는 시간이 늘었다. 무대 뒤편에서 춤을 추는 Back dancer들을 유심히 관찰하였다. 그들은 타락한 사람들의 광란이 아니라 그들의 재능을 몸으로 표현하는 직업인이었다. 무대에서 춤을 춘다고 지옥을 가는 일은 더욱 아니었다. 아들과 허심탄회하게 깊은 대화를 나눈 후 Back dance학원을 보내주기로 하고, 그 대신 학교 수업에 열심을 다하도록 하였다. 이후 아들의 변화는 학교 수업에 더 충실할 뿐만 아니라 Back dancer로서 연습도 최선을 다하는 것을 볼 수 있었다. 아들은 주어진 일에 긍정적이고, 매우 적극적인 모습으로 변해갔다.

Back dance 학원에 다닌 후 3개월 만에 준교사로서 활약을 하였고, 준교사가 된지 4개월 후에는 Back dance를 중단하였다. 중단한 이유는 "평생을 할 직업이 아니고, 춤을 추는 것도 한순간"이라고 하였다. 사춘기에 누구에게나 다가올 수 있는 유혹들이 목회자의 아들이라고 비켜나가지 않았다. 아들은 사춘기를 무난히 잘 넘김으로써 대학과 군대복무를 모범적으로 마치고, 현재는 미국생활에 매우 적극적으로 잘 적응하고 있다. 하나님께서는 아들과의 인간관계를 통해서 많은 것을 깨닫게 해 주셨다. 하나님 아버지의 애타는 마음과 인내하며 사랑을 베푸시는 헌신적인 사랑이 한량없으시다는 것을, 그리고 아들에게는 아버지의 사랑과 가치관의 정립을 바로 세우셨다. 이 모든 훈련들이 하나님의 뜻 안에서 보면 영적으로 나를 성장시키기 위한 하나님 사랑의 배려이었다. 그리고 하나님은 부자지간에 감당할 수 있는 시험 안에서 훈련을 시키셨다(고전 10:13). 지금 돌이켜 생각해 보면 참으로 감사할 뿐이다.

❖ 지도자는 아래의 본문을 읽고 성도들과 함께 토의하라

읽을 본문: 시편 127:3; 에베소서 6:4; 누가복음 15:12-32
당신은 자녀와의 사이에 고통하는 문제가 있었는가?
당신이 자녀와 사이에서 고통의 문제가 있다면
어떻게 풀어가고 있는가?
사춘기에 있는 자녀 교육을 위해서 당신이 할 수 있는 일은?

❖ 지도자는 토의 후 답을 제시하고 함께 기도로 마친다

3) 고부관계

고부간의 대인관계에서 갈등은 시어머니와 며느리 사이에서 생기는 가정주도권, 애정의 정서, 심리갈등, 가치관의 차이로 인해 일어나는 충돌이다. 이러한 고부간의 갈등은 아들을 가운데 둔 애정의 경쟁, 대화 및 이해의 부족, 경제적 원조 및 간호·보호문제가 갈등의 원인이 되기도 한다.[71]

고부간의 갈등을 해소하고 원만한 관계를 갖기 위해서는 서로의 갈등요인을 제거해야 한다. ‘며느리의 갈등요인’[72] 과 ‘시부모의 갈등요인’[73] 을 각자 상대편의 입장에서 이해하고 협조할 때 갈등 요인을 줄일 수 있다. 며느리는 신앙 안에서 부모를 공경하는 마음의 훈련과 시부모의 갈등요인으로 하여금 나를 정금같이 빚으시는 하나님의 섭리를 발견할 때 갈등요인이 오히려 감사로 변하게 된다.

❖ 지도자는 아래의 본문을 읽고 성도들과 함께 토의하라

읽을 본문: 출애굽기 20:12; 에배소서 5:31; 디모데후서 3:2
당신이 며느리와 시어머니 사이에서 갈등이 있다면 그 원인이 어느 쪽에 있다고 생각합니까?
당신이 겪는 갈등의 내용?
당신이 갈등의 문제를 해결하기 위해 어떤 노력을 하는가?

❖ 지도자는 토의 후 답을 제시하고 함께 기도로 마친다

---

71) Yea-Sun Eum Kim, 293.

72) Ibid., 294. ① 시어머니와 성격차이(대화단절) ② 시어머니의 이기적 태도 ③ 집안 습관 ④ 경제문제 ⑤ 시댁식구 ⑥ 소외감, 친정식구 문제

73) Ibid., ① 시부모를 되는 대로 대우한다. ② 매사에 의논하는 일이 거의 없다. ③ 자기 자식과 남편 위주의 생활을 한다. ④ 친척간의 우애를 소홀히 한다.

4) 형제 관계

　사람들은 누구나 태어나면서부터 만남이 시작된다. 만남 가운데는 좋은 만남이 있는가 하면 만나지 말아야 할 나쁜 만남도 있다. 특별히 이 부분에서는 가족이라는 집단을 떠나서 그리스도 안에서 형제들이 어떻게 살아가는 것이 하나님께서 바라는 것인가를 생각해 본다. 바울은 "우리는 구원 얻는 자들에게나 망하는 자들에게나 하나님 앞에서 그리스도의 '향기'[74]라고 하였다. 이 사람에게는 사망으로 좇아 사망에 이르는 냄새요 저 사람에게는 생명으로 좇아 생명에 이르는 냄새라 누가 이것을 감당하리요"(고후 2:15-16)라고 하였다.

　모든 사물에는 고유의 냄새가 있기 마련이다. 그가 지니고 있는 내용물의 여하에 따라 그 냄새의 종류도 각기 다르다. 고린도후서 2장 15절에서 "우리는 구원 얻는 자들에게나 망하는 자들에게나 하나님 앞에서 그리스도의 향기니"라고 했을 때는 향기가 구원과 멸망이라는 두 가지 상반된 상태가 있음을 알 수 있다. 향기를 맡고 그리스도에게 돌아오는 자가 있는가 하면, 향기를 맡고 그 마음이 더욱 완고하여 그리스도를 배척하는 자가 있음을 의미한다. 교회를 오래도록 다녔음에도 그리스도의 향기보다는 세상의 향기가 가득 풍기는 사람들이 있다. 잘못된 신앙생활을 하였기 때문에 일어나는 경우이다. 예수 믿는 사람이라면 그리스도로부터 구원받은 향기가 자기 주위에서부터 땅 끝까지 전하여져야 할 것이다(참조, 마 28:19-20).

---

74)　향기에 해당하는 헬라어는 유오디아(εὐωδία euōdia)이다. 유오디아는 향기로운 냄새, 유쾌한 냄새, 신선한 냄새, 깨끗한 냄새, 썩지 않은 냄새 등의 뜻이다. 본문에서는 죽은 자를 살리는 영혼구원에 초점이 맞추어져 있다.

그리스도 구원의 향기를 전하는 자는 우선 본인이 그리스도를 믿음으로써 죄를 이기고, 나를 이기고, 세상을 이기는 승리의 기쁨을 맛본 신선한 냄새가 풍겨야 한다. 신앙생활은 아는 것과 행하는 것이 일치가 될 때에 말씀의 능력도 나타나고 향기로운 냄새가 난다. 자신이 맛보지 않은 음식은 다른 사람에게 자신 있게 소개할 수 없다. 그리스도 구원의 향기는 내가 늘 그리스도 안에 거함으로써 그리스도가 우리의 온 생명과 감정과 이성을 주관하시고 나를 다스려 주실 때, 내가 거기에 순종함으로써 경험되어 나타나는 냄새가 그리스도의 향기이다.

형제관계에서 잊지 말아야 할 것은 사도 바울처럼 복음에 빚진 자가 되어야 한다. 그는 복음을 전할지라도 자랑할 것이 없음은 내가 부득불 할 일이라고 하였다(고전 9:16). 형제들에게 복음을 전하고 그리스도에게 인도하는 일은 참으로 귀한 일이다. 형제가 그리스도에게 돌아오게 하기 위해서는 자신이 구원받은 자의 삶을 살아갈 때 형제에게 감동을 줄 수 있다. 그렇지 않고 세상의 썩은 냄세만 풍기게 되면 복음의 문은 닫힌다. 구원받은 자의 신선한 삶, 깨끗한 삶, 성결한 삶이 형제에게 전해질 때, 복음은 확장된다. 형제관계에서 가장 큰 선물은 그리스도를 전하여 구원을 얻게 하고 구원받은 자의 삶을 통해 그리스도의 향기가 온 누리에 전하여야 한다. 예수님께서 이 땅에 오신 목적도 인간의 영혼을 구원하시기 위함이셨다(마 1:21). 제자들을 선택하여 그들을 훈련시키신 것도 천국 복음을 땅끝까지 전하기 위함이셨다(행 5:41-42; 참조, 마 10장). 그리고 십자가에서 돌아가시고 부활하시어 보혜사 성령님을 보내시고 믿는 자들로 하여금 능력을 힘입게 하는 일도 영혼구원이 목적이셨다.

형제의 구원을 위해서는 바울처럼 자신이 큰 근심과 마음의 고통도 경험할 수 있어야 한다(롬 9:1-3). 또한 모세처럼 형제의 죄를 용서받기 위해 자신의 생명도 걸 수 있어야 한다(출 32:32). 이러한 마음은 예수님께서 십자가 아래에서 기도하신 내용과 일치하는 마음이다(눅 23:34). 한 형제를 천하보다 귀히 여긴다는 것은 결코 쉬운 일이 아니다. 예수님과 모세와 바울의 삶을 통해서 형제 사랑함을 배워야 할 것이다.

❖ 지도자는 아래의 본문을 읽고 성도들과 함께 토의하라

읽을 말씀: 고린도후서 2:15-16; 로마서 9:1-3;
출애굽기 32:31-32
당신은 어떤 향기를 풍기는 편인가?
당신의 향기가 형제들의 생활에서 어떤 영향을 미칩니까?
당신이 더 나은 향기를 발하기 위해 노력해야 할 부분?

❖ 지도자는 토의 후 답을 제시하고 함께 기도로 마친다

9. 물질(재물)의 훈련

1) 구약의 재물이해

구약성경에서 재물과 관련된 히브리어는 다양하다. 그 중 몇 가지를 살펴보면 오짜르(אוֹצָר 'ôṣār)[75], 혼(הוֹן hôn)[76], 호쎈(חֹסֶן ḥōsen)[77], 이트라(יִתְרָה yitrâ)[78], 오쉐르(עֹשֶׁר 'ōsher)[79], 레쿠쉬(רְכוּשׁ rᵉkûsh)[80] 등이 있다. 주로 이들 단어는 화폐가치를 지닌 모든 것에 해당이 되는 것으로 재물, 자산, 보물과 관련되어 있다. 재물이 하나님의 축복임에는 틀림이 없으나 재물에 마음이 빼앗기면 하나님을 멀리하게 된다.

---

75) 오짜르는 보물, (지식 따위의)보고이다(대하 25:24; 잠 10:2, 21:6; 렘 49:4, 51:13; 미 6:10).

76) 혼은 화폐 가치를 지닌 모든 것이다. 부, 재물, 재산, 물질 등이 풍부하다(시 119:14; 잠 3:9, 8:18, 10:15, 11:4, 13:7, 18:11, 19:4, 28:22, 29:3; 겔 27:27).

77) 호쎈은 부, 재물, 재산, (귀금속·화폐 따위) 보물이 풍부한 상태이다(잠 27:24).

78) 이트라는 부, 재물, 재산이 넘칠 만큼 많은 상태이다(사 15:7; 렘 48:36).

79) 오쉐르는 부, 재물, 재산이 풍부한 상태를 말한다(창 31:16; 삼상 17:25; 시 52:7, 112:3; 잠 11:16, 28, 13:8, 22:1, 4, 전 5:13, 14, 6:2, 9:11).

80) 레쿠-쉬는 상당한 가치 있는 재산, 자산에 해당된다(창 14:11, 16, 15:14; 대하 20:25, 21:14, 17; 단 11:24, 28).

2) 신약의 재물 이해

신약성경에서 재물에 사용된 헬라어는 카테마(κτῆμα ktēma)[81], 맘모나스(μαμωνᾶς mammōnas)[82], 플루토스(πλοῦτος ploutos)[83], 크레마(χρῆμα chrema)[84] 등이 있다. 이들의 단어는 주로 재물, 재산, 물건 등 화폐 가치가 있는 모든 것에 해당이 된다.

---

81) 카테마는 (땅) 재산, 자산이다(마 19:22).

82) 맘모나스는 화폐, 화폐 가치가 있는 모든 것, 자산, 재산, 부동산 등이다(마 6:24; 눅 16:9, 11).

83) 플루토스는 (화폐 가치를 지닌 모든 재산) 부, 재물, 재산 등이 넘칠 만큼 많은 상태를 말한다(딤전 6:17; 히 11:26; 약 5:2).

84) 크레마는 (동, 토지, 물건 등)을 (재산·소유물) 가진 것이다(막 10:23; 행 4:37).

3) 재물의 사용

오늘날 많은 그리스도인들이 재물에 대한 올바른 이해가 부족하여 마음에 불편함을 가지고 살아간다. 성경은 재물 그 자체가 악의 뿌리가 아니며 소유 자체가 나쁜 것이 아니다. 어떻게 재물을 사용하느냐에 따라 평가를 달리하고 있다. 그리스도인이 재물을 어떻게 사용하는 것이 하나님 앞에 신령한 재물이 되는지 성경은 구체적인 방법을 제시하고 있다. 재물에 대한 성경의 가르침을 살펴보면 구약성경에서는 부유한 자들에게 "고아와 과부와 나그네와 궁핍한 자를 압제하지 말라고 하였다"(슥 7:10). 그리고 시편 기자는 "거룩한 처소에 계신 하나님은 고아의 아버지이시며 과부의 재판장이시라"고 하였다(시 68:5). 죠지 뮬러는 이 성경구절에 감동을 받았고, 하나님께서 자신에게 주신 사명의 말씀인 줄로 알고 버려진 고아들을 돌보는 일로 한평생을 보냈다. 그가 고아를 돌보는 일에 있어서 참으로 하나님께서 고아를 돌보신다는 고백의 대한 기록도 그의 저서 "5만 번 응답받은 뮬러의 기도 비밀"에서 증언하고 있다.

재물에 대한 신약성경의 가르침은 예수님의 사역에서 나타난다. 예수님은 자신이 직접 가난한 자, 병든 자, 소외된 자를 찾아 그들을 돌보고 불쌍히 여기셨다. 그리고 야고보 사도는 하나님 앞에 경건의 한 부분을 고아와 과부를 돌보는 일이라고 하였다(약 1:27). 따라서 신·구약성경에서 재물에 대한 가르침은 재물을 가진 자가 가지지 못한 자에게 나누어 주는 사랑의 공동체적 삶을 살도록 한 것이다. 재물은 나누어 줄 때 더 풍성해진다.

오늘날 그리스도인들이 갖추어야 할 바람직한 물질관이 어떤 것인지 재물의 소유에 대한 문제와 사용문제, 그리고 부의 개념 문제로 나누어 살펴보면 첫째는 재물의 소유문제에 있어서 자본주의 사회에서 재물의 영향력은 매우 크다. 사람들의 의식주(衣食住)에서부터 시작하여 생활의 모든 영역에서 재물은 필수적이다. 그러므로 많은 사람들은 재물을 더 모으기에 혈안이 되어 있고, 재물의 많고 적음에 따라 성공과 실패의 잣대로 기준을 삼기도 한다. 재물이 하나님의 영광과 다른 사람의 유익을 위해 사용되어 진다면 재물은 많을수록 좋다. 그러나 부를 소유한 자가 하나님 이상으로 그 부를 섬기고, 사랑하여 하나님을 올바르게 의지하고 섬길 수 없게 된다면 그 부는 오히려 본인에게는 재앙이다. 그러므로 이러한 부는 포기하는 편이 옳다. 그리고 분명한 것은 재물의 주인은 하나님이시다. 다윗은 하늘과 땅과 바다 거기에 거하는 모든 것이 다 여호와의 것이라고 고백하고 있다(시 24:1-2). 그리스도인이 소유한 재물은 하나님의 뜻에 따라 사용되기 위해 준비된 재물이며, 성도는 그 재물을 관리하는 측면에서 청지기 직분을 수행하는 자일 뿐이다. 따라서 재물의 주인이신 하나님께서 언제라도 요구하시면 내놓아야 한다. 재물에 대한 다윗의 고백이 그것을 잘 말해주고 있다(대상 29:11-14).

둘째는 재물의 사용 문제에 있어서 사용하는 자가 어떻게 사용하느냐에 따라 하나님께 영광이 될 수도 있고, 죄가 될 수도 있다. 누가복음 15장의 '집 나간 탕자의 이야기'나 누가복음 12장의 '한 부자의 비유'에서는 재물을 잘못 사용한 경우를 보여주고 있다. 탕자의 경우는 재물을 사용함에 있어서 창기와 함께 허랑 방탕하게 사용한 경우이고, 한 부자의 경우는 자기 자신만을 위하여 먹고 마시고 즐거워한 경우이다. 이 둘은 자신을 위해서는 재물을 아낌없이 사용했으나 하나님과 이웃에 대해서는 부요하지 못한 자들이다. 성경은 재물을 어떻게 사용하는 것이 하나님의 뜻 안에서 바람직한가를 제시하고 있다. 가진 재물을 성중에 우거하는 객과 고아와 과부들을 배부르게 하면 범사에 하나님께서 복을 주시겠다고 하셨다. 그리고 그 선한 행위들은 결단코 상을 잃지 않을 것이라는 하나님의 약속의 말씀이 있다(신 14:29; 잠 19:17; 마 10:42).

이러한 사실로 미루어 보아 재물은 축적하는 것이 아니다. 다른 사람들과 함께 공유하도록 하나님께서 허락하신 축복이다. 예수님께서도 한 부자 청년에게 말씀하시기를 하나님의 나라를 원한다면 소유물로부터 떠나겠다는 내적 자세뿐만 아니라 실제로 그의 소유를 나눠주라고 권하셨다(마 19:16-22). 예수님 자신의 삶을 보아도 거처를 마련하기 위하여 주택을 구입한 일도 없고, 내일 먹을 양식을 위하여 저축해 둔 일도 없다. 오직 하나님의 나라와 의를 나타내기 위하여 최선을 다하였을 뿐이다. 그리고 "삼가 모든 탐심을 물리치라 사람의 생명이 그 소유의 넉넉한데 있지 아니하니라"(눅 12:15)고 하시면서 "무릇 네게 구하는 자에게 주며 네 것을 가져가는 자에게 다시 달라지 말라"(눅 6:30)라고 가르치셨다. 예수님의 재물관은 자신을 위해 축적해 두지 말라는 것이다. 재물은 하나님 나라를 세우는 일과 가난한 이웃을 위해 사용되도록 주어졌음을 말해주고 있다.

셋째는 부(富)에 대한 개념으로 부가 우리에게 행복과 복지를 가져다줄 것이라고 생각을 하면 우리는 복음서에 나오는 어리석은 부

자(눅 12:19)처럼 부를 의지하게 될 것이고, 사랑하게 될 것이고, 궁극적
으로는 부를 하나님보다 우위의 자리에 올려놓게 될 것이다. 안토니
는 부와 가난이 이 세상과 다음 세상에서 복과 선행에 관해 피차 특
별한 기득권을 갖지 않는다고 하였다. 부에 대한 안토니의 생각을 우
리도 가져야 할 것이다. 그는 부농의 아들이었지만 세상 재물을 포기
하고 겸손한 금욕고행자들을 모방하였다. 그는 금식과 침묵은 하나
님의 마음을 움직이는 것으로 믿었다.

> "여관에 머물고 있는 사람들 가운데 일부 사람들에게 침대
> 가 주어진다. 침대가 없는 사람들은 방바닥에 누워 잠을 잔
> 다. 그러나 그들 역시 침대에서 자는 사람들 못지않게 편안
> 하게 잔다. 밤이 지나고 아침이 되면 똑같이 다 일어나서 여
> 관의 물건은 그대로 놔두고 여관을 떠난다. 인생길을 가는
> 사람들에게도 마찬가지이다. 궁핍한 환경에서 사는 사람들
> 이나 부와 명성을 누리며 사는 사람들이나 모두 여관을 떠
> 나듯이 이 세상을 떠난다. 그러나 세속적 안락이나 부는 그
> 대로 두고 떠나되, 다만 선하든 악하든 이 세상에서 그들이
> 행한 것만 가지고 떠난다."[85]

안토니가 강조하고자 하는 것은 이 세상의 부와 명성이 천국에
서 조금도 도움을 주지 못하지만, 이 세상에서의 행실은 천국에서 영
향을 미친다는 뜻이다. 하나님의 말씀은 뿌린 대로 열매를 거두고(고

---

85) Dallas Willard(엄성옥 역), 영성 훈련, 은성, 1993, 240.: St. Antony, in E. Kadloubovsky and G. E. H. Palmer, eds., Early Fathers from the Philokalia(London: Faber and Faber, 1963), 30.

후 9:6), 행한 대로 보응을 받기 때문이다(롬 2:6).

중세시대에는 재물의 무소유가 청빈의 덕목이었다. 그들은 하나님 제일주의로 살아가려는 마음 때문에 재물로 인하여 마음이 흐려지지 않기 위하여 차라리 가난한 이웃들에게 자기 재물을 모두 나누어주었다. 그 대표적인 사람이 성프란시스이다. 그는 절대 청빈을 실천한 사람이었고, 청빈(淸貧)을 성빈(聖貧)으로 승화시켰는가 하면 가난은 곧 '하나님의 모습'이라고 하였다. 이러한 행적은 참으로 아름다운 일로서 그리스도와 교회의 영원한 보배임에는 틀림이 없다.

오늘날 우리가 사는 21세기는 멀티미디어 시대에 살고 있다. 세계는 눈부신 발전을 거듭하면서 하루가 다르게 급변하고 있다. 과학의 힘은 모든 분야에서의 기계화, 컴퓨터, 팩시밀리, 하드웨어 시스템을 통한 전산화, 인터넷 등으로 새로운 패러다임을 만들어 내고 있는가 하면 지구촌 모퉁이에서 일어난 사건은 고도로 발달된 정보통신에 의해서 한 시간 안에 우리의 안방에까지 속속 전해지고 있다. 이러한 환경에서 복음의 세계화를 위해서 사용되는 재물은 많을수록 좋다.

그리스도인들에게 재물은 그 주권을 어디에 두느냐에 따라 다르다. 소유 문제에 있어서도 정직하고 부지런하여 수고하여 얻은 재물이라면 하나님의 축복이다. 재물의 소유권을 하나님께 두고, 얻은 재물을 하나님의 영광을 위해 가난한 이웃들을 돌보는 선한 재물에 사용된다면 하나님께 영광이 된다. 지구촌 구석구석까지 복음사역을 펼쳐 나아가고 기아에 허덕이는 가난한 형제들을 돌보는 일은 재물을 가진 자가 이들을 위해 내어 놓아야 한다. 그리스도인들이 사업을 잘하여 많은 수익을 얻어 선교에 동참할 수 있다면 하나님은 그 일에 축복하실 것이다. 자신에게 주어진 재물을 사용함에 있어서 자신을 위해서는 생활에 필요한 최소한을 사용하고 하나님의 나라와 의를 위해서는 재물을 아낌없이 사용할 수 있도록 하는 것이 재물에 대한 훈련이다.

바울은 고린도교회에 편지하기를 수익 중에는 심을 것과 먹을 양식이 따로 있음을 분명히 하였다. "심는 자에게 씨와 먹을 양식을 주시는 이가 너희 심을 것을 주사 풍성하게 하시고 너희 의의 열매를 더하게 하시리니"(고후 9:10)라고 하였다. 여기에서 씨에 해당하는 헬라어는 스펠마(σπέρμα sperma)이다. 스펠마는 씨, 자손, 후손에 해당된다(요일 3:9).

농경문화에서는 이듬해 봄에 농토에 심을 종자(seed)가 있어야 한다. 종자는 옥수수, 감자, 고구마, 보리, 벼, 조, 수수 등 다양하게 많다. 이러한 씨(종자)는 아무리 궁핍해도 먹어서는 안 된다. 궁핍하다고 씨를 먹으면 이듬 해 봄에 모종을 할 수 없다. 또한 추수 때에 거둘 것도 없다. 씨는 심어야 수확을 얻게 된다. 심지 않고 거두는 방법은 없다.

필자는 씨를 심어 수확을 얻는 농경문화를 생각하면서 옥수수 한 알을 심었을 때, 얼마나 수확을 할 수 있을까를 생각해 보았다. 옥수수 한 알을 심으면 한 나무에 3~4개의 옥수수를 수확할 수 있다. 그렇다면 옥수수 한 자루에 옥수수가 몇 알 달려있을까? 조사를 위하여 마켓에서 옥수수 2자루를 구입하였다. 하나는 좀 크고, 다른 하나는 조금 작았다. 이렇게 구입한 이유는 2개의 평균값을 내기 위함이었다. 옥수수 알을 헤아렸다. 다시 씨로 사용할 수 있는 것들만 헤아렸다. 큰 것은 650알, 작은 것은 500알을 얻었다. 2개의 평균값은

575알을 얻은 것이다. 옥수수 한 알을 땅에 심어 4자루를 얻는다면 4x575=2,300개의 알을 수확한 것이다. 그렇다면 옥수수보다 더 많은 양을 수확하는 수수와 조는 얼마를 수확할 수 있을까? 이 책을 읽는 독자에게 상상을 맡긴다. 재물을 가난한 이웃들에게 나누어 주는 것은 씨앗을 심는 원리와 같다. 하나님의 법칙은 인간의 상상으로 가늠이 안 된다. 적게 심는 자는 적게 거두게 될 것이고 많이 심는 자는 많이 거두게 될 것이다(고후 9:6).

그리고 양식에 해당되는 헬라어는 알토스(ἄρτος artos)이다. 알토스는 떡, 떡 한 덩이, 식품이다. 사람이 살아가기 위한 일용할 양식에 해당된다(마 6:11; 눅 11:3). 양식은 자신과 가족, 그리고 가난한 이웃이 함께 먹을 수 있는 몫 전부를 포함한 것이다. 크리소스톰(John Chrysostom)은 "아버지에게서 재산을 유산으로 물려받았던, 아니면 다른 방식으로 재물을 모았든 간에 가난한 사람의 소유를 움켜쥐고 있는 것이다"[86]라고 하면서 가난한 사람들과 재물을 나누지 않는 것은 마치 도둑질과 같은 것이라고 하면서 "사람 중에서 가장 불쌍한 사람은 호화로이 살면서 자기 소유를 아무에게도 나누어주지 않는 사람이다"[87]라고 하였다. 이처럼 자신에게 주어진 양식 안에는 자신과 자신의 가족, 가난한 이웃, 나그네 된 자, 힘없고 병든 자와 함께 나누는 몫도 포함되어 있음을 알아야 한다. 하나님께서 심을 씨를 별도로 주신 것은 씨앗을 심는 자에게 추수 때에 풍성한 열매를 주시기 위함이다(고후

---

86) R. Paul Stevens(박영민 옮김), 현대인을 위한 영성생활, IVP, 1998, 195.: St. John Chrysostom, On Wealtb and Poverty, Catherine P. Roth, trans(Crestwood, New York: St. Valdimiŕs Seminary Press, 1984, 49.

87) Ibid., 57.

9:10).

영적 성숙훈련에서 재물훈련은 매우 중요하다. 심고 거둠의 반복 속에 하나님의 신신할 손길을 경험하게 될 것이다. 오늘 씨앗을 심어라! 반드시 풍성한 거둠이 있을 것이다.

❖ **지도자는 아래의 본문을 읽고 성도들과 함께 토의하라**

읽을 말씀: 잠언 8:18; 전도서 5:19, 6:2; 역대상 29:12
재물의 주인이 하나님이시다.
당신은 재물에 대한 가치관을 바꾸라.
당신은 재물의 청지기임을 인정하라.
당신은 재물로 인하여 갈등한 적이 있는가?

❖ **지도자는 토의 후 답을 제시하고 함께 기도로 마친다**

❖ **지도자는 아래의 본문을 읽고 성도들과 함께 토의하라**

읽을 말씀: 고린도후서 9:10; 누가복음 10:25–37
재물의 씨(종자)는 반드시 심어야 한다.
씨는 심을 기회를 놓치지 말라.
씨를 심었으면 인내하며 기다리라.
씨를 심은 후 희생과 사랑이 필요하다.
계산된 수확에 얽매이지 말고 심을 수 있는 환경에 감사하라.
씨는 반복적으로 심어야 한다.

❖ **지도자는 토의 후 답을 제시하고 함께 기도로 마친다**

❖ **지도자는 아래의 본문을 읽고 성도들과 함께 토의하라**

읽을 말씀: 고린도후서 9:10; 시편 68:5; 야고보서 2:14–17
재물에는 먹을 양식이 따로 구분되어 있다.
자신과 가족이 먹을 양식이 있다.

가난한 이웃의 몫(향기로운 제물)이 포함되어 있다.

❖ **지도자는 토의 후 답을 제시하고 함께 기도로 마친다**

❖ **지도자는 아래의 본문을 읽고 성도들과 함께 토의하라**

읽을 말씀: 잠언 19:17; 누가복음 6:32; 사무엘상 16:7
재물 나눔에 있어서 육신의 감정에 매이지 말라.
자기감정에 매이기 쉽다.
선행에 대해 인정받으려고 하지 말라.
재물의 나눔은 하나님의 말씀을 실천했을 뿐이다.

❖ **지도자는 토의 후 답을 제시하고 함께 기도로 마친다**

❖ **지도자는 아래의 본문을 읽고 성도들과 함께 토의하라**

읽을 말씀: 고린도후서 9:10; 전도서 2:11−14
말씀에 의지하여 순종하라.
풍성한 추수는 하나님께 맡겨라.
말씀대로 심으면 때가 이르면 거두게 된다.

❖ **지도자는 토의 후 답을 제시하고 함께 기도로 마친다**

❖ **지도자는 아래의 질문을 성도들과 함께 종합적으로 토의하라**

[종합적 토의 1−5]
당신이 소유한 재물의 주인은 누구인가?
당신은 재물 나눔을 어떤 방식으로 하고 있는가?
당신이 재물 나눔에 있어서 실천가능한 부분과 불가한 부분?

❖ **지도자는 토의 후 합당한 답을 제시하고 함께 기도로 마친다**

10. 언어 생활 훈련

1) 말하기 전 심호흡

언어 속에는 말하는 자의 인격이 보증되어 있다. 말을 어떻게 하느냐에 따라 상대방에게 상처를 줄 수도 있고, 평안과 위로를 줄 수도 있다. 말을 하기 전에 심호흡의 훈련은 영적 성숙에 있어서 매우 중요하다. 필자가 심호흡을 권하는 이유는 나의 다급한 성격이 상대방과 대화에서 그대로 노출되는 것을 경험하였기 때문이다. 특히 다혈질의 성격 소유자는 상대방과 대화에서 심호흡도 하기 이전에 자신의 감정을 있는 그대로 전한다. 즉 걸러지지 않은 언어는 상대를 민망하게 만들거나 아니면 마음에 깊은 상처를 줄 수도 있다. 따라서 말하기 전에 세 번의 심호흡을 권하고 싶다. 첫째는 몸과 마음을 다스리는 심호흡이다. 대화 중에 화가 나고 가슴이 답답할 경우라도 심호흡을 하면서 왜 이런 말이 오고 가는가에 대해서 하나님의 뜻을 살핀다. 두 번째 심호흡은 하나님의 뜻을 이해하게 되면 자신감이 생겨나고 마음이 평정을 얻게 된다. 그리고 상대방의 입장에서 대화를 이해하려고 노력하게 된다. 또한, 그 사건을 자신의 입장에서 되돌아 보면서 살피게 된다. 세 번째 심호흡은 자신을 훈련하기 위한 하나님의 방법이라는 것을 깨달으면서 감사와 더불어 하나님의 임재를 느낀다. 이런 훈련을 일상생활에 적응함으로써 절제된 언어, 위로의 언어, 평안의 언어를 구사할 수 있다. 말을 해서 상대방에게 상처를 줄 수 있는 말이라면 차라리 입에 자갈을 먹여라(약 3:3). 야고보는 말에 실수가 없는 자면 곧 온전한 사람이라고 하였다(약 3:2).

❖ **지도자는 아래의 본문을 읽고 성도들과 함께 토의하라**

읽을 말씀: 야고보서 3:2-3; 누가복음 2:15-20
당신의 대화방법은 핑퐁식인가?
당신은 상대방과 대화에서 듣는 편인가? 먼저 말하는 편인가?
당신은 상대방과 대화에서 고쳐야 할 부분?

❖ **지도자는 토의 후 답을 제시하고 함께 기도로 마친다**

2) 상처되는 말 삼가기

"마음이 경건하지 아니하는 자들은 분노(י׳ 'ap)를 쌓으며 하나님이 속박할지라도 도움을 구하지 아니하나니"(욥 36:13)라고 하였다. 분노에 사용된 '아프'라는 단어는 노여움(anger)이란 뜻이다. 대개의 경우 마음에 노여움이 가득하면 얼굴이 굳어지면서 표정관리가 잘 안된다. 상대와의 대화에서도 분이 담긴 말을 하게 된다. 분이 담긴 말은 가시 같아 상대를 찌를 수도 있고, 예리한 창검 같아 상대를 죽일 수도 있다. 그래서 예수님께서는 언어생활에서 상대에게 분노할 수 있는 언어를 삼가도록 가르치셨다(마 5:22). 형제에게 "라가(ῥακά)"[88](마 5:22)라는 말을 금하셨다. "라가 라는 말은 분노와 공개적인 욕설의 중간으로서 멸시나 무시에 해당된다."[89] "라가"라는 말은 상대에게 "분노"[90]를 일으킬 수 있는 언어이다. 칼빈도 "분노 역시 지옥 불에 해당하는 처벌에서 제외되는 것이 아니다"[91]라고 하였다. 이 가르침들은 형제에게 원망받을 만한 일을 만들지도 말고, 분도 품지도 말라는 뜻이다. 따라서 분노는 자신의 마음 안에 뿌리박힌 분노이든 쉽게 꺼져

---

88) "흐라카(ῥακά)"는 (머리에 든 것이 없는) "바보, 멍청이, 얼간이 이다"(마 5:22). Kittel, 신약성서 신약사전, 688.

89) 칼빈, 공관복음 Ⅰ, 266.

90) William Barclay, 마태복음 상, 기독교문사, 1994, 186. 분노에는 두 가지가 있다. 하나는 "뒤모스(θυμός)""이고 다른 하나는 "올게(ὀργή)"이다. 뒤모스는 밀집에서 타오르는 불꽃과 같은 것으로 이것은 빨리 타오르고 빨리 꺼져버리는 분노이다. 그리고 올게는 뿌리에 깊이 가지고 있는 분노이고 정착된 분노이고, 언제까지도 기억하고 잊어버리지 않는 분노이다(막 3:5; 롬 12:19; 살전 2:16; 엡 4:31; 히 3:11).

91) 칼빈, 공관복음 Ⅰ, 성서교재간행사, 1992, 266.

버리는 분노이든 반드시 처리 받아야 할 부분이다. 다른 사람에게 마음의 상처를 주는 말을 하고 있다면 이미 내 안에 뿌리박힌 분노가 쌓여 있다고 하겠다. 예수님의 십자가 보혈로 이 문제를 해결 받아야 한다. 그렇지 않으면 상대방에게 깊은 상처를 줄 수 있다. 회개와 기도 부분에서 이 문제를 해결 받도록 하라.

❖ 지도자는 아래의 본문을 읽고 성도들과 함께 토의하라

읽을 말씀: 에스겔 3:26-27; 야고보서 3:2
당신은 인간관계에서 감정대로 말을 함부로 하는 편인가?
당신이 말을 함부로 함으로써 손해 본 일이 있는가?
당신이 말을 함부로 하지 않기 위해 노력해야 할 부분?

❖ 지도자는 토의 후 답을 제시하고 함께 기도로 마친다

3) 언어의 능력

하나님께서는 흑암 가운데서 말씀으로 빛이 있으라 하시니 빛
이 생겨났다(창 1:2-3). 말씀이 선포되니 흑암 가운데서 빛이 생겨난 것
은 언어에 능력이 있음을 보여주는 증거이다. 요한은 "태초에 말씀이
계시니라 이 말씀이 하나님과 함께 계셨으니 이 말씀이 곧 하나님이
시니라"(요 1:1)고 기록하고 있다. 말씀과 하나님을 동일시하였다. 하나
님께서 하시는 일들은 자신의 말씀이 선포되는 곳에 말씀의 능력이
나타났다. 또한 말씀의 대언자를 세우시고, 그들에게 계시의 말씀을
주시고 선포하게 하신다. 하나님의 말씀이 선포되는 곳에는 죽은 자
의 마른 뼈들이 생기를 얻어 살아났다(겔 37:7-8). 이러한 일들은 하나님
께서 하신 일인데, 대언자들의 입술을 통해서 말하게 하시면서 하나
님께서는 예정된 일들을 이루어가신다. 모세의 경우를 보면 하나님
의 말씀에 따라 행동하였더니 홍해가 갈라지는 이적을 경험할 수 있
었다(출 14:15-16). 또한, 아론도 여호와께서 모세에게 이르신 모든 말씀
을 전하고 그 백성 앞에서 이적을 행하였다(출 4:30). 하나님의 말씀이
전해지는 곳에는 이적의 사건이 일어났었다. 하나님의 말씀을 모세
가 받았고, 모세는 그 말씀을 아론에게 전하여 대언하였는데, 이적의
역사는 말씀 가운데서 나타났다. 이처럼 언어에는 능력이 담겨 있다.

예수님의 공생애 사역에서도 알 수 있듯이 마귀는 예수님을 찾
아와서 시험을 한다(마 4:3-11). 그때 예수님께서 마귀를 무릎 꿇게 한
것은 기록된 말씀, 즉 하나님의 말씀을 선포했기 때문이다. 마귀는 하
나님의 말씀 앞에서는 아무것도 할 수 없다. 또한 예수님은 시몬의 장

모가 열병으로 앓고 있을 때에 가까이 나아가 열병을 꾸짖으셨다. 그러자 열병이 떠나가고 시몬의 장모는 열병에서 고침을 받았다(눅 4:38-39). 베데스다 못가에 누운 삼십팔 년 된 병자 역시 예수님의 말씀을 듣고 그대로 행했더니 고침을 받았다(요 5:1-9). 예수님의 말씀이 선포되는 곳에서는 이러한 능력들이 나타났다. 따라서 언어를 사용함에 있어서 부정적인 말, 비난적인 말, 폭력적인 말, 비판적인 말, 저주적인 말들을 삼가고 긍정적인 말과 하나님께서 주시는 사랑의 언어를 사용토록 해야 한다. 한국 속담에도 "말 한마디에 천냥 빚을 갚는다"는 속담이 있다.

필자는 영적 성숙의 훈련을 하면서 농장을 탐방하였는데, 그곳에서 언어에 능력이 있음을 두 나무를 통해서 본적이 있다. 김채룡박사의 농장인데, 그는 의성에서 순환농법을 통하여 농작물을 재배하고 있었다. 그의 농장 입구에는 두 그루의 대추나무가 출입구 양옆에 심어져 있다. 김 박사님의 말의 의하면 매일 아침 우측에 심어져 있는 대추나무에게 "나는 너를 사랑한다. 너는 많은 열매를 맺을 것이다." 라고 하고, 좌측에 심어져 있는 대추나무에게는 "나는 너가 싫다. 너는 앞으로 열매를 맺지 못할 것이다"라고 하였드니 날마다 축복한 언어를 들은 대추나무에게는 많은 열매가 맺혔는데, 저주한 말을 들은 대추나무에게는 열매를 찾을 수 없었다. 필자는 두 대추나무가 심겨져 있는 현장을 탐방한 결과 우측 대추나무에게는 많은 열매를 볼 수 있었지만 좌측 대추나무에게는 열매를 찾기가 어려웠다. 또한 저주한 대추나무에게는 잎이 병들어 있었다. 식물에게도 언어의 능력이 통하는 것을 가늠할 수 있었다. 따라서 그리스도인이라면 하나님이 주신 사랑의 언어, 상대를 축복할 수 있는 언어를 사용하도록 습관을 길러야 할 것이다. 예수님께서는 너희가 집을 방문하게 되면 들어가면서 평안을 빌라고 하셨다(마 10:12). 평안을 비는 그 언어에는 하나님의 능력이 포함되어 있기 때문이다.

❖ 지도자는 아래의 본문을 읽고 성도들과 함께 토의하라

읽을 말씀: 마태복음 10:11-13; 이사야 38:16-17
당신은 가정에서 언어사용이 부정, 긍정 어느 쪽에 가까운가?
당신은 부정적인 언어 사용으로 손해 본 일이 있는가?
당신이 긍정적인 언어습관을 위해 어떤 노력을 하고 있는가?

❖ 지도자는 토의 후 답을 제시하고 함께 기도로 마친다

11. 복음 전파 훈련

1) 제자의 삶

신약성경에 '제자가 되다'라는 동사가 25회 나오지만 '제자'라는 명사는 264회 이상이나 나온다. 일반적으로 제자는 배우는 사람, 즉 학생에 해당된다. 모세의 제자(요 9:28), 바리새인의 제자(막 2:18), 요한의 제자(막 2:18), 예수님의 제자(마 9:14) 등에서 제자라는 말을 사용한 것을 보면 모세의 제자들은 율법을 배우는 학생들이었다. 그리고 바리새인의 제자들은 기록된 토라와 구전으로 내려온 유대전승들에 의한 지식에 몰두해 있었던 사람들이다. 이들은 자신들의 선생인 랍비들에게 철저하게 헌신했으며, 그들의 해석과 지도에 따랐다. 그런가 하면 세례 요한의 제자들은 금식도 하고(막 2:18), 기도도 하고(눅 11:1), 세례 요한이 감옥에 갇혔을 때나 죽을 때에도 충성 봉사한 자들이었다(마 11:2 이하, 막 6:29). 예수님께서는 제자들을 직접 부르셨다. 그리고 자기를 따르는 자들에게 완전한 복종과 섬김을 가르치셨다. 또한, 참 제자의 삶은 고통도 당할 것임을 가르치셨다. 이러한 고통은 육체적인 것뿐만 아니라 옛사람을 벗어버리고 새사람의 옷을 입는 과정의 고통도 포함된다.

예수님의 제자들은 크게 두 부류로 나눌 수 있다. 첫째는 예수님의 주도권 아래에서 선택받은 12 제자들이 있다. 그리고 두 번째는 예수님의 인격과 능력에 이끌리어 찾아온 자들이다. 이들은 스스로 예수님의 제자가 된 자들이다. 그러나 하나님의 섭리 아래에서 보면 부르심에는 공통점이 있다. 제자들은 그를 따라야 했고, 그와 함께 있어야 했고, 죄를 회개해야 했고, 순종을 따르기 위한 헌신과 믿음의 신앙을 가져야 했다. 그리고 택함 받은 경위와 목적에도 공통점이 있다. "너희가 나를 택한 것이 아니요 내가 너희를 택하여 세웠나니 이는 너희로 가서 과실을 맺게 하고 또 너희 과실이 항상 있게 하여 내 이름으로 아버지께 무엇을 구하든지 다 받게 하려 함이니라"(요 15:16; 참조 고전 6:19-20)고 하셨다. 이 말씀이 강조되는 부분은 제자로 세움을 받은 것은 내 의지로 된 것이 아니라 성부성자성령하나님께서 선택하여 세운 것이다. 그리고 세움을 받은 자들에게 있어야 할 것은 항상 풍성한 과일이다. 이 풍성한 과일은 그리스도인들의 삶을 두고 하신 말씀이다. 그리스도인의 삶은 하나님이 기뻐하시는 거룩한 산 제사로 살아야 할 책임이 주어져 있다(롬 12:1). 또한 서로가 사랑하고 섬김으로써 그리스도인의 제자임이 다른 사람들에게 알려지게 하기 위함이다(참조, 요 13:34-35). 오늘날 부름 받은 그리스도인이라면 이러한 예수님 제자들의 참모습을 따라야 하고, 부르심의 목적에 따라 풍성한 과일이 항상 맺어야 할 것이다. 이 풍성한 과일은 각자에게 주어진 재능과 관련하여 생각할 수 있다. 그리스도인들의 참 제자로써의 삶은 결국 어둠의 세력을 물리치는 것이고, 하나님 앞에서는 각자에게 주신 임무를 완성하는 것이다. 예수님의 지상명령을 보아도 알 수 있듯이 모든 그리스도인에게는 세상으로 가서 제자를 삼고 성령으로 세례를 주고 예수님의 가르침을 지키게 하는 것이 예수님의 제자들에게는 명령으로 주어져 있다(마 28:19-20).

읽을 말씀: 마태복음 9:35-10:1; 마가복음 16:15-18

당신은 예수 그리스도를 영접한 후 몇 년이나 되었는가?

당신의 현재 삶은 예수 그리스도의 제자의 삶인가?

당신은 예수 그리스도의 제자로서 어떤 부분을 감당하고 있는가?

당신이 예수 그리스도의 제자로서 더 노력해야 할 부분이 있다면?

❖ 지도자는 토의 후 답을 제시하고 함께 기도로 마친다

2) 보냄 받은 선교사

기독교 선교사란 천국복음을 전파하기 위하여 동일문화권과 타문화권에 보냄을 받은 자이다. 이들이 열방으로 나아가 전해야 할 복음의 핵심은 인간의 창조, 반역, 타락, 구원의 전 과정에서 나타난 하나님의 사랑을 전하고, 이들에게 하나님의 성품을 덧입게 하여 그들의 삶이 오직 공법을 물같이, 정의를 하수같이 흐르게 하는 것에 있다(암 5:24). 공법은 하나님께서 세우신 규정이고, 정의는 공정한 행위, 의로운 행동들이다. 이사야 선지자는 이러한 구체적인 핵심들을 이사야서 1장 16-17절에서 기록하고 있다. "너희는 스스로 씻으며 스스로 깨끗하게 하여 내 목전에서 너희 악업을 버리며 악행을 거치고 선행을 배우며 공의를 구하며 학대받는 자를 도와주며 고아를 위하여 신원하며 과부를 위하여 변호하라"고 하였다. 그러므로 보냄받은 선교사는 개인의 구원뿐만 아니라 사회적인 측면에서 정의를 세우는 일에도 소홀하지 말아야 할 것이다.

기독교 선교는 하나님께서 아브라함을 부르시고 본토 친척 아비 집을 떠나 보내심으로부터 시작된다(창 12:1). 그리고 각 시대마다 선지자를 세우시고 백성들에게 전할 말씀을 대신 선포하게 하신다. 선포하게 하신 말씀의 핵심은 악을 버리고 여호와께 돌아오라는 것과 하나님께서는 정의와 공의를 사랑하시기 때문에 (시 33:5, 37:28, 99:4) 의와 공평을 행하는 것이다. 하나님께서는 의와 공평을 행하는 것이 제사를 드리는 것보다 더 기쁘게 여기신다(잠 21:3). 그러므로 보냄을 받은 선교사는 마태복음 25장에 나오는 양과 염소의 비유에서 오른편에 있는 자들이 행한 것처럼 굶주린자에게 먹을 것을 주고, 목마른 자에게 마실 물을 주고, 나그네 된 자를 영접하고, 벗은 자에게 옷을 입히고, 옥에 갇힌 자를 돌보는 일에 최선을 다 하여야 할 것이다.

또한, 하나님께서는 예수 그리스도를 이 땅에 보내시고 그로 하여금 천국복음을 선포하게 하셨다. 그리고 예수님께서는 제자들을 부르시고 그들로 하여금 선교의 사명을 감당하도록(마 28:19-20; 막 16:15; 눅 24:44-49; 요 21:21-23; 행 1:8) 분부하셨기 때문에 예수 그리스도의 제자라면 모두가 보냄 받은 선교사이다.

❖ **지도자는 아래의 본문을 읽고 성도들과 함께 토의하라**

읽을 말씀: 마태복음 28:19–20; 마가복음 16:15; 사도행전 1:8
당신은 예수 그리스도로부터 보냄받은 선교사인가?
당신은 현재 어떻게 선교사명을 감당하고 있는가?
당신이 선교사명 감당하기에 가장 어려운 부분?
당신은 정보화사회에서 어떻게 복음선교를 감당할 것인가?

❖ **지도자는 토의 후 답을 제시하고 함께 기도로 마친다**

12. 직업 생활 훈련

구약성경에는 직업에 대한 직접적 언급보다는 '업' 혹은 '생업'이라고 하는 단어가 나온다(개역한글판, 창 46:33; 47:3). 이것을 개역개정판에서는 직업으로 번역을 하였고, 표준 새번역과 공동번역에서는 생업으로 번역을 하였다. 히브리어로 마아쎄(מַעֲשֶׂה ma'ăśeh)라는 단어가 사용되었다. 이 단어는 어디까지나 인간의 육체적·정신적 노동이나 활동을 전제로 한다. 신약성경에는 예수님의 공생애 대부분을 육체적 노동으로 보내셨으나 복음서는 이점을 강조하지 않는다. 단지 그의 가르침은 하나님 나라의 도래에 대한 내용으로 가득차 있다. 그러나 그 가운데서도 '직업과 관련된 이름들'[92]은 많이 등장한다. 따라서 신·구약성경을 통해서 살펴본 직업은 "노동(일)이라는 동의어인 소명 혹은 부르심과 관련해서 이해하여야 한다".[93] 하나님께서 최초에 사람을 창조하신 후 일(직업)을 맡기셨다(창 1:27-28). 그 일은 땅을 정복하고 모든 생물을 '다스리는 청지기 직분'[94]의 일이다. 이 청지기 직분의

---

92) 점성가(마 2:2), 재판관(마 5:25), 세리(마 9:10), 돈을 취리하는 자(마 25:27), 어부(막 1:16), 의사(막 5:26), 곡하는 자(막 5:38), 목수(막 6:3), 환전상(막 11:15), 목자(눅 2:8), 하녀(눅 22:56), 동산지기(요 20:15), 마술사(행 8:9), 피장이(행 10:6), 장사하는 여자(행 16:14), 여종(행 16:16), 천막 만드는 자(행 18:3), 은장색(행 19:24), 간수(행 16:27), 변사(행 24:1), 선장(행 27:11), 사공(행 27:27), 토기장이(롬 9:21), 건축자(고전3:10), 군사(딤후 2:3), 구리장색(딤후 4:14), 몽학선생(갈 3:25), 교사(약 3:1), 상인(약 4:13), 농부(약 5:7) 등이 있다.

93) Walter Kerber, "직업," 357.

94) 생물을 다스리는 일에는 하나님의 질서를 어지럽히지 않고 상생의 원리에 따라 서로간에 폭력이나 착취나 억압이 없이 서로 조화를 이루도록 하는 사명이 인간에게 주어져 있다. 인위적인 다스림으로 인하여 하나님의 창조질서를 깨뜨리는 행위는 하나님께 반역하는 행위이다.

일은 "하나님의 계획과 목적에 따라서 피조세계를 보존하라는 것이다."[95] 이러한 사실을 뒷받침하는 하나님의 말씀은 "여호와 하나님이 그 사람을 이끌어 에덴동산에 두사 그것을 다스리며 지키게 하시고"(창 2:15)에서 찾을 수 있다. 즉, 아담으로 하여금 에덴 동산에서 "경작하고 가꾸어 하나님께서 의도하시는 대로 아름다운 열매를 맺고, 모든 생물들 간의 질서 속에서 화해와 평등을 이루도록 다스리는 사명이 인간에게 주어진 것이다."[96] 그러므로 직업생활 자체가 인간의 삶에 목적이 될 수 없고, 그 '직업(일)'[97]을 통하여 하나님의 평화를 이 땅에 성취하는 것이 목적이 되어야 한다. 그러므로 하나님의 평화는 직장 안에서부터 시작되어야 한다.

이 땅에서 살아가자면 누구에게나 직장은 있어야 하는 것이고, 그 직장이 어떤 곳이든지 하나님이 주셨기에 모두 귀하다. 농촌에서 땅을 경작을 하는 사람, 공장에서 일을 하는 사람, 시장에서 장사하는 사람, 가정에서 가사를 맡아서 일하는 사람, 바다에서 고기를 잡는 어부, 관직에서 일하는 사람 등 수 많은 사람들이 각기 자기 분야에서 일을 하고 있다. 이 일들은 재능에 따라 하나님께서 맡기셨기에 모두 귀한 것이다. 그러므로 일을 맡은 자들에게는 최선을 다하여 충성을 하여야 한다(참조, 계 2:10).

예수님 자신의 직업생활에 대해서는 성경에 구체적으로 나와 있지 않다. 예수님이 공생애 사역 이전의 기록들은 출생과 어린아이 때

---

95)   오성춘 편, 기독교인의 직업과 영성, 서울: 장로회신학교, 2001, 9.

96)   Ibid., 9.

97)   가정생활, 직장생활, 관계적인 생활, 세상에서 하는 모든 일이 포함된다.

의 성장, 그리고 '12살 소년시절'[98]에 대한 기록이 있다(눅 2:42f). "부모를 순종하여 받들었다"(눅 2:51)는 사실로 미루어 보아 예수님은 공생애 이전에 부모님의 직업인 목수 일에도 충성심을 가지고 인간으로서의 의무를 다하였다고 보아 진다. 그리고 예수님의 공생애 대부분을 육체적인 활동으로 보냈으나 복음서는 이점을 강조하지 않는다.

예수님의 직업생활은 노동(활동)이라기보다는 소명이라는 관점에서 이해되어야 한다. 예수님의 소명은 의인들을 향한 것이라기 보다는 죄인들을 향한 것이었다(마 9:13; 막 2:17). 제자들을 불러 자신을 따르도록 하셨다(마 4:21-22; 막 1:19-20; 참조, 눅 5:1-11). 그리고 복음을 선포하고 귀신들을 쫓아내도록 제자들을 파견하셨다(마 10:1-4; 막 3:13-19, 6:7-13; 눅 6:12-16). 예수님은 이러한 일들로 공생애기간의 대부분을 할애하셨다. 그리고 "제자들이 이 일에 참여하는 것은 하나님의 일에 참여하는 것이고, 그리스도의 제자가 되는 것이고, 신적인 축복의 약속으로부터 유익을 얻는 것"[99]이라고 가르치셨다.

예수님께서 직업생활과 관련된 비유를 통한 가르침에서 보면 '달란트 비유'(마 25:14-30) 혹은 '므나 비유'(눅 19:11-27)에서 직업생활이 함축되어 있음을 찾을 수 있다. 달란트는 일반적으로 영어에서 "재능"에 뿌리를 두고 있는 단어로서 "특정한 소질" 혹은 "은사"의 뜻으로 사용이 된다.[100] 재능은 사람에 따라 다양하게 주어졌다. 하나님으로

---

98) "유대 소년은 열 두 살이 되면 성인이었다. 그때가 되면 남자는 율법의 아들(a son of the law)이 되었고, 율법을 지킬 의무가 부과되었다." William Barclay, 누가복음,기독교문사, 1994, 51.

99) R. L. Scheef, Jr. "신약성서에서의 소명," 기독교대백과사전 제 9권, 1985, 571.

100) Hagner, 마태복음 하, 솔로몬, 2001, 1127-1128.

부터 재능을 받은 자는 잘 활용하여 풍성한 열매를 하나님께 올려 드려야 한다. 어디까지나 재능의 주인이 하나님이시기 때문이다. 또한 하나님께서는 각자에게 나누어준 재능들은 결산하신다. 달란트 비유에서 결산에 대한 평가는 엄중했다. '충성된 종과 무익한 종'으로서 이들의 결과는 '기쁨과 슬픔' 그 자체이었다. 내가 지금 어떤 직업생활을 하든지 하나님께서 맡기신 재능을 받았다면 그것을 중히 여기고 지금 주어진 직업생활에서 최선을 다하는 것이 아름다움의 열매를 맺어가는 일이다. 받은 재능을 가지고 어떻게 직업생활을 감당했는가 하는 것은 궁극적으로 "하나님 나라의 영광을 위한 도구"[101]로 어떻게 사용되었는가에 대한 부분이기도 하다. 따라서 예수님께서 하나님으로부터 받은 소명을 온전히 감당하였듯이 성도는 직장생활에서 최선을 다하여 사람과 하나님 앞에 인정을 받겠다는 마음가짐이 필요하다. 그렇지 않으면 직장이 생계유지를 하기 위한 장소로 생각되기 때문에 일하는 것 자체가 피곤하다.

❖ 지도자는 아래의 본문을 읽고 성도들과 함께 토의하라

읽을 말씀: 창세기 1:27–28; 히브리서 3:4–6; 계시록 2:10
당신은 현재 근무하는 직장이 받은 재능과 관련이 있는가?
당신은 현재 직장에서 떠나고자 하는 마음이 있었는가?
당신은 현재 직장이 만족스러운가?
당신은 현재 직장에서 충성도?

❖ 지도자는 토의 후 답을 제시하고 함께 기도로 마친다

---

101)   오성준, 328.

1) 직장은 보냄받은 선교지

그리스도인들의 생활은 어디에서 무엇을 하든지 항상 파송 받은 선교사라는 생각을 가지고 살아가야 한다. 그 근거는 예수님께서 온천하에 다니면서 만민에게 복음을 전파하라고 하셨기 때문이다(마 16:15). 본인이 위치하고 있는 장소가 가정, 학교, 도서관, 직장, 도상, 상품을 파는 시장, 탑승한 열차 안, 비행기 안, 여행 중, 혹은 외국이든 상관없이 그곳이 보냄 받은 선교지로 생각을 하고 예수님께서 분부하신 선교명령을 감당해야 한다(마 28:18-20).

예수님의 달란트 비유 중에서도 주인은 3명의 종들에게 한 달란트, 두 달란트, 다섯 달란트씩을 나누어 주었다. "달란트는 각자의 재능에 따라 분배되었지만 평가에 있어서는 모두 동일한 조건이 주어졌다."[102] 그리고 달란트를 넘겨받은 종들은 달란트의 소유권을 넘겨받은 것이 아니라 관리할 수 있는 권한을 위임받은 것이다. 언제든지 달란트의 주인이 결산을 요청하면 이익과 본전을 되돌려야 한다. 달란트 비유가 주는 교훈은 '성공리에 완수한 자'와 '벌 받는 사람'의 차이점이다. 마찬가지로 보냄을 받은 선교사가 복음선교를 어떻게 감당하였는가에 대한 결산도 칭찬과 책망으로 가려질 것이다.

바울은 복음선교를 감당함에 있어서 직업은 '장막 만드는 일'을 하였다. 이 일을 하는 것은 자신의 생활비를 얻고자 함이었다.[103] 바울이 사도로 부름을 받은 후, 하나님과 함께 일하는 자로서 복음 사

---

102)　William Barclay, 마태복음 하, 기독교문사, 1994, 450.

103)　칼빈, 사도행전 II, 성서교재간행사, 1992, 180.

역에 대한 직업생활도 게으름을 피우지 않았음을 알 수 있다(고후 6:3-10). 그리고 바울의 복음 사역에도 수고와 많은 고통이 따랐다. "매 맞음과 갇힘과 요란한 것과 수고로움과 자지 못함과 먹지 못함"(고후 6:5), "수고를 넘치도록 하고 옥에 갇히기도 더 많이 하고 매도 수없이 맞고 여러 번 죽을 뻔하였다."(고후 11:23) 또한 "여러 번 자지 못하고 주리며 목마르고 여러 번 굶고 춥고 헐벗었노라"(고후 11:27)고 고백하고 있다. 그럼에도 불구하고 바울의 복음 사역은 양식을 값없이 먹지 않고 아무에게도 누를 끼치지 않았다(살후 3:8). 그런가 하면 "수고와 애쓴 것을 너희가 기억하리니 너희 아무에게도 누를 끼치지 아니하려고 밤과 낮으로 일하면서 너희에게 하나님의 복음을 전파하였노라"(살전 2:9)고 말한다. 바울의 이러한 모습은 자신에게 맡겨진 직업(일)을 통해 생업의 문제와 복음선교의 문제를 어떻게 감당해야 할 것인가를 보여 주는 부분이다. 자신이 근무하는 직장에 불신자가 있는 한 복음선교는 계속되어야 한다.

❖ 지도자는 아래의 본문을 읽고 성도들과 함께 토의하라

　　읽을 말씀: 디모데후서 4:2–8; 데살로니가전서 2:9
　　당신은 직장이 선교지라고 생각하는가?
　　당신의 직장 안에는 그리스도인이 몇 퍼센트인가?
　　당신은 직장선교사로서 감당해야 할 부분?

❖ 지도자는 토의 후 답을 제시하고 함께 기도로 마친다

2) 직장은 하나님의 평화가 실현되는 곳

하루의 시간을 분석해 보면 대개는 수면 1/3, 직장에서 일하는 시간 1/3, 가족 또는 친구의 만남과 식사, 직장을 오고 가는 데에 활용되는 시간이 1/3로 할애된다. 이 중 직장 안에서 일하는 1/3의 시간을 기독교인으로서 어떻게 감당을 해야 하는가는 매우 중요한 부분이다. 직장은 재능에 따라 각각 다르게 맡겨진 곳이기에 맡은 자들에게는 충성을 다 하여야 한다(고전 4:2). 이 땅에는 많은 일들이 있다. 주인에게 뽑힐 때는 재능에 따라 일이 맡겨졌다. 직장 안에서 재능의 사용됨은 두 가지로 생각을 할 수 있다. 하나는 주인에게 이익을 안겨 드려야 하는 부분이다. 자기의 받는 수익만큼만 일을 한다면 그 사람은 주인으로부터 필요없는 존재가 된다. 자기가 받는 수익의 5~10배의 수익을 주인에게 안겨 드려야 한다(참조, 마 25:16-17). 그리고 주인이 지켜보든지 안 지켜보든지는 상관없이 맡겨진 일에 감사함으로 묵묵히 감당하는 자세가 필요하다. 작은 일에 충성을 다 할 때 큰일도 맡겨진다(참조, 눅 19:16-19). 두 번째는 직장 안에서 모든 사람에게 하나님의 평화가 이루어지도록 하는 것이다(롬 12:18). 직장은 공동체 안에서 한 가족이다. 함께 웃고, 함께 울고, 함께 돕고, 함께 아파하고, 함께 사랑하면서 마음을 같이 하여 살아갈 수 있는 곳이다. 더 높은 자리에 올라가기 위해 경쟁을 하면서 동료의 마음을 아프게 해서는 안 된다. 동료를 나보다 낮게 여기는 겸손한 마음이 있을 때 다툼이나 허영이 생기지 않는다(빌 2:3). 하나님의 평화는 자신이 근무하는 직장 안에서부터 이루어져야 한다.

❖ **지도자는 아래의 본문을 읽고 성도들과 함께 토의하라**

읽을 말씀: 빌립보서 2:2-4
당신은 직장이 하나님께서 맡기신 곳이라고 생각하는가?
당신은 동료와의 관계에서 평화의 사도인가?
당신이 평화의 사도가 되기 위해 감당해야 할 부분?

❖ **지도자는 토의 후 답을 제시하고 함께 기도로 마친다**

13. 공동체의 책임 감당 훈련

공동체라고 했을 때는 목적이나 이념을 같이하는 집단이나 단체를 말한다. 예수님께서는 지역사회 공동체에 대한 책임감당을 위해 제자들을 부르시고 그들에게 세상에 대한 책임(믿는 자와 불신자 포함)이 있음을 가르쳐주셨다. 몇 가지를 살펴보면 첫째는 너희는 세상의 소금과 빛이 되라고 하셨다(참조, 마 5:13-16). 예수님께서 하신 이 말씀에는 '신자로서 의무와 자기 사명을 감당'[104]함에 있어서 책임을 다하라는 뜻이다. 둘째는 남을 비판하지 말라고 하셨다(마 7:1). 비판은 공동체의 화목을 깨는 요인이다. 누구도 남을 비판할 만큼 선하지 않다. 남의 잘못은 신실하신 하나님의 손길에 맡기고 공동체의 화목을 위해 자신의 내면을 살피라는 말씀이다(참조, 마 7:3). 셋째는 복음을 전파하라고 하셨다(마 28:18-20; 막 10:29-31, 16:14-18). 이 일은 예수님께서 성육신하신 목적과도 일치한다. 하나님의 품을 떠난 자들을 다시 돌아오게 하는 일은 지역 공동체에 대한 책임이기도 하다. 넷째는 나눔의 생활을 하라고 하셨다(막 10:17-22; 눅 3:11, 12:16-21, 33, 34, 16:19-31, 18:18-30). 만물의 주인이 하나님이시기 때문에 그분의 뜻에 따라 나누는 생활은

---

104) 소금으로서의 사명은 3가지이다. 첫째는 신자로서 순결인데, 믿는 자의 언어나 행위에 있어서 완전한 순결이다(참조, 약 1:27). 둘째는 방부제 역할인데, 부패를 몰아내고 사회를 청결케 하는 방부제이다. 셋째는 맛을 내는 역할인데, 세상 어디에서나 기쁨을 나누어 주는 자이다. 그리고 빛으로의 사명도 3가지이다. 첫째는 빛을 보여지게 하는 역할인데, 예수님으로부터 받은 빛(참조, 요 9:5)을 세상(공장, 작업장, 광산, 교실, 수술실, 부엌, 골프장, 교회정원 등) 어디에서도 비추어야 한다. 그러기 위해서는 참 신자이어야 한다. 둘째는 빛의 인도자로서 다른 사람들을 진리로 인도하는 데에 모범이 되어야 한다. 셋째는 빛의 경고자로서 이웃이 위험에 처했을 때 경고할 수 있는 의무를 다하여야 한다. William Barclay, 마태복음 상, 162-169.

지역 공동체의 책임감당에서 중요한 부분이다. 특히 가난한 자와 고아와 과부를 돌보는 일은 하나님의 사랑을 실천하는 일이고, 마음을 하나님께 두는 행위이다. 다섯번째는 섬기는 자(마 20:28; 막 10:45)가 되라고 하셨다. 예수님의 섬김은 유월절 만찬 이후에 섬김는 자의 모범을 제자들에게 직접 보여주셨다(요 13:5ff). 이러한 예수님의 가르침들은 일상생활 속에서 하나님의 자녀로서 사명을 어떻게 감당하는가에 따라서 지역사회 공동체에 빛이 될 수도, 혹은 어둠이 될 수도 있음을 가르쳐준 것이다. 그러므로 그리스도인들은 각자에게 주어진 재능을 지역 공동체를 위해 사용함으로써 하나님의 자녀로서의 책임을 감당해야 할 것이다.

1) 성도의 사회적 책임

위에서 보아 알 수 있듯이 그리스도인들은 개인적인 소명뿐만 아니라 사회적 소명도 함께 받았다. 영적으로 성숙하지 못하면 개인적인 소명에 머물러 있지만, 영적으로 성숙하게 되면 하나님 안에서 자신의 소명을 어떻게 감당할까를 생각하게 된다. 고대에서부터 현대에 이르기까지 사람들의 죄악이 만연할수록 하나님의 말씀은 등한시 되었고, 상대적으로 의로운 사람들의 수도 감소하였다. 롯이 살던 소돔과 고모라가 그러하였는가 하면 노아의 시대에도 그러하였다. 그러나 하나님께서는 죄악의 도성이라고 할지라도 그들을 멸하기 전에 선지자를 먼저 보내시고, 그들로 하여금 하나님의 말씀을 전파하게 하시고, 그들이 회개하고 돌아오기를 기다리신다.

오늘날 세계를 바라보면 말세에 나타날 징조들로 온 누리에 가득하다(딤후 3:2-5). 그들은 사람을 사랑하기보다 돈을 사랑하고, 쾌락 사랑하기를 하나님 보다 더 사랑하는 자들이다. 경건의 모양은 있으나 경건의 능력을 소홀히 하는 자들이 사회 구석구석에 가득차 있다. 이들의 대부분은 감사치도 아니하고 거룩한 삶에도 관심이 없다. 그렇지만 하나님께서는 이 시대의 숨겨놓은 의로운 자들을 통해서 어두운 사회를 밝히게 하신다. 구원받은 하나님의 자녀들을 통해서---, 마치 요나가 니느웨이 성에 들어가 "사십일이 지나면 니느웨가 무너지리라"(욘 3:4)고 외쳤을 때, 니느웨 백성들은 "하나님을 믿고 금식을 선포하고 무론 대소하고 굵은 베옷을 입고" 회개를 하였다. 이처럼 각 시대마다 하나님께서 보내시는 자들이 있다. 필자는 영적으로 성숙한 그리스도인들의 모범된 삶이 어두운 사회를 밝게 변하는 원동력이 되기를 바란다. 따라서 성도의 개인적인 삶은 영적으로 성숙하여 성령으로 열매 맺는 삶으로 살아가야 할 것이다(갈 5:22-23). 성도가 하나님 앞에 온선해 지는 것과 사회적 책임도 성령의 열매로 가늠된다.

❖ 지도자는 아래의 본문을 읽고 성도들과 함께 토의하라

읽을 말씀: 갈라디아서 5:22-23; 디모데후서 3:2-5
당신의 사회적 책임으로 가정에서의 역할?
당신은 사회적 책임을 어떻게 감당하고 있는가?
당신이 사회적 책임을 감당하기 위해 노력해야 할 부분?

❖ 지도자는 토의 후 답을 제시하고 함께 기도로 마친다

2) 정의 사회 구현

정의로운 사회인가 아닌가 하는 문제는 그 사회 속에 어떤 구성원들이 살아가고 있는가 하는 문제와 관련이 있다. 사회구성원들의 생각과 생활이 하나님의 공의가 강물같이 흘러넘치면 정의로운 사회라고 할 수 있다. 즉 "손이 깨끗하며 마음이 청결하며 뜻을 허탄한데 두지 아니하며 거짓 맹세치 아니하는 자"(시 24:4)들이 살아가는 사회를 말한다. 반면에 사회구성원들의 생각과 삶이 한탕주의에 매여 있고, 거짓말과 사기사건, 절도 및 강도 행각, 각종 모략과 참소, 살인사건 등이 난무하게 일어나고 있다면 정의 사회라고 말하기가 어렵다.

우리나라가 경제적으로 소득수준 USD 20,000시대를 자랑하고 있다. 그런가 하면 사회 그늘진 곳에는 정신적·영적으로 더 궁핍함을 느끼면서 살아가고 있는 사람들도 있다. 지도자가 새롭게 세워질 때마다 정의 사회를 위해 힘써보지만 각종 법령만 만들어졌지 정의 사회를 세워놓지 못한 것 또한 사실이다. 정의 사회 구현을 위한 법령을 만든다고 저절로 정의가 강물같이 흐르지는 않는다. 법령만을 가지고 악의 뿌리를 제거할 수 없기 때문이다. 따라서 필자는 정의사회 구현을 위해서는 기독교가 앞장서야 한다고 주장하고 싶다.

한국 기독교 인구가 국민 전체 25%를 자랑하고 있지만, 각종 대형사건 중심축에 기독교인이 관련되어 있다는 것을 들었을 때는 나 자신이 부끄럽기까지 하다. 국민 전체의 25%가 영적으로 성숙한 자가 되어 자신이 서 있는 장소에서 "빛과 소금"의 역할만 감당했더라도 밝은 사회는 어느 정도 구성할 수 있을 덴데…하는 생각에 머무르기 때문이다. 따라서 기독교인이라면 먼저 자신이 "악인의 꾀를 좇지 아니하며 죄인의 길에 서지 아니하며 오만한 자의 자리에 앉지 말아야 할 것이다"(시 1:1). 그리고 악의 뿌리에서 헤어나오지 못한 사람들에게 예수님을 영접하게 하여 죄의 삶에서 떠나게 하는 것이다. 이러한 일들은 우선 자신의 삶이 악에서 떠난 자이고, 타인이 바라볼 때에 청결한 자이어야 하겠고, 하나님의 공의가 강물처럼 넘치는 자이어야 할 것이다. 이런 자들이 사회 각 분야에서 각자에게 맡겨진 사명을 감당할 때, 이 땅에 정의 사회는 정착할 것이다. 이 책을 집필하는 이유도 교역자 및 성도들이 영적으로 성숙하여 정의사회를 세우는데 일익을 감당할 수 있도록 하기 위한 길라잡이 역활을 하기 위해서이다.

지역 사회에는 어느 곳을 막론하고 돌보아야 할 자들이 함께 살고 있다. 특히 믿는 자는 소명적인 측면에서 각자가 지역사회에서 책임져야 할 분야가 있다. 가난한 자(고아와 과부), 홈리스(Homeless), 그리고 알코올 중독자 돌보는 일, 타인을 섬기는 일 등은 하나님의 사랑에 기초한 영적 성숙이 따라야 한다. 그렇지 않고는 자기 의가 나타나기 때문이다. 돌봄에는 희생과 헌신이 따른다. 그래서 바울은 믿는 사람이 지역사회를 돌보는 일에도 일정한 자격 기준을 설정하였다(딤전 3:1-4; 딛 1:7-9; 딤전 3:8-11). 영적으로 성숙한 자가 자신을 살핀 후 다른 사람에게 본이 되어야 지역사회에 영향력을 끼칠 수 있기 때문이다.

읽을 말씀: 디모데전서 3:1-4
당신이 생각하는 정의 사회?
당신은 정의 사회 구현을 위해서 무엇을 하고 있는가?
당신이 정의 사회 구현에 노력해야 할 부분?

❖ **지도자는 토의 후 답을 제시하고 함께 기도로 마친다**

3) 정치 참여

기독교인으로서 정치참여 문제는 "복음의 빛에서 사회의 문제들을 비판적으로 분석하고 해명해야 한다면 정치참여는 관여할 수밖에 없다." 죤 칼빈은 자신의 정치윤리를 그리스도의 왕권이라는 관점에서 전개한다. "국사의 임무는 그리스도의 왕국에 봉사하기 위해 하나님의 대행자로서 그 기능을 성취해 나간다. 그러므로 세속정부의 권력은 그리스도와의 교제 속에서 시민들의 공공의 선을 실행할 수 있어야 한다"라고 하였다(『강요』Ⅳ.1.1). 그러므로 기독교인의 정치참여 문제는 "종교와 정치"의 참여 혹은 분리의 문제로 보기 이전에 복음의 빛 안에서 정의 사회 구현이라는 측면에서 분리될 수 없는 것이다. 기독교인이 정치에 관심이 없다면 결국 몇몇 사람들에 의해서 권력이 독차지하게 될 것이다. 또한 나라의 중요한 문제를 결정해야 하는데 정치에 참여하지 않으므로 인하여 의사(意思)를 반영할 수 없게 된다면 이 또한 주어진 주권을 포기하게 되는 것이고, 이로 인해 그리스도의 왕권은 세워지지 않게 된다. 기독교인으로서 정치참여 문제는 권력자나 시민 모두가 하나님의 주권을 향해 움직여야 하고, 국가는 국민의 유익을 위해 봉사해야 하는 모습에서 자신에게 주어진 권리를 남용하거나 포기하지 말아야 한다. 남용과 포기는 하나님 앞에서 직무유기죄에 해당된다. 영적으로 성장한 사람이 정계와 재계 등 각처에서 하나님으로부터 받은 바 사명과 달란트를 활용하여 하나님의 공의를 세워 나아갈 때, 국가는 정의로운 국가가 될 것이며, 정의는 강물처럼 흘러 온 국토를 적시게 될 것이다. 이것이 하나님의 뜻이다. "사람아 주께서 선한 것이 무엇임을 네게 보이셨나니 여호와께서 네게 구하시는 것이 오직 공의를 행하며 인자를 사랑하며 겸손히 네 하나님과 함께 행하는 것이 아니냐"(미 6:8)

❖ 지도자는 아래의 본문을 읽고 성도들과 함께 토의하라

　　읽을 말씀: 미가서 6:8; 사무엘하 12:1-23
　　지도자가 부패했을 때 당신의 취할 행동?
　　기독교인의 정치참여에 대한 당신의 생각?
　　정치참여를 위해 당신이 노력할 부분?

❖ 지도자는 토의 후 답을 제시하고 함께 기도로 마친다

14. 자연 관리 훈련

자연은 하나님께서 인간에게 주신 아름다운 선물이다. 모든 피조물 하나하나가 독특성을 지니고 있다. 사람, 동물, 생물, 심지어 무생물에게도 하나님의 솜씨와 섭리가 나타나 있다. 그래서 하나님께서는 피조의 세계를 지으신 후 보시기에 좋았더라고 기록하고 있다(참조, 창 1장). 참으로 아름다운 피조세계를 관리하고 보존하기 위하여 인간을 창조하시고 그들에게 일을 맡기셨다(창 1:28). 최초의 사람인 아담과 하와가 그 주인공이었다. 그런데 하나님께서 창조한 자연세계가 자연 관리라는 측면에서 생각해 보면 지금까지 원상태 대로 관리되고 보존되고 있는가 하는 문제에 부딪치게 된다.

인간이 욕망에 따라 개발이라는 명목하에 자연은 훼손되고, 각종 오염물질을 버려 수중생명이 죽어가고, 독극물이 첨가된 먹이를 섭취한 조류들은 떼죽음을 당하고, 오염된 식수는 인체에 직접적인 영향을 주어 건강을 해치는 공해병을 일으키고 있다. 또한 농약, 화학비료로 인해 오염된 토양에서 생산된 음식물을 섭취함으로써 신체조직에서 발암물질을 양산해 내고 있다. 그런가 하면 인간의 편의를 위해서 만들어진 자동차는 연료사용으로 인하여 배기가스를 양산해 내고 있다. 대기오염은 인체에도 영향을 주고 있다. 가벼운 증상일 때는 기침 등으로 호흡장애를 일으키고, 심하면 호흡곤란, 현기증, 인사불성 등을 일으켜 조속한 조치를 취하지 않으면 질식, 호흡정지 등으로 사망할 수도 있다. 하나님께서 창조한 아름다운 자연세계는 이처럼 망가지고 있다.

필자는 자연이 망가진 원인을 타락한 인간에서 찾는다. 아담과 하와가 죄 때문에 에덴동산에서 추방되면서부터 자연은 망가지기 시작하였다. 죄는 인간의 본질을 변화시켜 인간으로 하여금 하나님의 뜻을 부정하게 하고, 자연을 자기의 욕심에 의해 정복하고 훼손하는 자리에 이르게 하였다. 성경 어디를 보아도 에덴동산에 환경이 오염되었다는 말은 없다. 에덴동산의 동·식물은 하나님이 정해 놓으신 창조질서에 따라 서로 조화를 이루고 협력하는 순리적 삶을 살아가고 있었으며, 생물과 무생물은 균형를 이루었다. 그래서 하나님께서는 자신이 창조한 에덴동산을 보시니 "보시기에 좋았더라"고 하시고 보시기에 좋은 동산을 인간에게 맡기시며 잘 관리, 보존, 번성하게 하도록 통치권의 사명을 주신 것이다.

하나님과 교제가 단절된 상태에 있는 인간은 하나님의 법에도 굴복하지 않고 하나님을 기쁘시게 하지 않으며, 하나님의 뜻이 무엇인지 깨달을 수도 없었다. 그래서 하나님께서는 예수 그리스도의 구속을 통하여 인간의 잃어버린 하나님의 형상을 회복시켜 하나님과 교제를 하게 하신 것이다. 하나님께서는 자연을 관리, 보존하여 원상태대로 유지되기를 원하신다. 그런데 산업화의 발달, 인구 증가, 식량의 극대화, 다양한 에너지 활용 등으로 이 시간도 각종 오염물질을 배출시키고, 삼림과 초목이 파괴되어 야생동물은 거주지를 박탈당하고 있는 것이 현실이다. 또한 각종 가스의 배출로 인하여 대기가 오염되면서 지구의 온도는 상승하고, 오존이 감소되면서 인간과 모든 생명체에게 나쁜 영향을 끼치는가 하면 지구의 온난화로 인하여 양극의 빙하는 점점 녹아내려 해수면이 높아지고 있다. 2100년경에는 지구의 해수면이 평균 0.5~2m 정도가 상승할 것이라고 예측하고 있다. 인간의 욕심에 의해 망가뜨려진 자연의 환경을 어떻게 회복할 수 있는가에 대한 해답은 "모든 피조물이 썩어짐이 종노릇 하는데서 해방되어 하나님의 자녀들의 영광의 자유에 이르게 하는 것이다"(롬 8:21). 그리고 모든 피조물들이 탄식하지 아니하고 고통받지 않게 하는 깃이다. 땅은 유기농법에 의한 작물 재배, 무공해 연료, 대체 에너지의 개발, 삼림의 보호 등을 들 수 있다. 또한 자연이 하나님의 뜻대로 관리, 보존되기 위해서는 먼저 죄 아래 있는 사람들이 그리스도에게 접붙임을 받아 잃어버린 하나님의 형상을 회복해야 한다. 그리고 그들이 영적으로 성숙하여 하나님의 뜻에 따라 자연을 올바로 관리할 때, 망가뜨려진 자연은 점차 회복 할 수 있을 것이다.

❖ 지도자는 아래의 본문을 읽고 성도들과 함께 토의하라

읽을 말씀: 창세기 1:26-28; 로마서 8:19-22
당신이 생각하는 자연보호?
당신이 할 수 있는 자연보호 분야?
당신이 자연 관리를 위해 노력해야 할 부분?

❖ 지도자는 토의 후 답을 제시하고 함께 기도로 마친다

참고문헌 

◎ **국내문헌**

『기독교 영성(1)』, 이영두, 은성, 1997.

『하나님이 만드신 영성』, 김세윤, 두란노, 2004.

『기독교 영성』, 류기종, 서울: 은성, 1997.

『무릎으로 사는 그리스도인』, 생명의말씀사, 1994.

『영성수련교육학』, 번희선, 이냐시오 영성연구소, 1996.

『기독교인의 직업과 영성』, 오성춘 편, 장로회신학교, 2001.

『기독교 영성』, 이영두, 임마누엘, 2002.

『그리스도 예수님의 비유』, 쥬영흠·이영두 공저, 에메트, 2008.

◎ **번역문헌**

『개혁주의 인간론』, Anthony A. Hoekema, 류호준, 기독교문서선교회, 1999.

『영성훈련』, Dallas Willard, 엄성옥, 은성, 1993.

『요한복음』, G. R. Beasley-Murray, 이덕신, 솔로몬, 2001.

『마태복음 하』, Hagner, 솔로몬, 2001.

『그리스도의 재림을 대비하라』, Homer Duncan, 유용규, 손영호, 생명의말씀사, 1996.

『진정한 기독교』, Johann Arndt, 노진준역, 은성, 1988.

『고린도후서』, Ralph P. Martin, 김철, 솔로몬, 2001.

『영적훈련과 성장』, Richard J. Foster, 생명의말씀사, 1998.

『현대인을 위한 영성생활』, R. Paul Stevens, 박영민, IVP, 1998.

◎ 논문 및 강의안

「Building Healthy Family Through Church」, Yea-Sun Eum Kim. 2002.

「Biblical Anthropology」, Yeong-Heum Jyoo, Hokmah Theological College & Seminary 2004.

「Study on the Spiritual Growth Through the Spirituality Training」, Young-doo Lee, Hokmah Theological College & Seminary. D.C.S., 2005.

◎ 주석 및 사전

『기독교대백과사전 9권』, 기독교대백과사전 편찬위원회, 기독교문사, 1985.

『공관복음』, 칼빈, 성서교재간행사, 1992

『기독교강요』, 칼빈, 생명의말씀사, 1993.

『마태복음 상』, William Barclay, 기독교문사, 1994.

『마태복음 하』, William Barclay, 기독교문사, 1994.

『누가복음』, William Barclay, 기독교문사, 1994.

『기독교대백과사전 9권』(신약성서에서의 소명), R.L. Scheef, Jr, 기독교문사, 1985.

『Exegetisches Wörterbuch zum Neuen Testament』, Bal, H. and Schneider G. (eds.), Kohlhammer, 1978, 1981, 1983.

『Bibeltheologisches Wörterbuch』, Bauer, J.B. (ed.), Styria, 1967.

『Griechisch-deutsches Wörterbuch(6. Auflage)』, Bauer, W, de Gruyter, 1988.

『Theolgisches Wörterbuch zum Alten Testament』, Botterweck, J. u. Ringgren H. (eds.), Kohlhammer, 1970.

『The Interpreter's Dictionary of the Bible』, Buttrick, G.A. (ed.), Abingdon, 1962.

『New International Dictionary of New Testament Theology』, Brown, Colin. (ed.), Zondervan, 1975-80.

『The Dictionary of Classical Hebrew』, Clines, D.J.A. (ed.), Sheffield, 1993.

『Theolgisches Begriffslexikon zum Neuen Testament』, Coenen, L. et al, Brockhaus, 1967, 1969, 1971.

『Theological Wordbook of the Old Testament』, Harris, R.L. Archer, G.L. Jr., Waltke, B.K., Moody, 1980.

『Theolgisches Handwörterbuch zum Alten』, Jenni, E. u. Westermann, C. (eds.), Kaiser, 1971, 1976.

『Theolgisches Wörterbuch zum Neuen Testament』, Kittel, G. (ed.), Kohlhammer, 1933-1979.

『The Hebrew & Aramaic Lexicon of the Old Testament』, L. and Baumgartner, W. Köhler, 1994-2000.

『Theolgische Realenzyklopädie』, Krause, G. et al, de Gruyter, 1976-.

『Vocabulaire de théolgie biblique』, Léon-Dufour, C. Carf, 1962.

『Greek-English Lexicon』, Liddell, H.G. et al (eds.), Oxford Univ. Press, 1996.

『Notes de lexicographie néo-testamentaire』, Spicq, C., Editions Universitaires, 1982.

『New International Dictionary of Old Testament Theology & Exegesis』, VanGemeren, W.A. (ed.), Zondervan, 1997.

영적 성숙으로 나아가는 삶

초판 1쇄　2013년 1월 16일

지은이　이영두
발행인　김재홍
책임편집　권다원, 이은주, 이현주
마케팅　이연실

발행처　도서출판 지식공감
등록번호　제396-2012-000018호
주소　경기도 고양시 일산동구 견달산로225번길 112
전화　031-901-9300
팩스　031-902-0089
홈페이지　www.bookdaum.com
전자우편　book@bookdaum.com

가격　15,000원
ISBN　978-89-97955-35-0　03230